中国招标投标发展报告

（2018年版）

中国招标投标协会　编

中 国 计 划 出 版 社

图书在版编目（CIP）数据

中国招标投标发展报告 ：2018年版 / 中国招标投标协会编. -- 北京 ：中国计划出版社，2019.8
ISBN 978-7-5182-1051-0

Ⅰ. ①中… Ⅱ. ①中… Ⅲ. ①招标－服务业－研究报告－中国－2018②投标－服务业－研究报告－中国－2018 Ⅳ. ①F726.91

中国版本图书馆CIP数据核字(2019)第177388号

中国招标投标发展报告（2018 年版）
中国招标投标协会　编

中国计划出版社出版发行
网址：www.jhpress.com
地址：北京市西城区木樨地北里甲 11 号国宏大厦 C 座 3 层
邮政编码：100038　电话：（010）63906433（发行部）
北京市科星印刷有限责任公司印刷

880mm × 1230mm　1/16　14.75 印张　362 千字
2019 年 8 月第 1 版　2019 年 8 月第 1 次印刷
印数 1—3500 册

ISBN 978-7-5182-1051-0
定价：90.00 元

《中国招标投标发展报告（2018 年版）》

编 审 委 员 会

李家俊　陈祥鹏　许德俊　张坚雄　蒋玉红　王　燕　贾海波

程　鹏　白　浪　邱桂英　赖家强　尹彬蔚　孙孟玉　武国庆

魏焕发　张联成　张彦令　孙国栋　白　祯　杨永丽　辛　峰

张维齐　张朝阳　徐丹丹　何　毅　陈建勇　陈靖谊　刘国涛

万　力　余思秀　周振宇　廖文婕　雷　振　魏桂先　雷海生

冯海君　刘雪茹　崔建武　王　莉　李　芊　刘　军　俞地良

王　娜　张　宁　罗浩铭

前　言

《招标投标法》颁布实施20年来，我国招标投标行业不断发展壮大，制度建设日益健全，应用领域持续拓展，监管体制逐步完善，并在完善社会主义市场经济体制、保护国家和社会公共利益、规范招标投标活动、促进优胜劣汰和市场要素自由流动等方面做出了重大贡献。近年来，随着我国经济发展进入新常态，招标投标行业的健康发展为创造公平竞争的市场环境，提高公共采购效益和质量，保护招标投标活动当事人合法权益等方面，发挥着越来越重要的作用。

现阶段，招标投标行业按照高质量发展的要求已步入改革调整期，政府和社会资本合作在传统基础设施领域、公共服务领域逐步广泛应用，互联网大数据与实体经济深度融合，招标投标市场信息共享和全流程电子化交易扎实推动，公共资源交易领域工作部署紧密，招标师职业资格和招标代理资质相继取消。特别是以“放管服”为总要求的政府职能转变在招标投标领域持续推进，给行业带来重大利好的同时，也促使行业向高质量发展方向不断优化转型升级。从长期来看，新发展理念催生新的招标需求，产生新的投标供给。政府强化招标采购活动事中事后监管、加强推进全社会诚信体系构建和应用、行业自律组织积极引导行业良性发展等举措将有力净化市场环境。大力构建完善招标投标信用体系，依托“互联网+”创新发展电子招标投标，充分发挥协会行业组织的规范管理，由传统单一的招标模式向提供全过程、多领域的服务方向发展，是招标投标行业的发展趋势。

2018年是贯彻落实党的十九大精神的开局之年，也是改革开放40周年。这一年，在习近平新时代中国特色社会主义思想指导下，招标投标行业经历了较大的发展、变革和转型升级。为深入贯彻党的十九大精神，全面掌握新时代招标投标行业发展的状况，展现行业发展的新趋势、新特点，引导行业积极适应招标投标工作的新形势、新要求，促进行业转型升级，实现高质量发展，由中国招标投标协会牵头，组织中国招标投标协会行业发展顾问组、国信招标集团股份有限公司等有关会员单位和地方协会共同编写了《中国招标投标发展报告（2018年版）》（以下简称"《发展报告》"）。

《发展报告》由全国篇、行业篇和地方篇三部分组成。全国篇主要梳理了招标投标行业宏观环境、市场现状，分析了行业发展的影响因素，对影响招标投标行业发展的"互联网+"、BIM技术、全过程工程咨询、建设模式、装配式建筑、世界贸易组织《政府采购协定》（GPA）等方面的技术与管理革新做了较深入的研究，并对行业发展做出了预测和分析。行业篇和地方篇分行业和地区，记录了房屋建筑与市政工程、水利水电等10个行业，以及北京、天津、河北等20个省（自治区、直辖市）的招标投标领域的重点工作、发展现状、行业特点，是反映招标投标工作在具体行业和具体地区实施情况的参考资料。

《发展报告》编制工作得到了全体参编单位以及行业各界的大力支持，中国招标投标公共服务平台、必联（北京）电子商务科技有限公司提供了数据支持。为保证内容的全面性、准确性、创新性、实用性、可读性，我们组织了有关专家进行了多轮评审和论证，但是由于招标投标工作涉及面广，以及部分统计数据的滞后性，难免挂一漏万，我们将在今后的编制工作中不断完善。

希望《发展报告》的出版对于引导招标投标全行业凝聚发展共识，推动招标投标工作高质量发展发挥积极作用，为全国招标投标行业的转型发展提供策略支持和路径参考。

目　　录

第一部分　全　国　篇

第二部分　行　业　篇

第三部分　地　方　篇

第一部分

全　国　篇

第一章　招标投标行业发展现状

一、宏观经济相关情况

招标投标活动与国家层面的宏观环境、固定资产投资规模、国家经济的发展速度和前景以及国内的整体营商环境关系密切。为了更好地认识和理解招标投标行业发展特征和趋势，需要先对国家宏观经济发展的整体走势以及经济结构、财政收支、固定资产投资等相关方面情况全面了解。

依据国家统计局、商务部、财政部等发布的信息，2018 年，在错综复杂的国际国内环境下，我国的经济运行实现了总体平稳、稳中有进，经济社会发展的主要预期目标较好实现。

（一）经济总量

国内生产总值（Gross Domestic Product，简称 GDP）比上年增长 6.6%，增速在世界前五大经济体中居首位，中国经济增长对世界经济增长的贡献率接近 30%，持续成为世界经济增长最大的贡献者。2018 年国内生产总值首次超过 90 万亿元，比上年增加了近 8 万亿元。

2014—2018 年我国国内生产总值及增速情况见图 1-1-1。

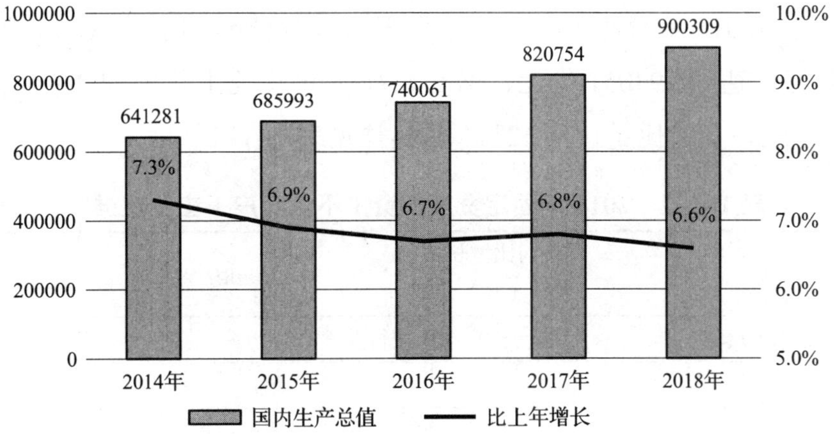

图 1-1-1　2014—2018 年国内生产总值及增速（单位：亿元）

（二）经济结构

需求结构调整优化，消费基础性作用进一步增强。2018 年，消费支出、资本形成、货物和服务净出口对经济增长的贡献率分别为 76.2%、32.4% 和 -8.6%，其中消费支出对经济增长贡献率比上年提高 18.6 个百分点，比资本形成总额高出 43.8 个百分点。

产业结构持续升级，服务业“稳定器”功能更为突出。2018 年，第一、二、三产业增加值（增长率）分别为 64734 亿元（3.5%）、366001 亿元（5.8%）和 469575 亿元（7.6%），占国内生产总值的比重分别为 7.2%、40.7% 和 52.2%。其中，第三产业增加值增速比第二产业快 1.8 个百分点；对经济增长的贡献率为 59.7%，比第二产业高 23.6 个百分点；占国内生产总值的比重为 52.2%，比上年提高 0.3 个百分点。

2014—2018 年三次产业增加值占国内生产总值比重见图 1–1–2。

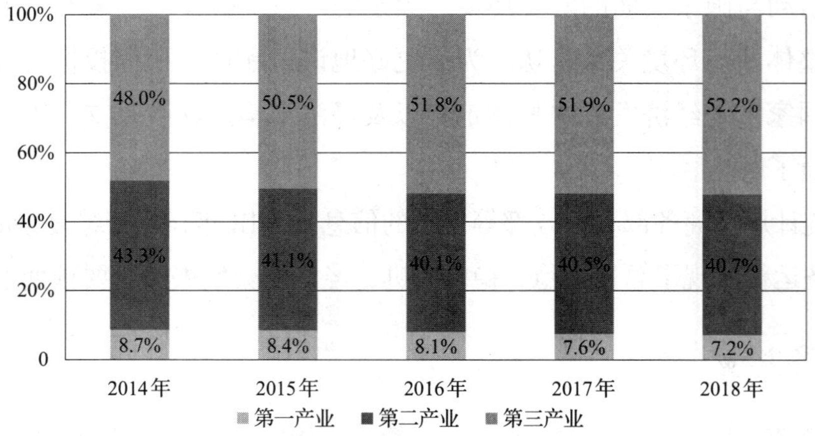

图 1–1–2　2014—2018 年三次产业增加值占国内生产总值比重

（三）固定资产投资

2018 年，全国共完成固定资产投资（不含农户）635636 亿元，比上年增长 5.9%（说明：根据统计执法检查和第四次全国经济普查单位清查结果，对 2017 年固定资产投资基数进行了一些修订，2018 年增速按可比口径计算），增速较上年回落 1.3 个百分点。其中，民间投资持续向好，达到 394051 亿元，增长 8.7%，增速比上年加快 2.7 个百分点，占固定资产投资（不含农户）的比重达到 62%。具体详见表 1–1–1。

表 1–1–1　2018 年固定资产投资（不含农户）主要数据

指　标	同比增长（%）	指　标	同比增长（%）
固定资产投资（不含农户）	5.9	按行业	
其中：国有控股	1.9	农林牧渔业	12.3
其中：民间投资	8.7	采矿业	4.1
按构成分		制造业	9.5
建筑安装工程	3.6	其中：农副食品加工业	0
设备工器具购置	2.6	食品制造业	3.8
其他费用	20	纺织业	5.1
按产业		化学原料和化学制品制造业	6
第一产业	12.9	医药制造业	4
第二产业	6.2	有色金属冶炼和压延加工业	3.2
第三产业	5.5	金属制品业	15.4

续表 1-1-1

指 标	同比增长（%）	指 标	同比增长（%）
通用设备制造业	8.6	水利、环境和公共设施管理业	3.3
专用设备制造业	15.4	其中：水利管理业	–4.9
汽车制造业	3.5	公共设施管理业	2.5
铁路、船舶、航空航天和其他运输设备制造业	–4.1	教育	7.2
电气机械和器材制造业	13.4	卫生和社会工作	8.4
计算机、通信和其他电子设备制造业	16.6	文化、体育和娱乐业	21.2
电力、热力、燃气及水生产和供应业	–6.7	按注册类型	
交通运输、仓储和邮政业	3.9	其中：内资企业	6.5
其中：铁路运输业	–5.1	港澳台商投资企业	–11.5
道路运输业	8.2	外商投资企业	6.1

2014—2018 年固定资产投资（不含农户）及增速情况见图 1–1–3。

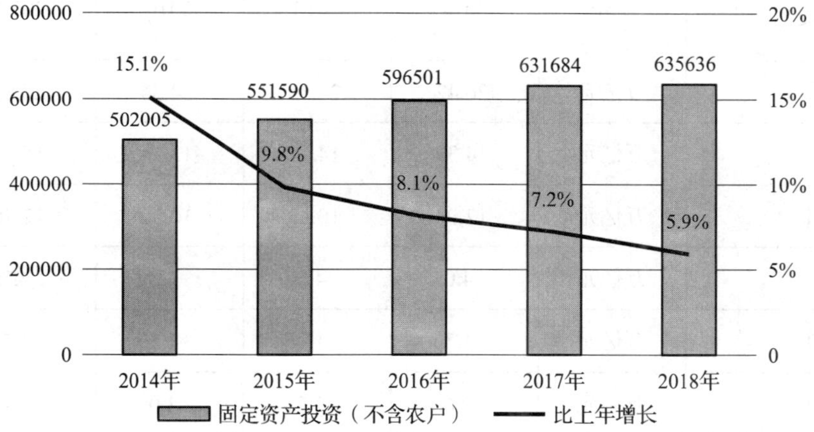

图 1–1–3　2014—2018 年固定资产投资（不含农户）及增速（单位：亿元）

分产业看：

- 第一产业投资 22413 亿元，比上年增长 12.9%，增速比上年加快 1.1 个百分点。

- 第二产业投资 237899 亿元，增长 6.2%，增速比上年加快 3.0 个百分点。第二产业中，工业投资比上年增长 6.5%，增速提高 2.9 个百分点，其中采矿业、制造业以及电力、热力、燃气及水生产和供应业的增长率分别为 4.1%、9.5% 和 –6.7%。

- 第三产业投资 375324 亿元，增长 5.5%。第三产业中，基础设施投资（不含电力、热力、燃气及水生产和供应业）比上年增长 3.8%，增速比上年回落 15.2 个百分点。其中，水利管理业投资下降 4.9%，公共设施管理业投资增长 2.5%，道路运输业投资增长 8.2%，铁路运输业投资下降 5.1%。

分地区看，东部地区投资比上年增长 5.7%，中部地区投资增长 10%，西部地区投资增长 4.7%，东北地区投资增长 1%。

（四）对外经济

2018 年，我国进出口稳中向好，国际收支平衡总体得到改善，其中：

● 货物进出口总额 305050 亿元，比上年增长 9.7%，首次超过 30 万亿元，再创历史新高并继续保持世界第一。在保护主义抬头、经贸摩擦持续的情况下，这一成绩远超市场预期。其中，出口 164177 亿元，增长 7.1%；进口 140874 亿元，增长 12.9%。货物进出口顺差 23303 亿元，比上年减少 5217 亿元。

● 服务进出口总额 52402 亿元，比上年增长 11.5%。其中，服务出口 17658 亿元，增长 14.6%；服务进口 34744 亿元，增长 10.0%。服务进出口逆差 17086 亿元。

● 对外非金融类直接投资额 7974 亿元，比上年下降 1.6%，增长 0.3%。

● 对外承包工程完成营业额 11186 亿元，比上年下降 1.7%，增长 0.3%。

2014—2018 年对外经济主要数据情况见表 1–1–2。

表 1–1–2　2014—2018 年对外经济主要数据

类型 \ 年份	单位	2014	2015	2016	2017	2018
货物进出口总额	万亿元	26.42	24.55	24.34	27.81	30.51
其中：货物出口	万亿元	14.39	14.12	13.84	15.33	16.42
货物进口	万亿元	12.04	10.43	10.50	12.48	14.09
服务进出口总额	万亿元	4.01	4.07	4.39	4.70	5.24
其中：服务出口	万亿元	1.35	1.36	1.39	1.54	1.77
服务进口	万亿元	2.66	2.71	3.00	3.16	3.47
使用外商直接投资	亿美元	1197	1263	1260	1310	1350
对外承包工程完成营业额	亿美元	1424	1541	1594	1686	1690
对外非金融类直接投资额	亿美元	1029	1180	1701	1201	1205

说明：主要数据来源于国家统计局和商务部历年发布信息。

（五）财政收支

2018 年，面对错综复杂的国际环境和艰巨繁重的国内改革发展稳定任务，国家坚持实施积极的财政政策，大力推进减税降费，保持较高财政支出强度，优化财政支出结构，提高财政资金效益，全年财政收支运行情况良好。

1. 全国一般公共预算收支情况

全国一般公共预算收入 183352 亿元，同比增长 6.2%。其中，中央一般公共预算收入

85447 亿元，同比增长 5.3%；地方一般公共预算本级收入 97905 亿元，同比增长 7%。全国一般公共预算收入中的税收收入 156401 亿元，同比增长 8.3%；非税收入 26951 亿元，同比下降 4.7%。

全国一般公共预算支出 220906 亿元，同比增长 8.7%。其中，中央一般公共预算本级支出 32708 亿元，同比增长 8.8%；地方一般公共预算支出 188198 亿元，同比增长 8.7%。

2014—2018 年全国一般公共预算收支及增速情况见图 1–1–4。

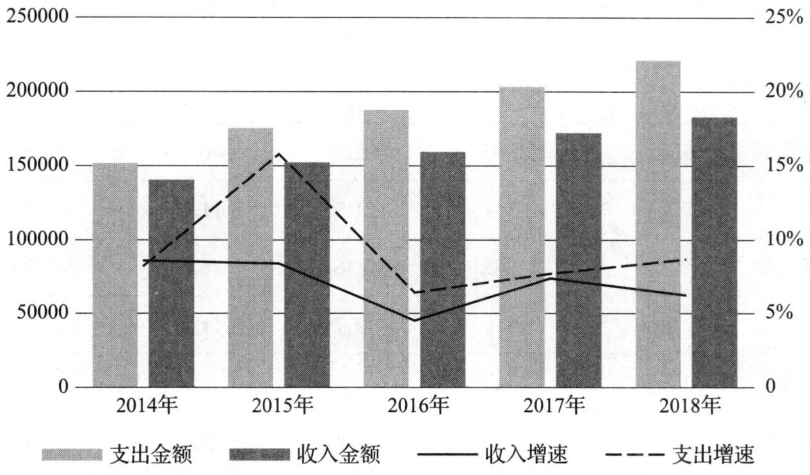

图 1–1–4 2014—2018 年全国一般公共预算收支及增速（单位：亿元）

2. 全国政府性基金预算收支情况

全国政府性基金预算收入 75405 亿元，同比增长 22.6%。其中，中央政府性基金预算收入 4033 亿元，同比增长 4.2%；地方政府性基金预算本级收入 71372 亿元，同比增长 23.8%，其中土地使用权出让收入 65096 亿元，同比增长 25%。

全国政府性基金预算支出 80562 亿元，同比增长 32.1%。其中，中央政府性基金预算本级支出 3089 亿元，同比增长 13.4%；地方政府性基金预算支出 77473 亿元，同比增长 32.9%，其中土地出让收入相关支出 69941 亿元，同比增长 34.2%。

3. 全国国有资本经营预算收支情况

全国国有资本经营预算收入 2900 亿元，同比增长 9.8%。其中，中央国有资本经营预算收入 1325 亿元，同比增长 1.6%；地方国有资本经营预算本级收入 1575 亿元，同比增长 17.8%。

全国国有资本经营预算支出 2159 亿元，同比增长 6.7%。其中，中央国有资本经营预算本级支出 1025 亿元，同比增长 32.4%；地方国有资本经营预算支出 1134 亿元，同比下降 9.2%。

2014—2018 年财政收支情况主要数据见表 1–1–3。

表 1-1-3　2014—2018 年财政收支情况主要数据

单位：亿元

类型＼年份	2014	2015	2016	2017	2018
全国一般公共预算					
一般公共预算收入	140350	152217	159552	172567	183352
同比增长	8.6%	8.4%	4.5%	7.4%	6.2%
一般公共预算支出	151662	175768	187841	203330	220906
同比增长	8.2%	15.8%	6.4%	7.7%	8.7%
全国政府性基金预算					
政府性基金预算收入	54093	42330	46619	61462	75405
同比增长	3.5%	–21.8%	11.9%	34.8%	22.6%
政府性基金预算支出	51388	42364	46852	60700	80562
同比增长	1.8%	–17.7%	11.7%	32.7%	32.1%
全国国有资本经营预算					
国有资本经营预算收入		2560	2602	2579	2900
同比增长		27.5%	2.0%	–1.2%	9.8%
国有资本经营预算支出		2079	2171	2011	2159
同比增长		3.2%	18.2%	–6.7%	6.7%

说明：主要数据来源于财政部发布的历年财政收支情况。

（六）形势研判

2018 年我国发展面临多年少有的国内外复杂严峻形势。对外，经济全球化遭遇波折，多边主义受到冲击，国际金融市场震荡，特别是中美经贸摩擦给一些企业生产经营、市场预期带来不利影响。对内，经济仍处于转型阵痛期，长短期问题交织叠加，周期性结构性矛盾并存，需求潜力释放制约较多，实体经济仍较困难，经济面临下行压力。面对内外部风险与挑战，2018 年我国经济发展在高基数上仍然保持了总体平稳、稳中有进的良好发展态势，社会大局保持稳定。

2018 年，随着整个国家经济发展换挡减速，固定资产投资领域的增速整体明显放缓，但在高技术制造业、装备制造业、道路运输业、文教卫等社会事业及其他一些特定领域，投资仍保持较高热度。在积极财政政策拉动下，财政支出规模也仍保持高位运行和较快增长。这些表现都已对招标投标市场规模和结构带来不同程度的影响。

未来几年我国发展仍处于重要战略机遇期，经济发展韧性好、潜力足、空间大的特征不会改变，长期向好的基本面不会改变。宏观经济在以下几方面可能呈现的变化趋势，将对招标投标行业的发展带来新的机会和挑战。

1. 国家将加大基础设施领域补短板力度

近年来，宏观经济需求结构中，与消费指标快速增长相比投资指标表现相对乏力，党中央国务院要求把补短板作为供给侧结构性改革的一项重要任务，而基础设施仍然是我国补短板的重要领域。为此，2018 年 10 月，国务院办公厅出台《关于保持基础设施领域补短板力度的指导意见》，提出加强重大项目储备、加快推进项目前期工作和开工建设、保障在建项目顺利实施、加大对在建项目和补短板重大项目金融支持力度等 10 项政策措施，重点投向脱贫攻坚、铁路、公路及水运、机场、水利、能源、农业农村、生态环保和社会民生等九大领域。同时强调坚持尽力而为、量力而行，坚决避免盲目投资、重复建设，管控好新增项目融资的金融闸门，牢牢守住不发生系统性风险的底线。随着这些政策措施的贯彻落实，基础设施领域投资力度势必提速扩大，相应地也会创造一定的招标投标市场空间和业务机会。

2. 制造业进入攻坚阶段，投资将持续稳步增长

2018 年以来国家出台多项减税降费措施，如下调增值税率、提高出口退税率等，各地也相继出台多项降成本措施。这些举措有效降低了企业负担，带动了制造业投资的较快增长，整体较上年同比增长 9.5%，远高于全部固定资产投资增速 3.6 个百分点，其中尤以中高端制造业表现更为抢眼。随着“中国制造 2025”发展战略已进入攻坚阶段，未来制造业投资规模将会保持稳步增长，其中相当一部分新建和技改项目仍需要大量采用招标方式实施采购交易。

3. 民间投资继续保持较快增长，成为固定资产投资主力军

随着中央关于鼓励、支持和引导非公有制经济发展，支持民营企业相关政策的出台，各地区紧抓政策落实，陆续出台支持本地区民营经济发展的措施，有效提振了民营企业投资信心。2018 年民间投资增长 8.7%，增速高于去年同期 3 个百分点，高于全部投资 2.8 个百分点。

虽然民间投资多属于非依法必须招标范围，但随着招标投标活动逐步规范和普及，这一交易方式在节资、风控和合约管理等方面所发挥的作用正在逐步被民间投资广泛接受和认可。随着民间投资体量的快速增长，也势必会在一定程度上增加民间投资领域的招标投标市场规模。因此，未来民间投资领域也将蕴含较大的招标投标业务市场空间，但同时也要看到，民间投资项目和主体对招标投标活动的目标、价值取向和操作要求与国有成分投资项目有较大差异，对招标运作方式和专业机构服务能力也有不同要求。

二、招标投标交易范围与规模

随着法律制度完善、各方主体认识加深、各类实践应用普及，招标投标在中国特色市场经济体系中已成为最重要的资源配置方式之一，特别是在工程建设、政府采购、机电产品进口、国有企业经营性采购等领域得到充分、广泛的运用，采用招标投标方式达成的交易金额总量巨大，并呈现连年攀升的总体势头。

由于应用招标投标方式的经济领域、交易对象和实践场景众多，监管主体和方式各异，难以对其交易总量做统计，只能就其中有着明确法律依据、应用实践较为广泛、市场管理相对规范的几类重要招标投标业务领域进行区别分析。受相关信息发布权威机构公布统计数据信息时间存在差异，报告中的相关数据信息为 2019 年 5 月底之前相关机构公开发布的信息。

（一）工程招标

《招标投标法》重点对涉及公共利益（从投资来源或所提供产品两个维度判断）且达到一定交易金额规模的工程建设项目做出了强制采用招标方式进行交易的明确规定，这直接导致招标方式在我国工程建设领域得到最为广泛、深入的应用，工程招标投标交易规模也在所有招标适用领域中占据绝对领先地位。

1. 工程招标范围和标准

2018 年，经过多年酝酿，《必须招标的工程项目规定》（国家发展改革委第 16 号令）和《必须招标的基础设施和公用事业项目范围规定》（发改法规〔2018〕843 号）先后正式颁布执行，对已经实行了 18 年的《工程建设项目招标范围和规模标准规定》（国家计委 3 号令）做了大幅调整。

新规定尽管仍沿用了原 3 号令对依法必须招标工程项目的“范围 + 规模”双因素界定模式，但通过细化区分政府 / 国有资金使用情况、大幅压缩基础设施和公用事业项目范围、翻倍提升必须招标的合同估算金额标准（且删除项目总投资 3000 万元“兜底”标准）、不再允许地方政府扩大必须招标项目范围和标准等具体规定，提高了强制招标的标准，并将在一定程度缩减招标方式在未来工程建设项目领域的应用范围。但由于相关规定于 2018 年中开始施行，且具有一定时滞，真正的影响可能在 2019 年以后方可逐步显现。

2. 工程招标交易规模

近年来，在我国城镇化和现代化大潮中，对各类基础设施需求总体旺盛、公有制在国民经济中仍长期占据主体地位、投资拉动仍作为宏观调控重要手段之一、国家对依法治国和党风廉政建设重视程度提升等特定形势和环境下，采用招标方式实现的建设工程交易规模总量总体仍呈持续攀升态势。

依据住建部发布统计数据，2017 年工程招标代理机构工程招标代理中标金额 137111.62 亿元，比上年增长 40.06%，占当年 GDP 和全社会固定资产投资额比重分别达到 16.58% 和 21.39%。其中：

- 房屋建筑和市政基础设施工程招标代理中标金额 101234.06 亿元，占工程招标代理中标金额的 73.83%。

● 招标人为政府和国有企事业单位工程招标代理中标金额 107602.93 亿元，占工程招标代理中标金额的 78.48%。

2013—2017 年工程招标代理中标金额及增速情况见图 1-1-5。

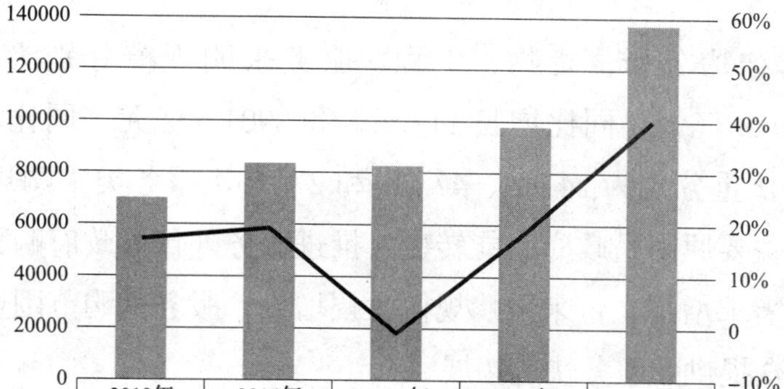

	2013年	2014年	2015年	2016年	2017年
中标金额（亿元）	70014	83461	82685	97896	137112
增速（%）	17.20	19.21	-0.93	18.40	40.06

图 1-1-5　2013—2017 年工程招标代理中标金额及增速

（二）政府采购

自 2002 年《政府采购法》颁布实施以来的近 20 年中，伴随国家整体经济实力和财政支出规模的稳步提升，我国政府采购事业取得了快速发展和长足进步，相关制度不断健全、监管体系逐步完善、组织方式和手段不断改进，交易规模稳步提升、结构不断优化、政策功能日趋显现，政府采购已成为我国公共采购领域的重要组成部分之一。

1. 采购范围和限额标准

政府采购通过清单目录管理对采购范围、组织形式和采购方式等进行调节，具体项目按照采购资金安排渠道分别执行中央或地方政府分别制定和发布的集中采购目录和限额标准要求。

其中，中央预算单位仍执行《国务院办公厅关于印发中央预算单位 2017—2018 年政府集中采购目录及标准的通知》（国办发〔2016〕96 号），该通知除明确集中采购机构和部门集中采购项目的两类目录外，还规定了分散采购限额标准为货物及服务 100 万元和工程项目 120 万元，另外货物或服务的公开招标数额标准为 200 万元。

在地方层面，随着政府“放管服”改革不断推进以及国办发〔2016〕96 号文件和国家发展改革委 16 号令等文件提高了依法必须招标工程项目范围和标准，部分省份纷纷调整政府采购集中采购目录及限额标准，总体趋势是一方面优化缩减集采目录，聚焦通用性的产品和服务以及需要落实政府采购政策功能或者有重大社会影响的项目；另一方面提高分散采购限额标准和公开招标数额标准，如关于货物或服务类项目公开招标数额标准，福建、陕西、浙江、甘肃、广西等省（自治区）级政府采购项目上调为 200 万元，湖北、青海等省级政府采购项目上调为 300 万元，山东、上海更是直接提高至 400 万元。

2. 政府采购总体规模

根据财政部发布的全国政府采购简要情况，2017 年全国政府采购总体规模达到 32114.3 亿元，比上年同口径增长 24.8%，占全国财政支出和 GDP 的 12.2% 和 3.9%。其中：

按照标的结构分析，货物、工程、服务采购规模分别为 8001.8 亿元（同比增长 10.5%）、15210.9 亿元（同比增长 11.6%）和 8901.6 亿元（同比增长 83.1%），占全国政府采购规模的比重分别为 24.9%、47.4% 和 27.7%。服务类采购规模增长迅速，占比首次超过货物类，主要原因是政府职能转变、推进服务外包等政府购买服务改革深入推进，促进服务类采购需求增加，带来采购规模大幅增长，服务采购范围业由保障自身需要的服务不断向社会公众提供的服务快速拓展。

按照组织方式分析，政府集中采购、部门集中采购、分散采购规模分别为 15286.6 亿元、5492.0 亿元、11335.7 亿元，占全国政府采购规模的比重为 47.6%、17.1% 和 35.3%，分散采购规模占比较上年提高 7.9 个百分点，主要是中央和各地深入落实“放管服”改革要求，清理规范和优化集中采购目录，扩大了采购人分散采购的范围和采购自主权。此外，线上政府采购推广应用也对分散采购起到一定的助推作用。

按照《政府采购法》相关规定，政府采购可采用招标和非招标多种交易方式，公开招标作为政府采购的主要采购方式。因此，在我国政府采购实践中，公开招标方式一直占据主导地位。但近年来，这一情况有所变化，公开招标占比开始呈现下降趋势（如 2015 年 77.9%，2016 年降至 64.1%），主要是不少地方提高公开招标数额标准，相应减少了公开招标项目数量，此外，各级预算单位结合采购项目特点选择非招标采购方式的项目有所增加。

2013—2017 年全国政府采购规模及增速情况见图 1–1–6。

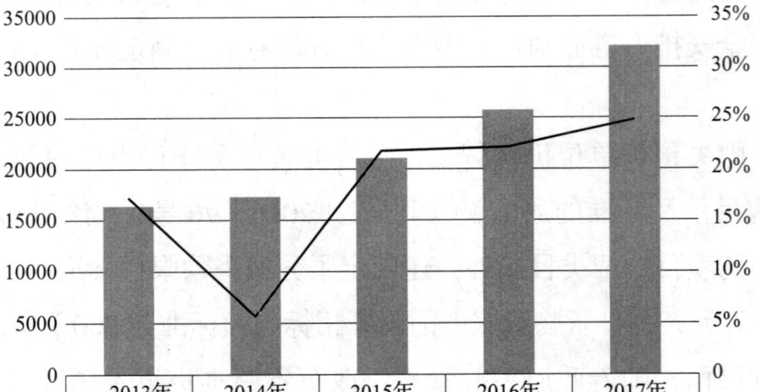

	2013年	2014年	2015年	2016年	2017年
采购规模（亿元）	16381.1	17305.3	21070.5	25731.4	32114.3
增速（%）	17.20	5.64	21.76	22.12	24.81

图 1–1–6　2013—2017 年全国政府采购规模及增速

（三）机电产品国际招标

不论企业还是国家机关，需要国际采购的机电产品，在法定的招标范围内，且达到法定的限额标准，必须进行国际招标。机电产品国际招标是在全球范围内，以招标方式邀请潜在投标人参加投标，并按照规定程序从投标人中确定中标人的采购行为。

1. 招标范围

按照《机电产品国际招标投标实施办法（试行）》（商务部令 2014 年第 1 号）的规定，机电产品国际招标范围和规模标准，与《招标投标法》和《政府采购法》全面衔接。依法必须招标项目和政府采购项目中，需采购原产地为中国关境外的机电产品，必须进行国际招标。机电产品国际招标的限额标准，与工程建设项目和政府采购的限额标准保持了一致性。

2. 机电产品国际招标规模

根据商务部统计，2018 年全年机电产品国际招标项目共完成 24493 个，同比增长 1.4%；委托招标金额 530.5 亿美元，累计中标金额 456 亿美元，同比下降 2.8%。

（1）按照招标人的企业性质类别分析：

● 国有企业仍为进口机电产品国际招标的主力军，中标金额总计 227.1 亿美元，同比增长 8.4%，占比 49.8%。

● 医院、学校等公共机构机电产品国际招标业务规模基本稳定，中标额总计 81 亿美元，同比增长 1.7%，占比 17.8%。

● 民营企业机电产品国际招标中标额总计 57.8 亿美元，同比下降 23.6%，占比 12.7%；外资企业机电产品国际招标中标额总计 43.9 亿美元，同比下降 21%，占比 9.6%。

（2）按照招标人的行业类别分析，国际招标前三大行业累计中标金额 403.8 亿美元，占中标总额的 88.6%。主要包括：制造业中标金额合计 267.2 亿美元，同比下降 12.8%；交通运输、仓储和邮政业中标金额 69.9 亿美元，同比增长 19.6%；卫生、社会保障和社会福利行业中标金额 66.7 亿美元，同比增长 10.9%。

2013—2018 年全国机电产品国际招标中标金额及增速情况见图 1–1–7。

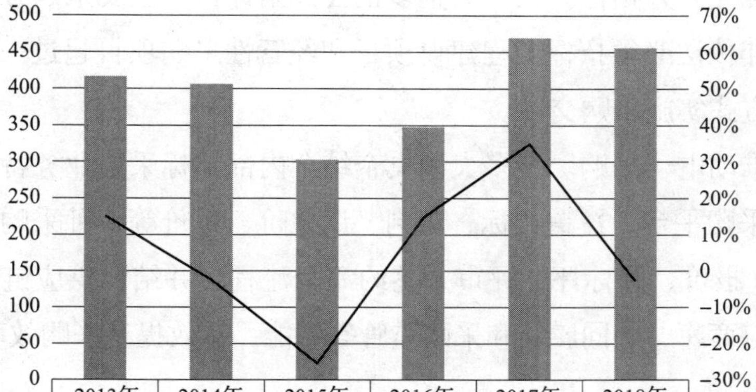

	2013年	2014年	2015年	2016年	2017年	2018年
中标金额（亿美元）	416.68	406.30	303.00	347.89	469.30	456.00
增速（%）	15.1	–2.5	–25.4	14.8	34.9	–2.8

图 1–1–7　2013—2018 年全国机电产品国际招标中标金额及增速

（四）其他

除了以上三类，招标投标交易方式在其他一些领域也有着较为广泛的应用。

1. 相关公共资源交易

除了依法必须招标的工程建设项目和政府采购项目外，为利用和发挥招标投标交易方式在公平、效率和透明等方面的优势，国家和地方政府在土地使用权出让、国有产权交易、矿业权交易、医疗机构药品集中采购等其他公共资源交易领域，也都将招标投标作为一种重要的竞争性交易方式，并结合交易特点和管理要求，做出了各具特色的制度安排和实践探索。

2. 国有企业招标采购

国有企业是国民经济发展的中坚力量，肩负着国有资产保值增值、推动经济增长等责任，由于企业经济规模和采购规模巨大，如何规范采购活动和提高采购效率，一直是国有企业管理的重点问题。目前，国有企业投资工程建设项目（包含涉及其中的施工、货物与服务）中，按照《招标投标法》相关规定属于必须招标的内容已经基本做到应招必招，而这之外的非依法必须招标的工程建设项目以及企业日常经营性物资、服务采购活动，国家尚无相关统一的法律规章可以遵循，需要国有企业根据国有资产管理相关要求和企业自身发展需要逐步探索实践，形成各具特色、自成体系的运作和管理机制。

目前，以央企为例，其招标采购管理工作大致呈现以下特征：

（1）重视制度建设。大型央企纷纷参照《招标投标法》和《政府采购法》制定“企业内部采购管理办法”，对包括非依法必须招标项目和经营性采购活动在内的各类招标采购活动加以全面规范，有效提升采购管理水平和国有资金使用效率。

（2）加大集中采购。大型央企普遍参考政府采购中的集中采购组织形式，将大宗、通用采购项目实行跨地区、跨单元联合集中采购，并不断加大集中采购的范围、内容和规模，以充分发挥规模优势，降低分散采购管控风险。

（3）优先公开招标。大型央企多把公开招标作为主要采购方式，除依法必须招标项目外，其他非依法必须招标工程建设项目和经营性采购项目超过一定限额标准时，也应通过公开招标方式实施采购交易。

（4）推动电子采购。很多大型央企结合内部招标采购业务特点和管理要求，建立内部电子招标采购平台，覆盖招标、谈判、询比价、竞价等多种采购方式和信息发布、文件发售、投标 / 报价、开标评标评审、签约等全流程，并结合供应链管理要求进一步丰富采购预算、供应商库、合同履约和采购监管等功能，有效提升采购效率和降低采购成本。

三、招标代理机构总体情况

凭借自身固有优势和相关法律规制，在当前我国各类公共资源交易、企业采购实践乃至各类市场主体日常经营管理活动中，招标投标已成为最重要的交易缔结方式。实践中，相当一部分招标人受自行招标法定备案条件要求影响，限于自身专业力量不足，或出于提高效率、规范行为、降低风险等目的，倾向于委托代理机构协助组织实施招标采购活动，由此带来了对招标代理服务的广泛需求。

过去几十年特别是招标投标法颁布实施后，伴随我国招标投标事业整体蓬勃发展，招标代理作为一个新兴行业也实现了快速扩张，从业机构数量、人员和业务规模总体呈现持续增加态势。但近年来，随着我国经济增长方式由依靠高投入的粗放型向依靠技术进步驱动的集约型转换，由量的扩张阶段进入质的提升阶段，宏观经济表现总体趋于平稳，招标投标事业和代理服务市场发展也进入新的发展阶段和呈现出新的发展特征。

（一）招标代理机构分类发展情况

目前数量众多的从事招标代理业务的企业，按照标的性质和专业特征等可细分为多个类别。如工程招标代理、政府采购代理、机电产品国际招标代理、中央投资项目招标代理等。相应地，受业务特征、市场竞争态势乃至监管模式等差异影响，不同类别代理机构市场特征和格局不尽相同。此外，招标代理业务本身属于现代服务业下咨询服务行业中的一个分支，从业企业中既有以招标代理服务为主业的代理机构，也有相当一部分兼营代理服务的综合性咨询机构，两类企业的经营特征也会有所区别。

下面分别介绍工程招标、政府采购、机电产品国际招标等三种主要细分领域的代理机构情况，以期代表性反映招标代理机构总体发展情况。

1. 工程招标代理机构

鉴于2018年度工程招标代理机构统计公报尚未公布，根据住建部发布的2017年度工程招标代理机构统计公报中相关数据：

● 机构数量和分布情况：2017年度全国工程招标代理机构共6209个，比上年下降4.4%。其中甲级机构1938个，乙级机构2557个，暂定级机构1714个。按企业注册类型划分，国有企业和国有独资公司共236个，股份有限公司和其他有限责任公司共3174个，私营企业2689个，港澳台投资企业3个，外商投资企业4个，其他企业103个。按机构注册所在地区、专业复合性的具体分布情况见表1–1–4和表1–1–5。

表1–1–4　全国工程招标代理机构地区分布情况

地区名称	北京	天津	河北	山西	内蒙古	辽宁	吉林	黑龙江
企业个数	236	56	234	176	198	161	192	134
地区名称	上海	江苏	浙江	安徽	福建	江西	山东	河南
企业个数	146	434	356	242	250	167	492	196
地区名称	湖北	湖南	广东	广西	海南	重庆	四川	贵州
企业个数	249	196	468	149	33	152	307	123
地区名称	云南	西藏	陕西	甘肃	青海	宁夏	新疆	
企业个数	182	18	223	168	56	67	148	

表 1–1–5 全国工程招标代理机构拥有资质数量情况

资质数量	具有单一招标代理机构资格的企业	具有两个及以上资质的企业
企业个数	1342	4867

2012—2017 年全国工程招标代理机构数量及增幅情况见图 1–1–8。

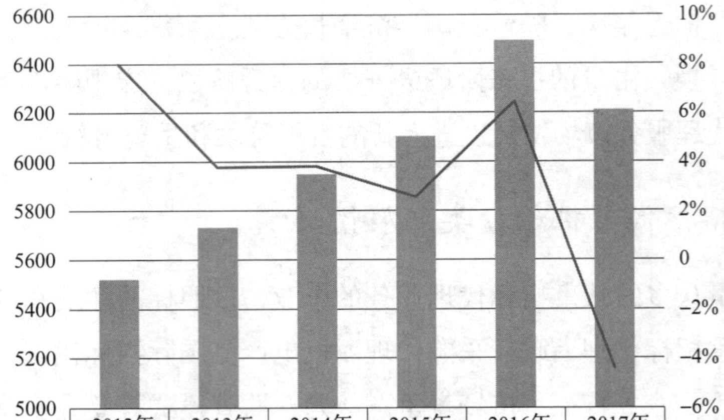

	2012年	2013年	2014年	2015年	2016年	2017年
机构（个）	5522	5731	5950	6102	6495	6209
机构增幅（%）	8.0	3.8	3.8	2.6	6.4	–4.4

图 1–1–8 2012—2017 年全国工程招标代理机构数量及增幅

• 人员情况：2017 年年底工程招标代理机构从业人员合计 604173 人，比上年增长 3.86%，其中正式聘用人员 537889 人，占年末从业人员总数的 89%；临时工作人员 66284 人，占年末从业人员总数的 11%；正式聘用人员中专业技术人员合计 457125 人（占比约 85%），比上年下降 1.55%，其中高级职称 74779 人，中级职称 198455 人，初级职称 107080 人，其他人员 76811 人。专业技术人员占年末正式聘用人员总数的 85%；正式聘用人员中注册执业人员合计 134303 人，比上年增长 2.77%，其中，注册造价工程师 59606 人、注册建筑师 1010 人、注册咨询工程师 3273 人、注册建造师 28580 人、注册监理工程师 40807 人、其他注册执业人员 1027 人。

2012—2017 年全国工程招标代理机构从业人员数量情况见图 1–1–9。

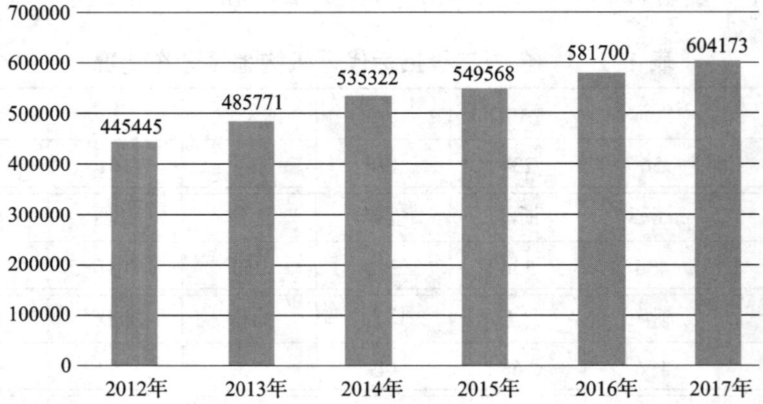

图 1–1–9 2012—2017 年全国工程招标代理机构从业人员数量（单位：人）

● 业务情况：2017 年度工程招标代理机构工程招标代理中标金额 137111.62 亿元，比上年增长 40.06%，占当年 GDP 和全社会固定资产投资额比重分别达到 16.58% 和 21.39%。其中，房屋建筑和市政基础设施工程招标代理中标金额 101234.06 亿元，占工程招标代理中标金额的 73.83%；招标人为政府和国有企事业单位工程招标代理中标金额 107602.93 亿元，占工程招标代理中标金额的 78.48%。工程招标代理机构承揽合同约定酬金合计 1605.51 亿元，比上年下降 6%。其中，工程招标代理承揽合同约定酬金为 252.68 亿元，占总承揽合同约定酬金的 15.74%；工程监理承揽合同约定酬金为 496.87 亿元，工程造价咨询承揽合同约定酬金为 307.09 亿元，项目管理与咨询服务承揽合同约定酬金为 152.97 亿元，其他业务承揽合同约定酬金为 395.91 亿元。

● 财务情况：2017 年度工程招标代理机构的营业收入总额为 2277.09 亿元，比上年减少 10.5%。其中，工程招标代理收入 280.82 亿元，占营业收入总额的 12.33%；工程监理收入 458.26 亿元，工程造价咨询收入 362.16 亿元，工程项目管理与咨询服务收入 149.73 亿元，其他收入 1026.12 亿元。2017 年度工程招标代理机构的营业成本合计 1633.12 亿元，营业税金及附加合计 108.02 亿元，营业利润合计 249.39 亿元，利润总额合计 249.73 亿元，所得税合计 52.67 亿元，负债合计 2040.43 亿元，所有者权益合计 1672.99 亿元。

2012—2017 年全国工程招标代理机构代理中标金额、代理约定酬金和代理服务收入情况见图 1-1-10。

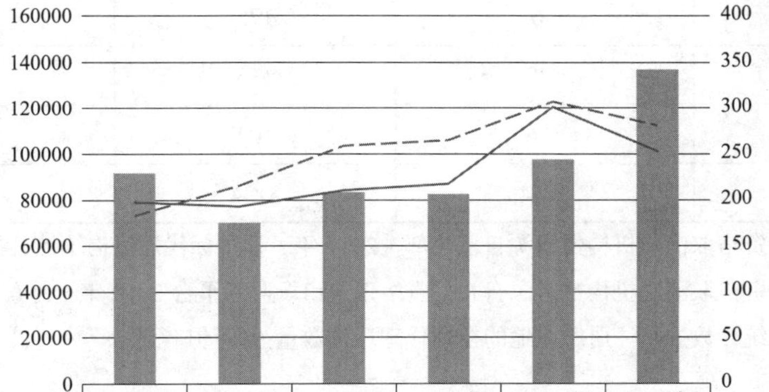

	2012年	2013年	2014年	2015年	2016年	2017年
中标总额（亿元）	91858	70014	83461	82685	97896	137112
约定酬金（亿元）	198	193	211	218	301	253
代理收入（亿元）	183	216	259	265	307	281

图 1-1-10　2012—2017 年全国工程招标代理机构代理中标金额、代理约定酬金和代理服务收入

根据以上统计数据，2017 年度工程招标代理机构的总体经营状况不容乐观，尽管从业人员数量和中标金额仍保持一定增长，但招标代理服务合同约定酬金和实现营业收入双双下滑，一定程度上反映了招标代理企业竞争加剧和利润率下降的趋势。

需要补充说明的是，2017 年 12 月 28 日住建部正式取消工程招标代理机构资格认定后，工程招标代理服务准入门槛被正式撤除，进入全面开放竞争的新阶段。原已取得资格的机构和准备新进入这一业务领域的单位，只需通过自愿申报方式向机构工商注册所在地省级建筑市场监管平台报送基本信息并对社会公开，即可供招标人自行参考选择。自此，一大批新的机构开始进入招标代理市场，机构数量快速增长。由于全国建筑市场监管公共服务平台尚未实现全国招标代理机构企业信息汇集和发布，仅以部分省级建筑市场监管平台公布数据为参考，对资格取消前后的工程代理机构数量进行对比（见表 1–1–6），变化趋势大致可见一斑。

表 1–1–6　资质取消前后部分省份招标代理机构发展情况对比分析表（单位：个）

省　份	资格取消前	资格取消后	增 长 情 况	
			数量（个）	增幅（%）
河南	196	373	177	90
湖北	249	394	145	58
吉林	192	235	43	22
辽宁	161	154	–7	–4
宁夏	67	145	78	116
青海	56	171	115	205
山西	176	223	47	27
四川	307	627	320	104
天津	56	175	119	213
新疆	148	133	–15	–10
浙江	356	504	148	42
合计	1964	3134	1170	60

说明：1. 资格取消前机构数量源自住建部《2017 年工程招标代理机构统计公报》。

2. 资格取消后机构数量源自相关省级建筑市场监管平台 2019 年 1 月查询数据。

3. 统计数据以注册所在地的招标代理机构数量为统计口径。

从表 1–1–6 可见，与以往其他类别招标采购代理资质放开后市场呈现的演进趋势类似，工程招标代理资格许可取消后，在参与对比的 11 个省份中，仅有 2 个省份出现代理机构数量略有减少的情况，大部分省份则大幅增长，平均增幅高达 60%。可以预期，在整体营收规模和利润水平趋于下调的背景下，工程招标代理市场竞争程度将更加趋于白热化。

2. 政府采购代理机构

政府采购代理机构包括设区的市、自治州以上政府依法设立的非营利性事业法人性质的集中采购机构，以及集中采购机构之外的从事政府采购代理业务的社会中介机构。2014 年政府采购代理机构资格认定被取消后，财政部门对代理机构实行网上登记管理，代理机构的数量迅猛增长，截至 2018 年底已在中国政府采购网登记的政府采购代理机构数量达

11599 家，较 2017 年（9955 家）增长 16.51%。

尽管近年来全国政府采购规模屡创新高，但由于政府采购代理机构数量快速膨胀，政府采购代理服务市场整体呈现过度饱和、僧多粥少的局面，除少数长期在特定领域和专业深耕细作的代理机构，能够凭借其专业化能力、职业化水平继续承揽一定规模业务并实现可持续发展，其余大部分机构的代理业务规模较小，无序竞争、执业水平良莠不齐的问题普遍存在，给政府采购事业规范化发展和政府采购代理机构监管提出了新的课题。

2018 年 1 月 11 日财政部发布《政府采购代理机构管理暂行办法》（财库〔2018〕2 号），从名录登记、从业管理、信用评价等多个方面入手加强对政府采购代理机构的监督管理，并对代理机构应具备的专业能力、条件、行为规范等做出重点规定，以推动市场净化，科学构建政府采购代理机构"宽进严管"格局。

3. 机电产品国际招标代理机构

2014 年 4 月 1 日起施行的《机电产品国际招标投标实施办法（试行）》（商务部令 2014 年第 1 号令），取消了机电产品国际招标代理机构资格的申请与认定，对代理机构实行注册登记方式。根据商务部发布信息，截至 2018 年年底，共有 1560 家机构完成注册，较 2017 年增加 507 家，较 2013 年商务部取消机电产品国际招标机构资格审批之前的 223 家增长了 7 倍。

2018 年，机电产品国际招标中标金额总计约 456 亿美元，较上年（约 469 亿美元）降低约 2.8%。

机电产品国际招标的行业集中度较高，据中国国际招标网统计，2018 年排名前 10 位的招标代理机构累计中标金额 242.8 亿美元，占比 53.2%。

（二）相关分析

1. 招标代理服务行业的外部环境正在发生剧烈变化

（1）政府治理和法律环境方面。依法必须招标项目范围减小和限额标准提升、招标代理资格认定全面取消和代理服务收费全面放开、招标代理服务事中事后监管不断强化、政府预算和国企经营绩效管理的全面实施等一系列改革和变化打破了以往对招标代理行业的政策保护，对招标代理专业服务能力也提出更高要求，其对行业发展的深远影响正在逐步显现。

（2）经济环境方面。随着 GDP 和固定资产投资增速持续放缓，招标代理服务市场需求容量已趋于平稳甚至初现缩减态势；PPP 等创新性投融资方式和 EPC 总承包、全过程工程咨询服务等建设模式的异军突起，促使招标代理行业服务范围和业务结构发生转变。

（3）技术环境方面。随着互联网、大数据、云计算等现代化信息技术快速发展和不断普及，相关技术与招标投标深度融合，可在信息交换、科学决策、辅助监管等各方面全面提高综合效能。近年来电子招标投标得到国家的强力推进，在体制机制、标准规范、基础设施、专业系统等方面均取得快速发展和可喜成就，对基于纸质媒介和线下交互开展的传统招标代理从业模式的颠覆和替代已经成为大势所趋。

（4）社会环境方面。招标投标活动大部分涉及国家和公众利益，随着招标投标相关法律深入普及，公民法制意识和各类社会主体维权意识不断提升，社会各界对招标投标实践活动越来越关注。围标串标、专家不公、高价低质中标等现实中暴露出来的问题往往会引爆舆论热议。如何有效营造公平公正、开放透明、风清气正的招标投标市场环境，实现《招标投标法》的立法目的，已成为关系经济协调发展的重大课题。

受外部环境深刻变化影响，招标代理服务行业自身发展和竞争格局已经进入新的阶段。总体来看，市场容量逐渐趋于饱和，服务供给出现过剩、技术手段和实施成本趋于透明、从业众多和价格竞争激烈、平均利润水平进入下行空间等市场特征的显现，标志着招标代理这一类特定的专业化服务，在其产品生命周期中已全面进入成熟期，其中以简单程序化业务为主的传统招标代理业务甚至已进入衰退期。

2. 影响行业竞争结构的主要因素

（1）现有企业竞争加剧。经过较长时间的培育和发展，传统招标代理市场现有企业数量众多，营收增长不力，整个市场集中度较低，处于典型的分散竞争格局，除少数实力较强的综合性招标代理服务机构以及部分面向特定领域和市场、注重专业能力打造的代理机构外，相当一部分企业仍只能以程序化代理为主，服务内容的差异化程度较低，以降价为主要方式的市场竞争也日趋激烈。

（2）新进入者持续涌入。招标代理行业对开办条件和从业资源的需求有限，难以形成技术壁垒，市场进入难度并不高，特别是在资格认定全面取消和市场准入全面放开的初期，会引发行业新军大批涌入市场，原有企业势必面临市场份额被挤占，人才及技术资源流失，行业整体利润水平进一步下降等实际困难。

（3）人才队伍打造面临困难。招标代理是一项集法律、经济、程序、技术、管理于一体的综合性工作，定位应当是高智力、高市场价值的高端咨询服务，必须依托具有相关领域专业知识、丰富的从业经验、分析总结问题和协调各方等综合能力的专业化、职业化人才队伍才能有效开展业务。目前，市场上相关高素质人才供给不足，因周期较长和投入较大，企业立足自身培养的动力和能力也有限，再加上竞争加剧和利润率走低，也一定程度削弱了整个行业对高素质人才的吸引力。

（4）技术和服务创新引发替代性变革。围绕招标投标活动，新需求、新技术、新模式不断涌现，可能彻底颠覆和替代传统招标代理服务的运营模式。如招标投标电子化进程不断深入，一大批支持全流程线上作业的招标投标交易系统投入运营，其中部分进一步融合信息挖掘、智能决策、金融服务等衍生产品的专业化招标投标交易服务平台崭露头角，引发服务边界和能力的显著提升并开创全新的商业模式；全过程工程咨询服务模式得到国家大力扶持和广泛推行，相关企业凭借其在咨询、设计、造价、项目管理等领域已形成的专业技术和资源优势，可通过整合与扩充力量，将招标代理和采购咨询纳入其集成化咨询服务的产品线，并快速形成较强的竞争力，从而对现有招标代理企业形成巨大冲击。

（5）客户选择和议价能力提升。随着招标投标法日渐普及和招标投标实践经验不断积累，招标人组织、实施和管控招标采购活动的能力和认知水平得到普遍和显著提升，自行招标方式得到更广泛的应用；部分招标采购需求较为频繁的大型企事业单位通过内设专职部门或成立专业机构，实现招标采购活动集中实施和规范管理，这些都导致社会化招标代理机构承揽业务规模的减少。此外，招标代理市场日趋透明和充分竞争格局，方便招标人认识代理行业特征、获取潜在企业信息、了解成本结构和盈利水平，在总体供大于求、服务品质差异化有限的背景下，招标人有着更大的选择空间和更强的议价能力。

综合分析外部环境、自身发展阶段和竞争格局等方面的因素可以看到，经历之前较长时间快速发展后，招标代理行业已进入更为开放和动荡的新阶段，在传统市场日渐萎缩、政策保护逐步丧失、替代产品和技术持续冲击、市场竞争不断加剧等各种因素叠加下，短期来看，招标代理行业整体发展正面临一个阵痛期，但长期看去，大乱之后会形成大治，危机之中蕴含希望，政府强化招标采购活动事中事后监管、加快推进全社会诚信体系构建和应用、行业自律组织积极引导代理服务良性发展等各方举措正在有力促进招标代理市场的全面净化。有理由相信，随着优胜劣汰的基本市场价值规律逐步发挥更大的作用，只有那些注重诚信、自身能力建设，并在服务范围、专业知识、信息资源、技术手段等方面具备比较优势的代理机构才更有机会从激烈的市场竞争中脱颖而出。

在现实困难和不确定性面前，招标代理行业未来何去何从，既深深受到宏观经济和法律政策环境变化的影响，也离不开行业自身演进和自我提升。如何优化调整结构、破局前行，需要业界重新解放思想和转变观念，精心谋篇布局、勇于创新尝试、积极探索实践，更好地发挥招标投标方式对优化市场资源配置、提高交易效能的积极作用，进而推动我国的招标投标事业和代理咨询行业走上创新驱动、转型升级的可持续发展道路。

第二章　主要影响因素分析

一、政策环境

党的十八大以来，中央政府大力推进供给侧结构性改革，针对长期存在的重审批、轻监管、弱服务问题，持续深化“放管服”改革，加快转变政府职能，减少微观管理、直接干预，注重加强宏观调控、市场监管和公共服务。在此背景下招标投标领域的相关法律法规和政策性文件也随之进行了相应的调整、修改和完善。

《招标投标法》和《政府采购法》制度体系的修订工作正在稳步有序展开，在业内管理体制、实操性规定、相关监管要求和标准化建设等方面取得了突破性进展；在规范市场秩序、净化市场环境、加强诚信体系建设等方面，各个部委联合出台了相关综合性文件。

总体上看，招标投标行业政策环境与实践要求适应性逐步提升，为招标投标行业的健康发展提供了制度保障。

（一）《招标投标法》制度体系完善

2018 年，国家发展改革委遵照党中央、国务院的部署要求，大力推进《招标投标法》修法及相关制度体系完善工作。中国招标投标协会配合国家发展改革委组织开展了相关研究、调研、座谈和征询意见等工作。目前，法律制度体系完善工作已取得了阶段性进展。

1. 取消招标代理资格认定

第十二届全国人民代表大会常务委员会第三十一次会议通过关于修改《招标投标法》决定后，2017 年 12 月 28 日国家发展改革委和住房城乡建设部同时发文取消中央投资项目招标代理机构和工程建设项目招标代理机构资格认定行政许可。至此，国内各类招标代理的资格认定已全部取消，招标代理行业正式进入无资质管理时期，行业管理进入事中事后监管时代。

2. 规范招标公告及公示信息发布

为规范招标公告和公示信息发布活动，进一步增强招标投标透明度，保障公平竞争市场秩序，保证各类市场主体和社会公众平等、便捷、准确地获取招标信息，2017 年 12 月 23 日国家发展改革委发布《招标公告和公示信息发布管理办法》（国家发展改革委 10 号令），并于 2018 年 1 月 1 日起施行。该办法对原有招标公告发布制度进行了修订完善，规定依法必须招标项目的招标公告、资格预审公告、中标候选人公示、中标结果公示等信息应当在“中国招标投标公共服务平台”或者项目所在地省级电子招标投标公共服务平台等媒介发布，“中国招标投标公共服务平台”负责汇总公开全国招标公告和公示信息。发布媒介应当免费提供招标公告和公示信息发布服务，允许社会公众和市场主体免费查阅及在线反映情况、提出意见，并确保发布信息的数据电文不被篡改、不遗漏和至少10年内可追溯。对于发布活动中的违法违规行为也做出了明确规定和要求，任何单位和个人都有权向有关行政监督部门投诉、举报。

3. 调整依法必须招标项目的规模标准和项目范围

为了适应新时代工程建设项目的建设要求，提高工作效率、降低企业成本、预防腐败，国家发展改革委通过相关调研、专题研究和广泛征求意见，经国务院批准决定调整依法必须招标的规模和项目范围。

国家发展改革委分别于2018年3月27日和2018年6月6日发布了《必须招标的工程项目规定》（16号令）和《必须招标的基础设施和公用事业项目范围规定》（发改法规规〔2018〕843号）。一定程度上缩小了依法必须招标的项目范围，提高了依法必须招标的规模标准，并且在全国范围内设定了统一的依法必须招标项目范围和规模标准。

国家发展改革委第16号令对依法必须招标范围和规模标准的修订主要体现在三个方面：一是缩小必须招标的范围，将《招标投标法》第三条中规定的“全部或者部分使用国有资金或者国家融资的项目”明确为“使用预算资金200万元人民币以上，并且该资金占投资额10%以上的项目”和“使用国有企事业单位资金，并且该资金占控股或者主导地位的项目”；二是提高必须招标项目的规模标准，依法必须招标项目的规模标准与原国家计委3号令相比翻了一番，并取消了工程总投资规模标准的限制要求；三是明确全国执行统一的规模标准，各地不得另行调整。

在依法必须招标基础设施和公用事业项目范围界定方面，发改法规规843号文将原计委3号令规定的十三大类必须招标的基础设施和公用事业项目压缩到能源、交通、通信、水利、城建等五大类，大幅放宽了对市场主体特别是民营企业选择发包方式的限制，具体体现在三个方面：一是删除了民间资本投资较多的商品住宅项目、科教文卫体和旅游项目、市政工程项目、生态环境保护项目等；二是删除了“其他基础设施项目”和“其他公用事业项目”的兜底条款，避免这一范围在执行中被任意扩大；三是对保留的五大类项目，特别是水利类和城建类项目，与原国家计委3号令相比做了较大缩减。

4. 推行标准文件，提高招标投标标准化程度

为进一步完善标准文件编制规则，提高招标文件编制质量，促进招标投标活动的公开、公平和公正，营造良好的市场竞争环境，国家发展改革委、住房城乡建设部等9部委以发改法规〔2017〕1606号文联合发布了《关于印发〈标准设备采购招标文件〉等五个标准招标文件的通知》。这五个标准文件分别是：《中华人民共和国标准勘察招标文件》《中华人民共和国标准设计招标文件》《中华人民共和国标准监理招标文件》《中华人民共和国标准设备采购招标文件》《中华人民共和国标准材料采购招标文件》。上述五个标准文件与此前发布的《中华人民共和国标准施工招标资格预审文件》《中华人民共和国标准施工招标文件》（2007版）、《中华人民共和国简明标准施工招标文件》和《中华人民共和国标准设计施工总承包招标文件》（2012版）构建形成了覆盖工程建设项目的主要采购对象、多种合同类型、不同项目规模的标准文件体系，进一步提高了国内招标投标活动的标准化程度。

5. 实施招标师职业资格收尾考试

为规范招标采购专业技术人员职业行为，提高招标采购专业技术人员素质，根据有关规定，中国招标投标协会受国家发展改革委委托，在国家发展改革委和人力资源社会保障部指导下，于 2009—2015 年组织实施了 6 次招标师职业水平考试和 1 次招标师职业资格考试。为贯彻落实国务院关于加快简政放权、推进政府职能转变的精神，2016 年 6 月，《国务院关于取消一批职业资格许可和认定事项的决定》（国发〔2016〕35 号）取消了招标师职业资格许可。

2018 年 11 月，根据《人力资源社会保障部办公厅关于 2018 年度专业技术人员考试计划及有关问题的通知》（人社厅发〔2017〕157 号）要求，中国招标投标协会受国家发展改革委委托，组织实施了招标师职业资格收尾考试，4558 人报考，2006 人通过。至此，招标师考试设立以来共计 52884 人通过考试获得招标师证书，为招标采购行业培养了一支理论功底扎实、实践经验丰富的人才队伍。

（二）《政府采购法》制度体系完善

自 2014 年 8 月 31 日，第十二届全国人民代表大会常务委员会第十次会议决定修改《政府采购法》后，《政府采购法》制度体系完善工作正在稳步开展。2018 年 11 月，通过大量的调研、考察、研究和论证等工作，中央全面深化改革委员会通过《深化政府采购制度改革方案》。方案中指出“深化政府采购制度改革要坚持问题导向，强化采购人主体责任，建立集中采购机构竞争机制，改进政府采购代理和评审机制，健全科学高效的采购交易机制，强化政府采购政策功能措施，健全政府采购监督管理机制，加快形成采购主体职责清晰、交易规则科学高效、监管机制健全、政策功能完备、法律制度完善、技术支撑先进的现代政府采购制度”。

由于《政府采购法》制度体系需要权衡兼顾国内、国际及 WTO 原则等相关要求，完善工作复杂、艰巨，目前虽已取得了阶段性的进展，但仍需要较长时期的探索和实践。

1. 取消招标代理资格认定，出台管理暂行办法

2014 年 8 月 31 日，第十二届全国人民代表大会常务委员会第十次会议决定修改《政府采购法》，取消财政部及省级人民政府财政部门负责实施的政府采购代理机构（以下简称代理机构）资格认定行政许可事项。

财政部为加强对政府采购代理机构监督管理，促进政府采购代理机构规范发展，于 2018 年 1 月 4 日印发了《政府采购代理机构管理暂行办法》（财库〔2018〕2 号），从“名录登记”“从业管理”“信用评价及监督检查”等方面提出了相关管理要求和规定。

2. 改善招标投标管理办法

为了进一步规范政府采购当事人的采购行为，加强对政府采购货物和服务招标投标活动的监督管理，维护国家利益、社会公共利益和政府采购招标投标活动当事人的合法权益，财政部于2017年7月11日颁布《政府采购货物和服务招标投标管理办法》（财政部87号令），并于2017年10月1日开始施行。与2004年9月11日开始施行的财政部18号令相比，87号令突出强化了相关各方的权责对等关系，其中采购人在落实采购政策、加强内部控制、编制采购需求、公开采购信息、开展履约验收等重点环节职责的权限大幅扩大，增加了采购人对采购活动的参与度，合理扩大了采购人自主权，同时赋予了采购人相应的责任。

3. 规范质疑和投诉监管

财政部在2017年对招标代理机构开展了大规模的监督检查工作，发现了实践中存在的许多问题，并就投诉和代理机构的监督管理等方面制定了相关的管理办法。

财政部于2017年12月26日颁布《政府采购质疑和投诉办法》（94号令），并于2018年3月1日起开始施行，该办法对2004年颁布实施的《政府采购供应商投诉处理办法》（20号令）进行了相应的修订和完善。该办法对质疑供应商的资格、质疑函和质疑答复应当包括的内容、质疑的处理期限、处理方式等相关方面提出具体明确的要求和规定，并针对实践中采购人、采购代理机构拒收供应商在法定质疑期内发出的质疑函、不依法答复质疑等问题，明确了相应的法律责任。通过该办法的施行，能够在规范政府采购质疑和投诉行为，保护参加政府采购活动当事人的合法权益等方面发挥重要作用。

（三）其他

1. 规范市场秩序，净化市场环境

为营造公平市场环境，建立统一开放、竞争有序的现代市场体系，经国务院批准，2017年10月23日国家发展改革委、财政部、商务部、国家工商总局、国务院法制办联合印发《公平竞争审查制度实施细则（暂行）》。该细则中明确要求：在招标投标中不得限定投标人所在地、所有制、组织形式，排斥或者限制潜在投标人参与招标投标活动，并列出了排斥或者限制外地经营者参加本地招标投标活动的四种典型行为。

2. 联合惩戒失信行为，加强诚信体系建设

为了打击“规避招标”“串通投标”“弄虚作假，骗取中标”等行为，2018年3月21日，国家发展改革委、住房城乡建设部、财政部等24个部委联合印发《关于对公共资源交易领域严重失信主体开展联合惩戒的备忘录》的通知（发改法规〔2018〕457号）。将违反公共资源交易相关法律、法规规定，违背诚实信用原则，存在“规避招标”“串通投标”等19类行为，被主管部门依法实施行政处罚的企业及负有责任的法定代表人、自然人股东、评标专家及其他相关人员列为联合惩戒对象，对联合惩戒对象采取限制其参与工程建设项目的招标投标、政府采购等12类活动中一种或多种活动；还将对联合惩戒对象采取诸如“依法限制新增项目审批、核准”“依法限制失信相关人担任国有企业法定代表人、董事、监事”等26种惩戒措施。

3. 统一评标专家分类标准，整合专家资源

为贯彻落实《国务院办公厅关于印发整合建立统一的公共资源交易平台工作方案的通知》（国办发〔2015〕63 号），推进全国范围内评标专家资源整合共享，2018 年 2 月 12 日国家发展改革委以发改法规〔2018〕316 号文发布了《公共资源交易评标专家专业分类标准》。该标准依据公共资源交易活动特点，评标专家专业分类实行全国统一编码，按照最新行业专业划分，在坚持工程、货物、服务等类别和一级、二级、三级 3 个级别的基本框架基础上，补充细化缺失专业、合并交叉重叠专业、调整完善部分专业、进一步优化完善专家专业类别设置。

二、相关当事人

招标投标活动主要的参与方包括招标人、招标代理机构、投标人、评标委员会以及相关服务、监督机构等。各个市场主体根据招标投标市场规则和相关法律法规要求共同参与具体的招标投标活动。招标代理机构的总体情况已在第一章中详细说明，这里主要对招标人、投标人、评标专家等相关当事人做相关说明和分析。

（一）招标人

招标人是招标投标活动的发起者和组织者，也往往是交易达成后的履行方和交易最终实现效果的承担方。在招标投标过程中，招标人应在充分遵守相关法律规制的基础上，依法行使提出交易需求和交易条件、设定资格要求及择优方法和标准、组织接受和评审投标人响应方案和报价、最终确定中标人等方面的自主权，以力求达成其通过竞争优选中标人、明确交易价格、实现履约诉求的固有目标。

招标人作为招标投标活动最重要的参与方，对招标投标活动的影响最为直接和显著，如何有效调动和发挥招标人在招标投标活动的能动性，提升其认知水平、组织能力和行为规范性，是招标投标交易机制优越性能否得以落实的根本所在。应该说，经过几十年的发展，招标投标交易规则和核心理念已经在全社会各类招标人群体中得到普遍接受和认可，但在实践中也暴露出一些问题，需要在后续招标投标制度改革和完善中加以注意。

一方面，部分招标人自身对招标投标活动的理解存在偏差，仅局限于简单的履行法律规制和程序性要求，或将其作为规避决策风险的手段，而忽视了通过营造开放竞争格局，实现高效择优配置资源的根本目的。

另一方面，一些现实因素也影响了招标人对招标投标交易机制的信心。如招标投标行政监管实践中的便利化趋势和不当做法导致招标投标交易活动自由度被不同程度压缩，导致招标人的部分合法权利和合理诉求未能得到充分尊重和落实；堪忧的评标专家质量和偏于固化的评标决策机制，一定程度影响了科学择优目标的达成；在当前总体激烈竞争的市场格局和诚信建设相对滞后的大环境下，投标人不诚信、不道德甚至违法违规的情形仍时有发生，并可能导致招标人权益受损。

（二）投标人

投标人是招标投标活动的响应者和参与竞争者，应基于招标人提出的交易需求和条件，结合自身资源能力、经营理念和独立判断做出响应方案和报价，并有望作为选定中标人与招标人达成并履行交易。就具体项目而言，潜在投标人的数量、技术能力、经营实力和诚信水平及其投标响应质量和经济性，都直接影响招标投标活动的规范性、竞争性，以及缔约质量和后续履约成败。

随着招标投标交易方式日渐普及，在工程建设、装备制造、设备物资采购、咨询服务等相当一部分领域，参与投标已成为很多市场主体开拓业务市场、赢得交易机会、实现销售业绩的主要方式和渠道，对招标投标活动的关注度和参与热情不断提升，有利于促成更加开放竞争的市场格局，进一步扩大招标人的择优空间，并提升市场的资源配置效率和质量。

但也要看到，作为招标投标活动的响应方，投标人面临不合法的限制或歧视性对待、不合理的“霸王条款”、不合规的缴费负担等问题还比较普遍；部分投标人为提高竞争优势或获得实际利益，不惜采取弄虚作假、围标串标、收买评标专家等违法违规行为，以及恶意低价投标等不正当竞争手段，扰乱招标投标市场秩序的情况也屡见不鲜。

（三）评标专家

评标专家是评标委员会的成员，通过评标活动向招标人提交评标报告，为招标人定标提供咨询建议。对于国有资金占控股或者主导地位的依法必须招标项目而言，招标人必须确定排名第一的中标候选人为中标人。因此，对于此类依法必须招标的项目，实践中评标委员会成为定标的主导者。评标专家是评标委员会的重要组成成员，其比例不得少于评标委员会人数的三分之二，其掌握着评标工作的主导权，能够对评标结果产生最为直接的和根本性影响。

随着招标投标市场规模的增加，评标工作量随之加大，大量的专家资源投入评标工作上，为推动招标投标活动发挥了重要作用。与此同时，也在一定程度上刺激了评标专家参与评标活动的积极性，对于部分自由时间较多的评标专家已具有浓厚的职业化特征。随着各地方大力推进评标专家库建设，各地方的评标专家库得到了迅速壮大，但评标专家的质量却与数量发展不成正比，评标专家的技术专业水平和思想觉悟良莠不齐的现象日益显现。个别评标专家存在从事专业与评审专业不一致、专业知识更新不及时、法律知识缺乏、培训教育不到位等问题。个别评标专家独立意识不强，按照招标人的意图，或者接受其他专家的引导，形成非独立的评审意见，使招标投标活动受利益引导流于形式；个别评委出于私利单独或联合他人，在评标现场向招标组织部门提出非法要求，并以“罢评”“废标”等借口相要挟，严重影响了评标工作的质量和风气；个别评标专家与投标单位存在违法利益交换，参与第三方非法组织，提前与投标人接触，甚至通过引导和操控其他专家进行“抱团”腐败。

评标专家对招标投标活动的定标能够产生重大影响，使得评标专家面临着巨大的利益诱惑，对于评标专家的职业素养、个人觉悟和抗腐败能力提出了巨大的考验和挑战。实践中，对于原则性不强、觉悟不够和立场不坚定的评标专家，为了谋取不当利益而干预评标、操纵评标、不公正评标和“抱团”腐败的现象时有发生，甚至在社会上已形成了不正当的利益链条，极大地影响了招标的公正和公平。由于评标专家这种寻租行为隐蔽、分散且取证困难，导致对于该类问题往往苦于没有证据而不了了之，一定程度上也助长了评标专家的不法气焰，亟待加大监管力度。评标专家的非法牟利的腐败行为已成为招标投标市场的一个毒瘤亟待整治，目前，已引起多地（如四川、山西等省份）重视，通过侦查、取证和公诉等手段已对多名评标专家的违法行为追究了刑事责任。

三、监管体系

（一）行政监管

行政监督是招标投标活动的重要环节，也是保证招标投标活动能够得到依法有序开展的必要保证措施，营造公开、公平、公正的招标投标市场环境离不开高效可行的行政监管机制。同时，行政监督也是建设廉洁队伍、预防腐败交易的主要手段，对于腐败和违规行为也起到了一定的抑制作用。

当前，我国对招标投标活动实行分行业监管，行政监管主体为分管该行业的行政主管部门。法律对行政监督部门的授权边界非常清晰，行政监督部门负责对招标投标活动实施监督，依法查处招标投标活动中的违法行为，在邀请招标认定、标准文件编制、评标委员会成员的确定方式、评标专家抽取和评标活动的监督等方面具有明确的监督职责。为了提高监管效率，各个行业招标投标行政监管部门纷纷建立监管平台。截至目前，行业监管平台基本全面覆盖，对于提升招标投标活动的监管效率和效果发挥了重大作用。

随着招标投标实践的发展，各地方的行政监管范围、内容和流程等呈现较大的个性化和差异化，有的地方监管范围宽泛、监管内容较多，对招标投标的各个流程节点采用审批的方式监管，有的地方监管范围和内容较为简化，采用备案的方式监管。当前实践中，个别行政监督部门利用职权干预招标投标和越位监管的现象仍有发生，且有进一步发展态势。

（二）当事人监督

参与招标投标活动的当事人是招标投标活动的直接参与者，为了保护当事人的合法权益，招标投标活动依法应接受当事人的监督，招标投标活动的当事人利益在受到侵害时可以通过投诉的方式向行政监督部门维权。通过当事人的监督，对于净化招标投标活动的市场环境、维护公开公平公正的市场秩序、营造良好的营商环境发挥了重大作用。随着招标投标当事人的法律知识水平和维权意识普遍提高，当事人的有效投诉占比和维权的水平得到了大幅提升，维权形式也日益增多，一定程度上遏制了招标投标活动中的不法行为。

但我们也应看到，当前在招标投标当事人投诉事件上也暴露出一定问题：一方面，部分当事人投诉是针对评标过程的投诉，由于评标过程依法需严格保密，评标信息不得随意泄露，该部分投诉存在举证资料来源不合法的问题；另一方面，由于在处理各类投诉事件时需要做取证、调查、沟通和咨询等相关工作，对于需要开展复议工作的还需要平衡每个评标专家的时间，导致投诉事件处理的周期相对较长，一定程度上延长了招标投标周期，增加了行政管理成本和项目成本，今后如何提高解决投诉的效率和质量，应该引起重视。

四、行业自律

（一）编制发布《非招标方式采购代理服务规范》

2018 年国家发展改革委出台《必须招标的工程项目规定》（16 号令）和《必须招标的基础设施和公用事业项目范围规定》（发改法规〔2018〕843 号），进一步缩小了必须招标项目的范围。为贯彻上述规定，规范企业生产中采购周期短、采购形式灵活的生产原材料和小额工程项目，以及依法必须招标的工程、货物和服务，在符合法定条件下可以不招标或招标失败后依法不再招标的项目采购工作，中国招标投标协会于 2018 年 6 月发布试行了《非招标方式采购代理服务规范》（以下简称“《非招标规范》”）。

《非招标规范》通过对传统采购方式的总结提炼和优化改造，按照采购方式的共性特点归类并区别于政府采购方式的需要，组合形成了谈判采购、询比采购、竞价采购、直接采购四种采购方式和框架协议采购一种采购组织形式，对于改变各类非招标采购方式各行其是，没有统一规则的状况，促进采购交易服务的专业化、精细化、电子化、系统化、规范化和标准化发展具有十分重要的意义。

《非招标规范》与中国招标投标协会 2016 年发布试行的《招标采购代理规范》相互衔接、相互支撑，共同构成了招标与非招标采购的基本服务规范。

（二）编制出版《政府和社会资本合作（PPP）项目社会资本方遴选工作指南》和《政府和社会资本合作（PPP）项目合作协议示范文本（试行）》

针对 PPP 领域国家尚无关于社会资本方遴选的明确规定以及项目合作协议缺乏详细、具体的条款模型，难以满足合同条款具体撰写的规范性要求的实际情况，为更好地服务

PPP 项目落地，规范 PPP 项目社会资本方采购活动，保证 PPP 项目“物有所值”价值目标的实现，中国招标投标协会组织编写出版了《政府和社会资本合作（PPP）项目社会资本方遴选工作指南》和《政府和社会资本合作（PPP）项目合作协议示范文本（试行）》。

五、服务保障体系

（一）电子招标投标系统

2017 年，国家发展改革委会同有关部门印发实施《“互联网 +”招标采购行动方案》和《2017 年推进电子招标投标工作要点》，规划了 2017—2019 年招标采购与互联网深度融合发展的时间表、路线图，分年度提出了完善制度标准、建立平台体系架构，各类信息平台互联共享，全面实现全流程信息化、智能化招标采购的行动目标，支持各地区、各行业全面推行电子化招标采购。在国家引导和支持下，大力推动了电子招标投标交易、公共服务、行政监督三大平台建设，规范了平台运行行为，目前，国内已初步形成了分类清晰、功能互补、互联互通、覆盖全国的电子招标投标系统。

交易平台总体发展迅猛，电力、石油、煤炭、钢铁、通信、水利、交通、军工等领域的企业特别是中央企业，纷纷建立了专业化电子招标投标交易平台；各省区市普遍形成了依托公共资源交易平台和第三方交易平台开展电子化招标采购的工作体系。

中国招标投标公共服务平台已基本实现了全国招标投标信息汇聚共享，为电子招标投标各类主体提供公共服务的平台功能；横向对接国务院有关部门行政监督平台，纵向对接各省公共服务平台和有关交易平台的工作正在有序推进。

总体上看，虽然监管平台与交易平台和服务平台相比进度略有滞后，但当前由交易平台、公共服务平台和监管平台搭建的电子招标投标系统雏形已基本建设完成。

1. 交易平台建设

随着国家“互联网 +”发展战略的贯彻和深入推进，“互联网 +”招标采购行动方案的落实和发展进程与日俱进。当前，交易平台呈膨胀式发展，地方政府、大型央企、招标代理等都在积极开发招标投标交易平台，国内县级以上的地方政府均已建立了公共资源交易中心和电子交易平台。以湖北省为例，全省交易平台建设覆盖率已由 2015 年的 33% 提升到 2016 年底的 100%。大型央企如中石化、中石油、国网公司、南网公司等均建立了自己的电子交易平台。走在行业前列的部分招标代理机构开发的电子招标投标交易平台也都开始得到大规模应用。

随着电子交易平台的发展和广泛应用，在提升操作便捷性，打破时空限制、提高采购效率，节约采购成本，改善监督手段和效果，以及挖掘信息价值，提升管理效率等方面取得了巨大成绩。交易平台借助信息化技术手段，通过互联网完成，打破了区域和时空限制，大幅提升了投标报名、招标文件购买、投标文件制作与递交和参加开标会等节点操作的便捷性，极大地刺激了投标人参与的积极性，进而增强了投标竞争程度。交易平台通过信息化技术和互联网资源，大幅压缩了各个节点的工作周期，提升了采购效率。以某集中招标采购项目为例，涉及 130 个标段近 1000 家投标人，通过远程在线解密，实际开标历时仅 15 分钟，与传统线下开标会议相比效率得到了空前提升。交易平台对招标投标全过程进行完整记载，将所有资料完整留存，通过主体权限设定、网上留痕、IP 地址识别、监控点的设置等手段，对违规操作进行实时预警、及时纠正，方便了招标投标监管部门、纪检部门对招标投标活动的实时监控和后续检查，保证了招标投标监管适时准确、全面到位。通过电子招标投标系统，能够对积累的采购数据进行充分挖掘和分析，为采购人编制预算、制定技术要求、分析报价和确定供货周期等提供数据支持，实现供需精准匹配，为提升供应链管理的效率提供重要参考。

在看到交易平台对招标投标活动所发挥的作用和取得的成绩的同时，还应清醒地看到，交易平台数据共享尚未完全实现、CA 认证标准尚未统一、“全过程”电子招标投标尚未完全实现，在专家管理、电子归档、合同履约、监管对接、交易数据挖掘利用等方面还有很多待完善之处和很大提升空间，未来仍需下大力气持续研究、不断总结改进、持续迭代提升。

2. 公共服务平台建设

中国招标投标公共服务平台是经国务院批准设立，在国家发展改革委的指导和推动下，由中国招标投标协会牵头 8 家企业共同投资成立的，为全国电子招标投标系统三大平台、市场主体、社会公众、行政监督部门等各类主体提供市场公共信息和技术共享服务，平台于 2015 年 7 月 30 日开通，于 2016 年 7 月 1 日正式开始服务。

中国招标投标公共服务平台通过与国内各省市公共服务平台和各行业、各专业交易平台系统对接，成为全国电子招标投标系统的根平台和数据交换枢纽，实现市场信息互联互通、聚合共享、动态公开，为政府调控和监督市场秩序、发挥社会公众监督作用以及建设行业诚信自律机制提供大数据支持。

截至 2019 年 5 月 12 日，共有 394 家平台与中国招标投标公共服务平台完成对接。其中，央企平台 78 家，地方平台 171 家，第三方平台 143 家，监督平台 2 家。

截至 2019 年 5 月，中国招标投标公共服务平台累计为超过 181 万项招标项目提供服务，发布招标公告超过 218 万条，累计中标金额约 63405 万亿元。初步实现了招标投标数据的互联互通、动态聚合、公开共享，形成了“互联网 +”招标采购融合发展的基础条件和业态环境。

3. 监管平台建设

受资源共享、数据互通和全过程项目管理闭环监管等技术需求的制约，监管平台需要与交易平台和公共服务平台做大量的沟通、衔接和顶端设计，导致监管平台建设要晚于交易平台和服务平台。虽然目前交易平台和服务平台已广泛建立和应用，但监管平台功能尚未完全实现和应用，下一步国家计划加快系统贯通和信息共享。一方面，国家将重点推进各类电子招标投标平台规范建设运营，以中国招标投标公共服务平台为总枢纽，实现各级公共服务平台之间的资源共享；依托各级公共服务平台，促进各地区、各行业交易平台、行政监督平台之间的互联互通，形成招标投标领域完整的信息网络，并与各级公共资源交易平台实现整合共享。另一方面，继续指导中国招标投标公共服务平台与三大平台尽快实现对接交互。一是与全国投资项目在线审批监管平台对接交互，实现投资项目全过程在线运行、闭环监管；二是与全国信用信息共享平台对接交互，实现招标采购信用信息与其他领域信用信息互认共享；三是与全国 12358 价格监管平台对接交互，将招标采购活动中价格违法行为纳入统一在线监管体系。在信息共享的基础上，抓紧完善交易大数据收集、使用和监管政策，发挥大数据、“互联网 +”在招标采购事中事后监管中的作用。

（二）公共资源交易平台

1. 整合工作概况

公共资源交易是指涉及公共利益、公众安全的具有公有性、公益性的资源交易活动，较一般的商业交易活动，公共资源交易除了要遵循价值规律外，还要适应资源配置的公共性以及行政管理的强制性等特征，确保效率与公平的兼顾。由于涉及内容面广、类多、量大，公共资源交易是促进形成强大国内市场、推动高质量发展、建设现代化经济体系的重要环节和手段，在我国市场经济格局中占据重要地位。

为了规范交易活动和提高监管水平，以 20 世纪 90 年代初工程建设领域的有形建筑市场和建设工程发包承包交易中心为发端，进入集中场所从事交易并接受监管的模式在很多公共资源交易领域得到广泛应用，各行各地纷纷积极推进专业公共资源交易中心的建设，对于促进和规范公共资源交易活动，加强反腐体制机制建设发挥了积极作用。但由于缺少统筹规划和顶层设计，在各地各类公共资源交易中心分散建设和独立运行的过程中，也普遍暴露出资源不共享、运行不规范、职责不清晰、监管不到位、收费不合理等一系列问题。从分散规范迈向融合发展的必要性愈发显现。

2013 年，党的十八届二中全会审议通过的《国务院机构改革和职能转变方案》中明确提出要整合工程建设项目招标投标、土地使用权和矿业权出让、国有产权交易、政府采购等公共资源交易市场，建立统一规范的公共资源交易平台。

2015 年国务院办公厅印发《整合建立统一的公共资源交易平台工作方案》（国办发〔2015〕63 号），从国家层面对系统推进公共资源交易市场改革做出全面部署，指明我国公共资源交易平台整合建设的指导思想、基本原则、整合范围和目标方向，为在国内范围形成规则统一、公开透明、服务高效、监督规范的公共资源交易平台体系做出顶层设计。该方案标志着公共资源交易平台整合工作进入新的历史发展阶段，平台工作开始纳入规范化、法制化轨道。

2016 年国家发展改革委会同工业和信息化部、财政部等共 14 个部门联合颁布《公共资源交易平台管理暂行办法》，以落实“放、管、服”为主线，以推进电子化为路径，以实现资源共享为重点，对平台运行、管理和监督做了全面的制度规范，为整合公共资源交易信息、专家和场所等资源，加快推进交易全过程电子化，实现交易全流程公开透明和资源共享打下了坚实的制度基础。

此后，在国家层面又陆续出台了一系列政策文件和标准规范，旨在统一部署、指导和规范全国范围内公共资源交易平台的整合建设工作的有序推进。这些文件主要包括：

● 2017 年 1 月，中共中央办公厅、国务院办公厅印发《关于创新政府配置资源方式的指导意见》。

● 2017 年 4 月，公共资源交易部际联席会议成员单位共十六部门签署《公共资源交易信息共享备忘录》，确定 7 类信息跨部门共享互认。

● 2017 年 12 月，国务院办公厅《关于推进公共资源配置领域政府信息公开的意见》（国办发〔2017〕97 号），对推进公共资源配置决策、执行、管理、服务、结果公开，扩大公众监督，增强公开实效，努力实现公共资源配置全流程透明化提出总体要求。为落实《意见》部署要求，2018 年 1 月，国家发展改革委办公厅发布《关于进一步做好公共资源交易领域政府信息公开工作的通知》，为实现公共资源交易全程公开、全程留痕，从制定目录清单、明确责任主体、构建平台体系、优化信息服务、强化公开实效五个方面提出具体要求。

● 2018 年 3 月，国家发展改革委发布《公共资源交易评标专家专业分类标准》的通知，旨在推进全国范围内评标专家资源整合共享。

● 2018 年 4 月，国家发展改革委办公厅发布《关于进一步做好公共资源交易平台整合共享工作》的通知，从强化资源共享，加快推进公共资源交易全流程电子化；厘清监管责任，切实加强公共资源交易监管；施行目录化管理，着力健全公共资源交易制度规则三个方面提出具体要求。

● 2018 年 4 月，国家发展改革委发布《关于对公共资源交易领域严重失信主体开展联合惩戒的备忘录》的通知，将对违反公共资源交易相关法律法规规定，违背诚实信用原则，被主管部门依法实施行政处罚的企业及负有责任的法定代表人、自然人股东、评标评审专家及其他相关人员实施联合惩戒。

● 2018 年 4 月，住房城乡建设部等八部委印发《国务院有关部门 2018 年推进电子招标投标工作要点》，提出“推进全流程电子化招标采购，鼓励交易服务创新，推进行业信息平台建设，探索建立本行业统一的电子招标投标行政监督平台”。

● 2018 年 9 月 25 日，国家发展改革委发布《公共资源交易平台系统数据规范（V2.0）》，进一步深化各级公共资源交易平台互联互通，促进公共资源交易数据汇聚共享。

在地方层面，按照国家总体部署，三年来全国各地全力推进公共资源交易平台整合工作，全面实现分散交易向集中交易转变，全国公共资源交易市场数量大幅缩减。工程建设项目招标投标、国有土地使用权和矿业权出让、政府采购、国有产权交易四大板块整合基本完成，各级政府还积极推进排污权、公立医院药品、林权、国企采购等纳入统一公共资源交易平台，大部分平台已实现统一发布公共资源交易公告、资格审查、交易过程、成交、履约信息，有力推进公共资源配置全流程、透明化运行。随着平台整合初见成效，全国公共资源交易事业进入快速发展阶段，2018 年公共资源交易规模已突破 30 万亿元，占国家 GDP 的三分之一。

总体来说，我国现阶段公共资源交易平台体系融合构建的推进模式是，国家层面定大方向和大策略以指导全局和督促落实，地方层面结合实际情况因势因时因地制宜主动作为和创新实践，上下互动积极总结和传播各地创新成果和成功经验，鼓励在更大范围内推广实践，验证有效后进而上升到国家层面的制度规范。这一模式充分考虑了公共资源交易市场化改革的艰巨性、复杂性和长期性，其适应性和有效性正在被实践效果证明。

应该看到，公共资源交易涉及规模大、范围广、相关方多、既有利益格局趋于固化，其市场化改革艰巨复杂而又任重道远，尽管经过几年摸索实践和循序渐进已经取得丰硕成果，但各级各地公共资源交易平台在组织体制、运行机制和管理规则等方面差异仍较大，服务范围和能力、共享程度和监管水平等方面不到位、不规范和不平衡的问题仍较为普遍。未来，公共资源交易市场改革应继续聚焦公平竞争、制度规范、服务支撑、阳光交易，持续深化整合共享、拓展平台交易范围，持续细化流程规范、积极推动制度创新，持续优化交易服务、提升公共资源配置效率，持续强化有效监管、加快电子监管系统建设，共同推动公共资源交易平台整合共享再上新台阶。

2. 平台整合对招标投标行业的影响

一方面，由于交易标的的特殊属性，我国现行法规优先把招标投标作为实现公共资源交易的主要方式；另一方面，招标投标交易方式的基本特征（鼓励公开竞争）和适用条件（规模化、市场化）也决定了其应用范围主要聚焦公共资源交易领域，现行法律对依法必须招标项目的范围界定也充分印证了这一点。因此，招标投标活动开展与公共资源交易市场运行管理方式息息相关，公共资源交易平台全面整合融合的改革进程对我国招标投标行业整体发展的影响也全面、深刻而又长远。

（1）平台覆盖交易范围扩大，成为招标投标活动开展的主战场。随着公共资源交易平台整合的不断深入，整合范围也逐渐超越政府采购、工程建设、土地和矿业权交易、产权交易的“老四类”，很多地方已将国有集体林权、医药采购、排污权、碳排放权、海域权交易、户外广告权交易等越来越多的内容纳入交易目录。

按照党中央、国务院《关于创新政府配置资源方式的指导意见》总体要求，未来对政府配置资源中应该或可以通过市场化方式配置的资源，按照应进必进、能进必进的原则，严格将其纳入统一的公共资源交易平台进行规范交易。届时，除国有企业经营性采购和非公经济主体交易行为自发开展的招标投标活动外，绝大部分依法必须招标投标的活动将纳入公共资源交易大市场和统一平台体系内实施，招标投标也仍将作为公共资源交易中发挥市场作用的最重要工具和手段。

（2）平台综合服务能力提升，促进招标投标行业转变经营理念。统一的公共资源交易平台是政府推动建立，面向市场主体、社会公众、行政监管部门等提供综合服务的体系，其核心职能定位是公共服务。近年来，通过有序整合各方资源，大部分公共资源交易平台已经具备为各类具体交易活动的开展提供包括场地、专家、信息、系统（尽管国家倡导平台开发对接市场主体依法建设的电子交易系统，但各级交易平台自主建设和运行电子交易系统的模式仍相当普遍）等在内全方位、高质量综合服务的条件和能力。

相应地，集中交易模式推广、平台服务能力提升和资源共享，势必降低对招标采购从业机构开展服务所需资源和条件的要求，自建评标/审专家库、开评标场所、电子招标投标系统等很难再成为相关机构市场准入门槛和核心竞争优势，除了做好基础性服务工作外，招标采购从业机构应更多关注市场信息获取和鉴别分析、综合知识掌握和运用（技术/经济/商务/法律/管理等）、交易风险预测防控、合作意识和工作效率等软性能力的提升，通过创造更高的服务价值和更好的服务体验来赢得客户和市场的认可。

（3）交易制度规则统一完善，推动招标投标行业改进服务规范。为解决各地公共资源交易规则不一，标准各异等问题，按照共性和个性相结合的原则，公共资源交易平台整合一直将统一制度规则作为工作重点，在制度设计上提出“1+4”模式，即由国家发展改革委牵头制定全国统一的公共资源交易平台管理办法，国务院有关部门根据工程建设项目招标投标、土地使用权和矿业权出让、国有产权交易、政府采购等法律法规和交易特点制定实施全国分类统一的规则和办法。各地方政府结合本地区实际制定平台服务管理细则。

近年来，国家和地方相关制度和标准密集出台，推动公共资源交易法制化、规范化水平不断提升，对包括招标投标在内各类交易活动提出很多新的要求，直接影响招标投标实践活动和相关从业机构业务开展。未来，随着全国公共资源交易平台整合融合工作深入推进，仍将不断健全和完善规范招标采购活动、细化平台服务和运行管理要求、推动全社会诚信体系建设、加强交易监管等方面的制度标准，为公共资源交易市场创造协调统一的制度环境，使各方主体和各类活动有法可依、有章可循。各类招标采购从业机构一方面应密切关注相关制度标准发布和适用的最新情况，领会和贯彻相关要求，及时调整和改进服务内容和规范，确保依法依规从业；另一方面也应结合开展公共资源交易活动中的实践经验，积极思考和主动发声，为相关制度建设建言献策。

（4）信息技术全面应用，鼓励招标投标行业创新服务手段。信息化建设是公共资源交易平台整合的重要保障，各类交易信息全面整合、充分共享和有效利用是公共资源交易市场良性发展的关键要素。按照国家统一部署，公共资源交易平台整合把信息系统整合作为重点，通过全面应用和紧密结合现代化信息技术，以公共资源电子服务系统为枢纽，开放对接各类电子交易系统和电子监管系统，逐步实现公共资源交易活动全流程在线开展和远程异地组织开评标，从而既有利于提高交易效率和降低交易成本，又有助于推动交易信息全过程公开、全程留痕、全面共享，从而营造更为开放透明的市场环境，还可以为开展有效监督和优化决策提供有力保障。

在此形势下，公共资源交易领域各类招标投标活动中，线下开展向线上运行的转变将更为彻底和全面。招标采购相关从业单位对相关信息化技术和专业系统的认知水平、适应能力和运用程度，将直接影响其工作效率和服务效果。此外，在传统代理和咨询服务基础上，交易信息管理、交易大数据分析、交易决策支持等基于信息化技术的延伸服务也有望成为市场青睐的产品和这些单位的发展方向。这些都需要招标采购从业单位通过人才引进、知识更新等做好相关技术储备，并积极跟踪公共资源交易市场需求和技术发展的趋势，探索实践开展相关业务创新。

（5）改进和强化交易监管，保障招标投标行业健康发展。在公共资源交易平台全面整合进程中，交易监管体制的改革同步推进，总体方向是要实现三个“转变”：一是从重视行为监管向强化信用管理转变，依托市场主体信用信息和公共资源交易活动信息作为实施监管的重要依据，健全守信激励和失信惩戒机制。二是从现场监督向“智能”监管转变，通过建设电子监管系统，与各级公共资源交易信息服务系统连接，对公共资源交易活动依法实时监督和自动预警。三是从单一监督向立体监督转变，改变全部依靠行政部门对公共资源交易活动进行监督的模式，强化公共资源交易信息的公开力度，加强社会监督，建立公共资源交易平台服务机构和人员自律机制，形成行政监督、行业自律、社会舆论监督的立体监督模式。

全流程在线交易、全面信息公开、全过程活动留痕、全方位立体监督等举措的提出和落实，将大大促进公共资源交易阳光操作，提高依法监督能力和水平，有效规范和合理约束包括招标采购从业机构在内的各方当事人，加快推动公共资源交易市场形成公开透明、公平竞争、诚实守信的良好环境。随着监管体制机制不断完善，行政监管、行业组织自律和社会监督作用持续强化，招标采购从业机构和人员的服务规范性和能力水平也将面对来自更多方面的监督和审视，不仅违法失信行为将导致从业限制、市场禁入等惩戒，专业能力弱、业务水平低、服务态度差等从业表现也可能在较大范围内引发信誉受损、客户流失等后果。这就要求招标采购从业机构和人员要不断强化法律意识、服务意识和风险意识，既要主动认真学法知法懂法，更要在工作中坚守法律制度的底线和红线，从自身做起，力争通过优质服务和守法诚信实现行稳致远，进而共同推动整个招标采购服务业的持续净化和健康发展。

（三）信用体系

1. 建设历程与成就

加快社会信用体系建设是全面落实科学发展观、构建社会主义和谐社会的重要基础，是完善社会主义市场经济体制、加强和创新社会治理的重要手段，对增强社会成员诚信意识，营造优良信用环境，提升国家整体竞争力，促进社会发展与文明进步具有重要意义。

2016 年 9 月，国家发展改革委会同最高人民法院等部门印发《关于在招标投标活动中对失信被执行人实施联合惩戒的通知》，依法对失信被执行人在招标投标活动中采取限制措施，健全招标投标信用机制建设，促进招标投标市场健康有序发展。截至 2017 年 7 月，国家发展改革委发布了十大领域守信联合激励和失信联合惩戒名单，已有60多个部门签署联合激励、联合惩戒备忘录25个，制定联合奖惩措施100多项，对失信行为人进行联合惩戒，对信用良好行为人进行联合激励。随着国家对信用机制的大力推广和施行，信用已在社会上形成共识，未来企业和个人信用体系将进一步健全和完善，在招标投标领域，企业和个人的信用将表现得更为重要，会直接影响投标人是否有资格参加投标或中标。

2. 信用体系的应用与功能

在国务院及各个行业部门的大力推进下，当前我国的信用体系已初步建立并在实践中应用，守信联合激励和失信联合惩戒已取得了阶段性成果，对于规范招标投标市场环境的作用已初步显现，守信联合激励和失信联合惩戒的进展和成效体现在以下几个方面：一是联合奖惩备忘录不断覆盖重点领域；二是联合奖惩成效不断凸显；三是联合奖惩范围不断拓展，延伸到包括税务、证券期货、民航、铁路等领域；四是守信激励系列项目充分提升守信获得感；五是通过对失信主体在招标投标活动中实行限制或否决的措施，加快了失信行为联合惩戒机制在招标投标行业的应用进程，在招标投标行业已实现了“一处受罚、处处受限”的信用机制和市场环境，促进了招标投标行业持续健康发展。

3. 存在的不足与发展趋向

当前，企业法人的信用体系建设已基本建立并得到了初步应用。在招标投标领域，对于招标人、投标人和招标代理机构等市场主体的行为约束发挥了重大作用。目前针对个人的信用体系已基本建立，并可以对失信被执行人予以相关惩戒，但尚未在招标投标领域将评标专家的法律责任纳入信用体系，这也是后续招标投标行业信用体系建设需要关注和研究的问题。

第三章　技术与管理创新对招标投标行业的影响分析

一、“互联网 +”

（一）“互联网 +”招标采购的发展现状

“互联网 +”招标采购是在国内深入学习和贯彻落实习近平总书记“网络强国”战略思想，积极推进“互联网 +”行动和加快推进“互联网 + 政务服务”工作部署的大背景下产生的。

国家发展改革委以加强指导和政策推动等方式，依托中国招标投标协会，重点以“中国招标投标公共服务平台”建设和运营为抓手，扎实推进电子化招标投标三大平台的建设，促进招标采购与互联网深度融合，提高招标采购参与各方的高效协同和透明度，降低交易成本，充分发挥信用信息和交易大数据在行政监督和行业发展中的作用，推动政府职能转变，助力供给侧结构性改革，为加快“互联网 +”招标采购行动的发展进程发挥了重要作用。继“第一届中国‘互联网 +’招标采购发展论坛”，国务院发布《关于加快推进“互联网 + 政务服务”工作的指导意见》，国家发展改革委等六部委联合发布《“互联网 +”招标采购行动方案（2017—2019 年）》等相关助推行动之后，国家发展改革委联合相关部门继续加强引导，推动实施。

- 2018 年 1 月 15 日，中国招标投标协会在北京举办第二届中国“互联网 +”招标采购发展论坛。论坛以助力实施国家大数据发展战略、协同推进“互联网 +”招标采购行动为主旨，围绕“开放数据、公平交易、共享经济”主题展开讨论。
- 2018 年 4 月 10 日，国家发展改革委等八部委联合发布《国务院有关部门 2018 年推进电子招标投标工作要点》，要求重点开展优化平台建设和服务、强化制度保障和拓展交流与合作等工作。

（二）“互联网 +”招标采购实现效果及不足

随着电子招标投标平台的不断完善和“互联网 +”招标采购行动的政策推力，“互联网 +”招标采购实践得到了长足的发展。“互联网 +”招标采购已在提高招标效率、提供信息技术支持、遏制围标串标和降低社会成本等方面发挥了重要作用。同时我们也应注意到，在这一发展过程中，还面临着一些问题，存在一些不足，主要有以下几个方面：

1. 法律支撑尚未形成

目前，已出台的规章与指导文件中，仅有《电子招标投标办法》《关于积极推进“互联网+”行动的指导意见》《公共资源交易平台管理暂行办法》《“互联网+”招标采购行动方案（2017—2019年）》和《国务院有关部门2018年推进电子招标投标工作要点》等文件，作为顶层法律的《招标投标法》与上述法规政策支撑不到位，具体表现在对于互联网和大数据技术与招标投标的深度融合，缺乏上位法应有的规范和制度保障。为此，国家发展改革委会同国务院有关部门制定的《国务院有关部门2018年推进电子招标投标工作要点》中已明确提出：“研究修订《招标投标法》，围绕电子化招标投标补充完善相关制度设计，尽快形成送审稿上报国务院。”

2. 发展速度不均衡

“互联网+”招标采购发展速度不均衡主要表现在电子化招标采购发展速度不均衡。受经济发展水平、参与主体主观意识等因素的影响，很多项目招标投标尚未实现电子化或未实现全流程招标投标电子化；在实现电子化招标投标的地区中，有的已建成覆盖全省的公共资源交易平台和监管平台，有的地区尚在建设中。

3. 思想观念亟须转变

目前的电子化招标投标，主要是把线下业务的操作、监管等程序性事务通过信息化手段平移到线上。从电子化招标投标到“互联网+”招标采购，不是换一个称谓，而是运用互联网思维和创新手段对招标投标这一传统产业实现转型升级。需要参与各方积极转变观念，深度理解互联网思维，加大对互联网和大数据技术的研究和应用创新，研发更多的既能满足招标投标实际作业场景的应用功能，又能对实际作业各个节点和行政监管提供支持的数据产品，扎实推进互联网和大数据技术与招标采购深度融合，促进招标投标作业和行政监管的转型升级。

4. 体制机制不相适应

在招标投标与互联网融合发展过程中，还存在着与《“互联网+”招标采购行动方案（2017—2019年）》不相适应的规章制度和政策文件。需要着力深化体制机制改革，创新招标采购交易机制、公共服务和监督方式，培育招标采购市场发展新动能，更好发挥招标投标制度在现代市场体系中的作用，降低制度性交易成本，提高资源配置质量效率，推动政府职能转变和党风廉政建设，助力供给侧结构性改革，促进经济社会平稳健康发展。

5. 数据开放问题

各地区、各行业交易平台、行政监督平台之间的互联互通尚未完全实现，“信息孤岛”和技术壁垒依然存在，三大平台间的信息共享问题没有得到全面解决。另外，电子招标投标系统与有关投资、信用平台和公共资源交易平台以及全国建筑市场监管公共服务平台的对接融合还在推动中，信息交换资源共享尚未完全实现。

6. 网络安全和数据安全保护重视程度不够

随着《网络安全法》的实施，网络安全问题已经上升到国家层面。电子招标投标系统是电子政务的重要组成部分，电子招标投标系统的网络、招标投标主体数据和招标投标过程数据容易成为互联网的非法攻击目标。部分系统开发机构和平台运营机构对这一问题重视程度不够，没有建立完善的安全防御体系，在当前“互联网 +”招标采购迅猛发展的形势下，信息和网络安全问题更为彰显。

（三）“互联网 +”招标采购的发展前景

通过各参与方的共同努力，“互联网 +”招标采购在优化平台建设、丰富服务供给、开放市场环境、强化制度保障、创新监管机制、拓展交流与合作等方面取得了瞩目的成绩，在平台建设和服务模式升级发展等方面具有广阔的前景。

1. 平台建设前景

通过“互联网 +”招标采购行动，能够建立市场信息一体开放和聚合共享体系，电子招标投标交易市场化、专业化、集约化运行机制，创新公共资源交易的监督体制，实现阳光采购、专业采购，着力构建公开、公平、公正的阳光交易平台。最终将在建立覆盖各地区、各行业的电子招标投标系统基础上，为依法必须招标项目实现全流程电子化招标采购提供完备的技术平台。

2. 服务模式升级前景

在电子招标采购进入互联共享、机制创新、深度应用的新阶段后，对招标投标的服务目标、技术方法和客户体验等方面产生深远变革。通过第五代移动通信技术的推广和应用，信息技术和功能在招标投标领域的应用将超乎想象，将真正按照互联网思维的方式，以实现相关用户（招标人、投标人、监管部门、评标专家和从业人员）的需求目标为中心，高度关注人性化的客户体验。通过充分运用大数据、云计算、区块链、人工智能等多种技术，能够为客户提供个性化服务，促进服务模式创新，拓展服务类型与范围，促进招标投标行业供给侧结构性改革和转型升级发展。对于建立统一开放、公平竞争、诚信守法的现代市场体系，将发挥重要作用。

二、BIM 技术

（一）发展历程及趋势

BIM 是在计算机辅助设计（CAD）等技术基础上发展起来的多维模型信息集成技术。BIM 应用能实现对工程环境、能耗、经济、质量、安全等方面的分析、检查和模拟，支持项目全过程的方案优化和科学决策、各专业协同工作、项目的虚拟建造和精细化管理，把建造过程中的信息集成到 BIM 模型，形成项目建设的大数据库，为项目后期的运营打下基础，也为智慧城市的建设提供数据支撑。

BIM 技术得到了住房城乡建设部的重视和支持，自 2015 年至今，住房城乡建设部发布了《关于推进建筑信息模型应用指导意见》《2016—2020 年建筑业信息化发展纲要》《建筑信息模型应用统一标准》和《城市轨道交通工程 BIM 应用指南》等一系列文件，极大地推动了 BIM 技术在国内建筑工程的试点和应用，也带动了各个省市对 BIM 技术的推广。上海市率先推进 BIM 技术应用，强制要求政府投资项目应用 BIM 技术，通过实践积累，目前上海市 BIM 应用水平在国内处于较高水平；山东省、江苏省、北京市、吉林省等省市纷纷制定相关指导意见和通知文件，浙江省、天津市、福建省和山东省等省市积极制定应用导则或指南规范 BIM 技术的推广和应用。

目前，就全国而言，BIM 技术应用仍处于散点式的模型应用阶段，应用价值有限。部分地区对 BIM 的真正价值有了重新认识，已开始尝试以追求价值为主的数字化 BIM 应用。未来 BIM 应用明显向系统化、集成化、数字化和智能化方向发展。

（二）技术优势

（1）可视性：BIM 技术能够建立三维模型，使项目设计、建造和运营等整个建设过程可视，进而能够为沟通、讨论与决策提供支持。

（2）协调性：可对不同专业进行综合优化，对不同参建单位进行协同管理，减少工程变更和降低工程管理协调难度。

（3）模拟性：利用多维可视技术可对建设项目进行各类模拟和追溯，如能效、紧急疏散、日照、热能传导等模拟，赋予模型的时间维度和成本维度，进行消防、逃生演习模拟等，能够为项目管理提供直观、生动的决策支持。

（4）优化性：BIM 技术及与其配套的各种优化工具能对项目进行尽可能优化处理。利用模型提供的几何、物理、规则、建筑物变化以后的各种情况信息来给复杂程度高的建筑进行优化，进而提高工程建设的经济性。

（5）智能化：利用 BIM 矢量化与 AI 技术，可实现项目管理与控制的自动化、智能化。如自动计量、智能计价、智能询价、智能编码、智能监测、智能巡视等智慧工地管理等。在项目建造阶段通过不断更新，最终形成的 BIM 竣工模型，是项目建造信息的数据库，为项目的运营维护提供帮助，BIM 竣工模型和项目运维平台结合，能实现项目的智慧运营维护。在项目竣工结算阶段，通过在过程中 BIM 模型的不断完善，形成项目的竣工模型，导出工程量，提升项目结算的效率。在运营维护阶段，也可借助数字化建筑实现各类自动控制管理。

（6）数字化：建筑信息集成在模型中，形成虚拟的数字建筑，为工程建设各阶段管理工作提供了数据基础。

（三）评标机制的适应性分析

由于 BIM 是新引入建筑业的信息技术，涉及工程建设全过程及项目管理各个方面，传统的评标办法已不能适应 BIM 技术的招标投标要求，在招标投标环节需要对评标办法进行创新和个性化设计。

纵观 BIM 技术的发展历程，采用 BIM 技术的招标项目评标办法经历了如下三个层次：

第一层次：对投标人的 BIM 设计或施工能力评审。在招标时要求投标人具有实施 BIM 设计或施工的能力，并且在评标办法中对已完成的 BIM 设计或施工业绩进行评审。

第二层次：对投标人的 BIM 技术应用方案评审。在投标文件中要求投标人提供 BIM 技术应用方案，在评标方法中，BIM 技术应用方案的评审占据一定的分值。目前，部分省市已开始针对采用 BIM 技术设置专门的评分因素，如海南、吉林等省。随着 BIM 技术在设计、施工领域的广泛应用，该内容的评审将越来越受到重视。

第三层次：利用 BIM 技术进行评审。招标时要求投标人提供设计或施工 BIM 相关模型，实现三维立体设计方案或施工方案模拟，评标时利用 BIM 技术进行评审，具体操作办法如下：

- 设计招标阶段，提供 BIM 模型，可以方便评标委员会在评审时更加直观的了解设计方案，并且可以根据评审需要进行剖切，有利于评委理解设计的内容及细节，方便评审出优秀、合理的设计方案。
- 施工招标阶段，可以借助 BIM 进行虚拟场景及施工方案模拟，包括进度模拟、资源使用计划及资金、碰撞检查、虚拟施工等，形象、直观地展示施工过程，方便评委对施工方案、进度、场面布置等各方面进行评审。

当前，各个地方在 BIM 技术评标机制设计上仍处于摸索和试行阶段。如深圳市 BIM 电子招标投标系统，引入 BIM 技术，用三维模型代替传统的纯电子文档评审方式，以 BIM 三维模型为基础，将成本、进度相结合，以五维视角，集成项目相关数据和大数据研究成果，使商务标、技术标深度融合与联动。如何将三个层次的评审结论科学合理集成，建立与 BIM 技术和评标工作相适应的评标机制，需要继续开展深入的研究和探索。

设计、施工以及 BIM 咨询单位中标及合同签订后，后期的 BIM 应用能否真正落地，还需基于 BIM 项目管理协同工作平台在项目上的应用，这样方可充分发掘 BIM 的价值，和项目管理深度结合，实现集中动态管控的目的，特别是项目竣工后，基于 BIM 的项目管理平台进一步向基于 BIM 的运维平台进行延伸，真正实现项目全生命周期的 BIM 应用和数据集成。

（四）案例概述与分析

本发展报告选择了国内开展 BIM 技术应用较早，并较为典型省市的 BIM 应用案例做简单介绍。

1. 深圳市

国家发展改革委在《关于深入开展 2016 年国家电子招标投标试点工作的通知》（发改办法规〔2016〕1392 号）中对深圳提出了“深化 BIM 等技术应用，推进电子招标投标与相关技术融合创新发展”的 BIM 应用试点要求。深圳市建设工程交易服务中心作为深圳电子招标投标试点城市实施单位，在全国率先将 BIM 技术应用在建设工程招标投标环节，开展基于 BIM 的电子招标投标系统建设及应用。深圳市 BIM 电子招标投标系统是将 BIM 技术引入招标投标过程，基于三维模型与成本、进度相结合，以五维视角，集成大数据研究成果，并与深圳市空间地理信息平台对接，打造基于BIM+大数据+GIS的专业招标投标模式。该系统于2017年12月通过住房城乡建设部科技示范项目验收，于2018年7月投入试运行，目前正在前海部分建设工程项目中进行试点应用。为了保障BIM招标能够科学择优选择，平稳有序推进，深圳市相关主管部门陆续制定了《招标文件BIM条款编制指引》《深圳市建设工程招标投标BIM技术应用标准》和《关于加快推进建筑信息模型技术（BIM）应用的实施意见》等文件，进一步推动了BIM技术在深圳市建设工程中的应用。

2. 海南省

海南省住房和城乡建设厅、海南省发展和改革委员会于2017年12月27日发布关于印发《海南省房屋建筑和市政工程工程量清单招标投标评标办法》的通知。该办法规定，本省行政区域内装配式保障性住房项目、政府投资的单体建筑面积大于或等于30000m^{2}以上的公建项目及采用资格预审进行招标的项目鼓励应用BIM技术。同时该办法要求，应用BIM技术的施工项目的招标评标方法应当采用综合评估法，并对采用BIM技术评标办法中施工组织设计应当评价的内容进行了规定和要求，进而为规范BIM技术招标提供了指导。

3. 吉林省

吉林省住房和城乡建设厅2018年10月18日发布了《关于在房屋建筑和市政基础设施工程中要求应用BIM技术的通知》（吉建办〔2018〕47号）。根据通知要求，招标阶段设计及施工单位应针对项目特点编制《项目BIM技术应用方案》，并明确了项目BIM应用方案应包含的具体内容。同时，该通知还要求，应有BIM技术方面专家对投标文件中BIM技术相关内容进行评审。通过吉林省住建厅发布的相关文件能够为BIM技术的招标投标提供宏观指导，有利于推广BIM技术，但缺乏可行的机制引导，后续尚需要进一步加强管理和引导。

4. 南京市

南京建设工程招标投标协会2017年10月12日发布《南京市建筑信息模型招标投标应用标准》。该标准分上下两篇，上篇为工程招标BIM应用，下篇为工程投标BIM应用，是国内首个建筑信息模型招标投标的应用标准，该标准能够为BIM投标提供参考和依据，有利于规范BIM招标，推进BIM技术应用，但还需在评标机制方面加强引导和规范，以保障BIM技术招标能够真正实现科学择优，优化BIM技术市场环境。

（五）招标投标工作改进方向

要建立与BIM应用相适应的招标投标工作机制，就要在摸索和试行过程中把握BIM应用发展趋势，研究BIM应用的价值取向，从而发挥招标投标工作在BIM应用发展方向的引领作用。

一是要研究招标投标工作如何促进BIM的系统性应用，指导行业注意解决建设过程各阶段的BIM应用衔接问题，提出符合系统性BIM应用的招标投标要求。

二是把 BIM 招标工作重点由模型应用转移到以数字应用为重点上来。使行业认识到 BIM 中的“I”比“M”更重要，通过招标投标工作推动，使 BIM 技术真正发挥应有价值，为提高我国工程建设管理水平做出贡献。

三、全过程工程咨询

（一）全过程工程咨询服务的发展背景

目前，中国经济已经进入高质量发展的新时代，工程咨询业也应该从可比性、低价值、同质化服务模式向技术性、专业化、高端化方向转型，以适应供给侧结构性改革的实际需要。从提高投资质量和投资效率的现实需要，从适应深化投融资体制改革及政府职能转变的迫切要求出发，从提高资源配置效率、保障工程质量、服务国家重大战略、促进经济良性循环等目标导向出发，工程咨询业应深化改革、提高效率、加快转型升级。

随着我国经济的持续发展，现代化建设的步伐日益加快，工程咨询业在我国各类工程建设、特别是重大工程建设中的作用日益凸显。面对经济全球化，工程咨询行业如何积极应对内外部环境挑战，如何在国民经济持续健康发展中继续发挥积极的“智力服务”作用，是目前社会各界、全国工程建设领域人士，特别是工程咨询企业普遍关心的问题。

2017 年 2 月 21 日，国办发〔2017〕19 号文件《国务院办公厅关于促进建筑业持续健康发展的意见》从国家层面首次提出了“全过程工程咨询”的概念，并将“加快推行工程总承包”与“培育全过程工程咨询”作为完善工程建设组织模式的重要举措。鼓励投资咨询、勘察、设计、监理、招标代理、造价等企业采取联合经营、并购重组等方式发展全过程工程咨询，培育一批具有国际水平的全过程工程咨询企业。从我国咨询行业发展的历史及新时代工程咨询行业发展要求来看，全过程工程咨询服务对于行业发展导向、项目投资决策、咨询理念创新、专业人员培养、企业联合经营等方面将产生深层次的变革性影响，也势必将对招标投标行业产生直接而深远的影响。

（二）全过程工程咨询服务的发展现状

1. 全过程工程咨询服务的内涵及业务特征

全过程工程咨询涉及建设工程全生命周期内的策划咨询、前期可研、工程设计、招标代理、造价咨询、工程监理、施工前期准备、施工过程管理、竣工验收及运营保修等各个阶段的咨询服务。全过程工程咨询服务具有复合性，服务过程中有明显的阶段复合和专业的集合与交叉。全过程工程咨询服务是以市场需求为导向的定制式服务，在项目全生命周期的介入时点或分阶段所提供的咨询服务范围等方面具有明显的差异性。

2. 现阶段全过程工程咨询服务主要适用的项目类型

根据国家推广全过程工程咨询服务的政策导向，结合全过程工程咨询行业的技术要求，本发展报告认为，当前全过程工程咨询服务将会在以下三个类型项目中适用或大力推广。

（1）政府投资项目。国家发展改革委和住房城乡建设部《关于推进全过程工程咨询服务发展的指导意见》（发改投资规〔2019〕515号）中明确，要充分发挥政府投资项目和国有企业投资项目的示范引领作用，引导一批有影响力、有示范作用的政府投资项目和国有企业投资项目带头推行工程建设全过程咨询。

（2）PPP落地项目。对于已经进入实施履约阶段的PPP项目，无论是政府还是社会资本方都面临着管理能力配置不足、管理制约机制亟待构建等问题。全过程工程咨询服务能够很好地发挥政府与社会资本方的桥梁作用，有效化解PPP项目面临的上述问题。

（3）有推广目标要求的示范项目。在推广全过程工程咨询服务的各项政策中已经明确采取“试点先行，分步实施”的部署战略。因此，政府推动及政策引导的全过程示范的房屋建筑和市政工程等工程建设项目将是全过程咨询服务的主要试点和推广目标。

3. 全过程工程咨询服务的发展现状及问题分析

2017年，住建部在全国范围内选择8个省份和40家企业开展为期两年的全过程工程咨询试点工作。当前，各个试点省份关于全过程工程咨询服务的需求范围、技术要求、服务周期以及资格条件等规定以及各自的发展进程等方面差异较大，尚未形成成熟可推广的发展模式，还需要深入总结经验教训，进一步规范和引导全过程工程咨询服务的快速、健康和良性发展。

（三）全过程工程咨询服务的发展趋势和影响分析

当前，全过程工程咨询服务仍处于导入期（试点阶段），距离发展成熟阶段还有很长的发展道路和历程。在此期间全过程工程咨询服务会随着国家政策、项目需求、市场环境和技术发展等各类影响因素的变化而随之不断完善和提升，并将对投资决策和咨询行业发展产生以下影响：

1. 逐步促进政府部门职能转化及审批制度的实质性改革

党的十八大以来，投资审批制度改革深入推进，对科学投资决策和工程建设实施发挥了重要作用。但实践中投资行政审批事项仍然较多，工程咨询机构仍然以行政管理为条线划分专业，为特定行业及区域提供服务，分散、碎片化的单项咨询服务难以从整体上对项目咨询服务的整体质量进行把关，各专业咨询机构缺乏责任主体意识，独立、公正、专业的社会服务体系有待加强。

全过程工程咨询服务模式将逐步打破现有的行业、部门壁垒及制度障碍，将政府从以往项目的决策和执行双角色逐步回归到项目投资的规划、决策、监管及服务上去，促进政府部门管理重心向事中事后监管转移，加速实现政府职能转化及审批制度的实质性改革。

2. 刺激相关企业积极转型，合作与融合将成为未来趋势

自2017年政府提出“培育全过程工程咨询”以来，投资咨询、勘察、设计、监理、招标代理、造价等相关企业都积极响应，不仅从战略上探讨如何结合自身企业特点转型成为能够胜任全过程工程咨询任务的企业，并且有些企业在实际行动中已参与相关试点项目的全过程工程咨询工作。为满足全过程工程咨询服务的技术要求，企业间相互合作、相互融合将成为未来趋势。积极延伸业务链条，探索企业转型升级，加强同企业间的合作与融合将成为咨询企业当下面临的重要问题。

3. 价值导向理念将主导咨询行业发展

随着全过程工程咨询的推广和实施，咨询服务的价值将越来越受到关注，价值导向理念将主导咨询行业发展，促进工程咨询行业的转型升级，要求工程咨询企业从项目周期全过程的资源优化配置角度统筹考虑项目各项专业论证及方案策划工作，强调价值导向和市场检验，注重工程咨询的价值增值作用。

4. 开拓国际市场，参与国际竞争步伐将进一步加快

为了适应市场环境的变化和行业发展的趋势要求，咨询行业需要迈出国门，深挖国际市场，参与国际竞争的步伐将进一步加快。随着“一带一路”倡议的深入开展，中国企业走出去参与国际竞争市场份额的不断增加，全过程工程咨询服务必将成为工程咨询企业走出去咨询服务的主要模式。

（四）全过程工程咨询服务模式对招标代理服务行业可能产生的影响

1. 竞争对手激增，传统代理企业市场边界进一步模糊

随着工程咨询、招标代理资质的取消，工程咨询产业链上的各类咨询企业正在加快向上下游专业领域延伸和发展，例如工程造价、监理等工程建设期间服务企业正在通过吸引人才、兼并重组等方式进入招标和咨询等其他专业板块。随着全过程工程咨询的发展和推广，通过业务延伸进入招标代理市场的企业激增，传统代理企业市场边界将进一步模糊。

2. 传统招标代理服务收费面临更大的竞争压力

对于含有招标代理服务内容的全过程咨询服务，招标代理服务的定价是全过程工程咨询服务企业统筹考虑项目全周期的总收入与利润确定，而不是按照招标代理服务自身的成本和利润期望定价，这势必进一步压缩招标代理服务的利润空间，对传统单一招标业务招标代理企业的价格也将产生巨大冲击。

3. 全过程工程咨询服务模式加速传统代理服务转型升级

全过程工程咨询服务推广后，业主方将从以往只关注程序的合法合规逐步转移至招标采购服务工作的质量、价值和效果上，将对招标采购企业提出更高、更全面的技术要求。随着全过程工程咨询服务的推广和应用，为了适应新的市场环境，招标代理机构服务转型升级的进程将会进一步加快。

四、建设模式

近年来，伴随着我国经济稳定增长，城镇化进程加快，基础设施和公共服务项目建设的需求越来越迫切，这在一定程度上带动了项目投融资模式、承发包模式和工程咨询模式的升级和发展。

（一）工程建设项目建设模式新动向

（1）从投融资模式来看，各级政府采取积极政策，加大对基础设施和公共服务项目的投资力度，基础设施和公共服务项目投资稳定增长。基础设施和公共服务项目具有融资规模大、建设运营周期长、全过程风险大等特点，在当前经济承压、信用风险上升、政府财政收入减缓、严格控制地方政府债务的宏观形势下，各级政府财政资金投入与项目实际资金需求相比存在较大缺口。在国际上被广泛采用的 PPP 模式（政府和社会资本合作）在我国的基础设施和公共服务领域得到了广泛应用，一定程度上缓解了日益增长的基础设施和公共服务需求与政府财政实际存在的资金缺口之间的矛盾。

（2）从承发包模式来看，基础设施和公共服务项目关系国计民生，工期与质量要求相对较高、项目投资数额相对较大。传统承发包模式下，政府需进行勘察、设计、采购及施工招标，交易费用相对较高；政府需同时管理勘察方、设计方、监理方和施工方等参建单位，协调各方关系，管理费用和资金成本亦相对较高。在此背景下，代表现代工程建设模式主流的 EPC（设计采购建造）工程总承包模式成为中国工程行业普遍关注的热点。由于该模式具有压缩建设周期、提高工程质量、减少交易环节和费用、加强项目统筹管理、降低项目风险等方面的优势，正在被我国各级政府倡导和推广。

（3）从工程咨询模式来看，工程咨询的服务内容包括项目前期咨询、招标与采购代理、工程勘察、设计、监理、造价、项目管理、运维服务、BIM 技术咨询以及项目管理等。传统咨询模式下建设单位就各项咨询服务内容单独委托咨询公司，无法将各项咨询工作进行有效地衔接和集成，建设单位需协调的工作量相对较大，工作效率较低。当前国家大力推广全过程工程咨询，在咨询服务过程中树立建设项目全生命周期理念，对节约投资成本、提高工程质量，加快工期进度、降低项目各类风险、减少建设单位协调工作量等方面具有明显优势。自 2017 年开始，国家发展改革委和住建部开始推行工程全过程工程咨询，并选择北京、上海、江苏、浙江、福建、湖南、广东、四川 8 省（市）开展全过程工程咨询试点。

（二）新型建设模式下招标采购的特征分析

关于全过程工程咨询对招标投标的影响分析已在本章做了全面介绍和分析。这里着重分析 PPP 模式和工程总承包模式对招标采购的相关影响。

1. PPP 模式下的招标采购

PPP 模式与传统投资建设模式在法律适用、介入时点、招标范围、采购方式和采购流程等方面存在诸多不同，主要体现在以下几个方面：

（1）在法律适用方面，PPP 模式主要适用于政府负有提供责任又适宜市场化运作的公共服务、基础设施类项目。因此，PPP 需要依据项目的特点选择《政府采购法》或《招标投标法》及相关法律制度开展招标采购。

（2）在介入时点方面，PPP 项目在完成项目前期工作、物有所值评价、财政承受能力论证和批准项目实施方案后，即可依据相关法律法规采用竞争性方式选择社会资本方，由选定的社会资本方自行或依法采用招标等方式委托其他方完成设计、建设、运营、移交等工作。

（3）在招标范围方面，PPP 项目招标范围一般包括设计、融资、建设、运营、移交等项目全生命周期内的主要工作，招标范围比一般局限于建设阶段的传统工程招标内容更为宽泛。

（4）在采购方式方面，PPP 项目可选择的采购方式更为多样，除了公开招标和邀请招标之外，还可以依法选择竞争性谈判和竞争性磋商等方式。

2. 工程总承包模式下的招标采购

工程总承包是指按照合同约定对从决策、设计、施工至试运行的建设项目实行全过程或若干阶段承包的一种建设模式。工程总承包的发承包模式与传统的建设管理模式相比，在招标范围、启动时点、投标报价方式、合同计价形式等方面存在一定的差异，对招标投标的影响主要包括以下几个方面：

（1）由于工程总承包招标范围将传统的勘察、设计、设备采购、工程施工等单一类别工作内容的多个招标项目合并成一个招标项目，导致建设单位同一工程建设项目的招标数量与传统的建设管理模式相比会有所压缩。

（2）由于工程总承包的范围涵盖从项目决策至项目试运行完成为止的全部工作内容，至少需要投标人完成设计、施工（含设备、材料采购）和相关的项目管理等工作内容，对投标人的技术集成综合能力、建设项目全流程管理能力和抗风险能力要求较高。因此，在投标人资格条件要求上需要综合考虑工程的重点和难点，在资质和业绩等方面提出更高的相关要求，推广初期一般会允许联合体投标。

（3）由于工程总承包范围与传统分段分块发包模式相比更加宽广，纵向延伸即向前延伸至初步设计，向后扩展至试运行交付，如交钥匙总承包；横向延伸即不同专业或行业间联动承包，如房建、市政、机电设备一体化总承包。因此，工程总承包招标启动的时间相对较早，可提前至完成初步设计后，有的项目甚至在可行性研究报告得到批复后即开展招标投标活动。

（4）在计价模式和合约条款方面，若工程总承包在可行性研究报告批复后就启动招标，建设单位一般很难准确定义项目范围，合同履约风险相对较大，这对招标采购在计价模式设计、合约条款设定、风险防控等方面提出了更高的要求，需要招标代理机构用项目全生命周期的视角来合理设计计价模式和相关合同条款。传统的工程施工项目招标，按国家相关标准要求，国有资金项目应采用工程量清单计价方式，但若采用工程总承包模式，则在招标时不具备编制工程量清单的编制条件，也无法采用工程量清单进行报价。此外，工程总承包的合同价格通常采用固定总价合同，与传统工程项目施工的固定单价合同相比差异较大。

（三）对招标投标行业的影响分析

无论是PPP、工程总承包还是全过程工程咨询，在建设模式上都把传统的前期工程咨询、勘察、设计、监理、施工、运行等阶段咨询服务做了相应的集成和整合，是投融资建设模式和建设管理模式的一种创新。因此，对于招标采购工作而言，也需要摒弃传统的招标观念，全面契合新型建设模式的技术要求，在招标理念、技术和方法上进行创新，提前筹划，及时调整发展战略。

对于过去一直从事传统招标的招标代理机构而言，既是一个挑战，也是一个机遇。传统招标代理机构需要转变观念，需要延伸原来业务的范围、深度和广度，拓宽服务领域，在战略定位、顶层设计、人力储备、技术提升、营销模式、业务拓展和经验集成等方面进行转型升级。

随着新型建设模式的推广和应用，虽然会在一定程度上压缩招标投标市场规模，增加传统招标代理机构的生存压力，但从长期看，通过市场导向将不断刺激招标代理机构延伸业务范围，提高业务质量和效率，实现招标投标行业转型升级和高质量发展。经过市场的洗礼，招标代理机构的专业技术能力可能呈现两极分化，一极是将会培育并出现一部分具备较高专业水准的以招标代理为主导业务的综合性咨询机构；另一极则是众多的相对专业水平简单的小型代理机构。

五、装配式建筑

（一）政策支持及发展期望

2016年国务院办公厅发布的《关于大力发展装配式建筑的指导意见》（国办发〔2016〕71号）指出：“发展装配式建筑是建造方式的重大变革，是推进供给侧结构性改革和新型城镇化发展的重要举措，有利于节约资源能源、减少施工污染、提升劳动生产效率和质量安全水平，有利于促进建筑业与信息化工业化深度融合、培育新产业新动能、推动化解过剩产能。”文件提出了总体要求、重点任务和保障措施等三类共计十五个方面意见，明确了大力发展装配式建筑的目标及八项任务。2017年国务院办公厅发布《关于促进建筑业持续健康发展的意见》（国办发〔2017〕19号），再次重申“推动建造方式创新，大力发展装配式混凝土和钢结构建筑。力争用10年左右的时间，使装配式建筑占新建建筑面积的比例达到30%”。

（二）发包模式及相关要求

国办发〔2016〕71号和国办发〔2017〕19号两个文件均提出：装配式建筑原则上应

采用工程总承包模式，可按照技术复杂类工程项目招标投标。自 2017 年以来，国内多地出台了关于装配式建筑招标投标管理办法或规定，对装配式建筑的发包前置条件和发承包方式、投标人资格、项目负责人应具备的资格、评标办法、评审委员会组成等内容做出了相关规定和要求。

（三）发展前景及展望

发展装配式建筑是推进供给侧结构性改革和新型城镇化发展的重要举措，有利于节能环保、提高生产力水平，有利于促进建筑业与信息化工业化深度融合、培育新产业新动能。装配式建筑是建造方式的重大变革，符合创新、协调、绿色、开放、共享的发展理念，能够促进建筑产业转型升级，未来将有很大的发展空间。

目前，装配式建筑发展还处于试点阶段，如何控制构件制作质量，保障各个建筑构件现场安装匹配顺畅成为装配式建筑亟待解决的难题。随着 BIM 技术的应用和推广，BIM 技术在装配式建筑应用所具有的技术优势已在业界达成共识，成为破解装配式建筑构件匹配难题的新技术和新方法。因此，如何将工程总承包的发包模式和 BIM 技术在装配式建筑中广泛有效应用，需要未来深入研究和探索。

由于装配式建筑与传统建造模式差异较大，在招标投标的合同架构体系、发包模式、技术要求、关注重点和评标办法等方面均需要有针对性地设计和创新，在国家层面需要尽快出台关于装配式建筑的招标投标管理办法，规范装配式建筑的招标投标行为，为装配式建筑的招标投标提供制度保障。

六、GPA

（一）发展概况

GPA 是世界贸易组织（WTO）中规范成员国间政府采购国际贸易的主要规则保障，是 WTO 框架下的诸边协定，即自愿加入，并不是所有成员国都受此协定约束。GPA 的基本原则是非歧视待遇，要求参加方在进行协议管辖的政府采购时要向其他参加方的货物、服务以及供应商提供国民待遇和最惠国待遇。目前，GPA 参加方包括 47 个 WTO 成员，政府采购委员会观察员有 31 个 WTO 成员；其中，10 个观察员正在加入 GPA 的谈判过程中。中国加入 WTO 时，并没有签署 GPA，但是承诺会加入，并于 2007 年底启动了加入 GPA 谈判的程序。目前，中国已经提交了 6 次出价，但尚未获得 GPA 参加方的认可。

2018 年 4 月 10 日，习近平主席在博鳌亚洲论坛上向世界郑重宣布中国要“加快加入世界贸易组织《政府采购协定》进程”，表明了我国加快改革开放步伐、维护公平竞争市场规则和积极参与构建开放型世界经济的决心。为落实习近平主席讲话，加快加入进程，我国将进一步大幅改进出价清单，尽快提交世界贸易组织，并继续与参加方积极开展谈判，争取尽早达成互利共赢的谈判结果。

（二）中国加入 GPA 相关影响分析

中国加入 GPA，会为国外企业创造更加公平参与中国政府采购市场的环境，也将为中国自己的企业公平竞逐外国政府采购市场提供机遇，从长远看，对推动我国政府采购和招标投标市场与国际接轨、推动国际贸易自由化、加强全球经济合作、提升国内产业国际竞争力具有重要意义和作用。但同时也要看到，加入 GPA 意味着政府采购与招标投标的竞争将由国内扩大到国际，国内企业竞争压力将进一步加大。与此同时，我国现有招标采购相关法律制度需要调整，以实现与 GPA 相关招标采购规范的统一和衔接，进而推动我国招标投标市场秩序的重构与完善。加入 GPA 对招标代理市场带来的变化和影响可能会体现在以下几个方面：

（1）政府采购范围扩大。按照之前的出价，加入 GPA 后我国势必要调整政府采购目录范围，将部分国有企业、公共工程等纳入，现有政府采购范围和规模均将得到扩大。

（2）招标采购规则调整。GPA 协定对招标采购方式、投标程序及时限、招标技术规格的采用、供应商资格条件及合同授予标准等提出了明确的要求，其中很多内容与我国现行法律法规存在一定差异，加入 GPA 后法律大幅调整和制度规范全面接轨，势必引发招标采购实践的较大变革。

（3）市场竞争格局变化。加入 GPA 后，政府采购的国际化程度提升，对代理咨询服务在法律、商务、技术等方面的专业化能力和国际化视野提出更高要求，需要相关从业机构和人员与时俱进，加快培养和构建与之相适应的能力。此外，随着我国政府采购市场放开，也将吸引国外从事招标采购咨询服务的专业机构进入中国市场，为代理行业在服务理念、人员素质、业务管理、专业建设等方面带来先进经验的同时，也会对尚处于初级阶段的招标采购代理市场带来一定的冲击。

第四章　行业发展趋势预测与分析

一、市场发展预测

（一）市场规模

2018 年政府工作报告已将 2019 的经济社会发展预期指标设定为国内生产总值增长 6% ~ 6.5%。从国家宏观经济层面看，国内经济发展的基本面依然向好，增长速度稳定，固定资产投资规模也将持续稳定增长。虽然在国家发展改革委 16 号令颁布后依法必须招标工程项目的范围受到一定程度的压缩，但基于招标效用已被社会各界所共识和接受，以及传统的招标思维惯性作用影响，报告认为 2019 年招标投标的市场规模仍会继续保持增长态势，但增长速度可能会有所放缓。

（二）招标代理机构规模

2018 年，工程招标代理资格认定正式被取消，标志着招标代理行业进入竞争全面放开时代。根据收集到的 11 个省份统计数据显示，工程招标代理机构数量大幅激增，增幅达到 60%。截至 2018 年年底，政府采购代理机构完成官方登记的机构数量已达 11599 家，与 2017 年相比增幅 16.51%。据商务部公布的信息显示，机电产品国际招标机构数量基本保持平稳。在招标代理机构数量持续增长的态势下，单个招标代理项目的代理服务费随之降低，市场竞争已进入白热化阶段。

工程招标受技术要求较高、经验重要性显著和市场已基本饱和等因素影响，在资质行政许可取消后，工程招标代理机构数量短期内会有所增长但幅度有限；政府采购代理资格认定自 2014 年被取消至今已近 5 年时间，当前政府采购代理服务市场已基本进入饱和状态，随着财政主管部门对招标代理机构事中事后监管的力度逐渐加强，政府采购代理机构数量将由井喷式增长逐渐趋于稳定；机电产品国际招标自 2013 年资质被取消至今已接近 6 年，招标投标市场已基本成熟，供需基本匹配，机电产品国际招标代理机构数量会继续保持平稳状态。

（三）从业人员规模

招标代理行业从业人员规模由招标总体市场规模决定，随着近 20 年的行业发展，招标代理机构的从业人员逐年增加，截至 2017 年底，据统计总从业人员已超过 60 万人。随着电子化招标的大力推广和日趋成熟，大幅提高了招标代理行业的劳动生产率，也在一定程度上实现了去人工化的效果，对于新增从业人员具有一定的抑制作用。随着依法必须招标规模标准的提高和项目范围的收窄，会一定程度上压缩招标投标市场规模，从而刺激从业人员的流动，缩减从业人员数量。此外，受全过程工程咨询的大力推进和招标行业管理体制根本性变革因素影响，也会增加招标投标行业从业人员的流动性，对整体从业人员数量具有一定的抑制作用。基于以上分析，报告认为，2019 年招标代理行业从业人员会保持基本稳定或略有减少。

二、管理体制变化趋势研究与分析

（一）行政管理体制改革现状

随着我国政府“简政放权”和“放管服”改革的深入实施，国务院及有关部门在招标投标行业推行了一系列改革措施，对招标投标行业的行政管理体制开展了非常深入和彻底的改革。自 2014 年国家放开招标代理服务收费标准至今，又相继放开了招标投标行业的职业资格许可限制和企业资质限制，传统的资质管理时代已终结，招标投标行业正式迈入市场充分竞争时期。

在取消招标代理资质审批后，国家对招标投标行业的行政管理发生了巨大的改变，对招标投标的监管逐步由“事前审批”向强化事中事后监管转变，逐步实现从政府管理向行业自律转变，实现从行政监督向社会监督转变。通过大力推进诚信联合惩戒，增加交易主体的违法和失信成本，以信息公开和信用惩戒等手段提高交易主体的守信意识，提升了监管权威性和威慑力。

（二）管理体制变化趋势分析

对招标投标活动的监管需要以完善的制度顶层设计为基础，以有效的监管方式为抓手，以先进的信息化技术和互联网资源为手段。随着招标代理行业的管理体制变化和演进，政府和行业监管部门对招标投标的事中事后监管力度将不断强化和深入。

1.《招标投标法》制度体系完善进程将有所加快

《招标投标法》颁布实施至今已近 20 年，该法对于规范我国的招标投标活动、推动工程建设发展、加强法制建设、提高经济效益、保护国家和社会公共利益等方面发挥了巨大的作用，立法的预期效益和效果基本实现。随着实践的不断发展，我国的经济形态、投资建设模式、建设规模和体量等都发生了巨大的变化，在招标投标领域出现了新时代背景下的新情况和新问题，原来制定的部分要求或管理规定已成为当前投资建设项目的束缚或桎梏，需要针对现行的招标投标法律体系的实践指导性和适应性开展分析和评估工作。在经济新常态和供给侧结构性改革的新形势下，重新审视《招标投标法》，确实需要在补充和完善中与时俱进，找出现行招标投标法律体系存在的问题，深入了解招标投标相关利益方的呼声和期望，客观分析法律制度现有问题的根本原因，找到修改完善的有效建议，进而促进招标投标法律法规与时俱进，符合实践发展的需要。

政府在放开了市场这只手的同时，需要强化行政这只手的指导作用。《招标投标法》是招标投标制度体系的顶层核心制度，为了有效发挥行政手段对招标投标活动的引导和规范作用，政府将会加强制度顶层设计，大力推动《招标投标法》修法和制度体系完善工作。2018 年 1 月 24 日，国家发展改革委召开《招标投标法》修订启动会，提出修法必须坚持的“三个原则”，即坚持理顺政府与市场的关系；坚持问题导向；坚持借鉴国际经验与立足我国国情相结合。总的要求是能够适应当前和今后一个时期招标投标市场发展的需要，经得起历史和实践检验。中国招标投标协会也多次接受国家发展改革委法规司的委托，召开数次修法座谈会，听取市场主体和专家的意见，积极为修法工作建言献策。

2. 对市场主体的监管手段和力度将进一步加强

取消资格认定，不是放弃监管，而是将单一、静态的事前监管转变为多样、动态的事中事后监管。事中事后监管的主要内容包括：①行政监管机关加强对招标投标活动的过程监管，查处违法违规行为；②通过法律处罚、投诉举报、行业自律、失信惩戒等事后监管方式，增加招标代理机构及其人员的违法违规成本；③发包人可以通过全国建筑市场监管公共服务平台，更全面地了解招标代理机构的业绩、人员、荣誉、处罚和信用评价等信息，并以此作为对招标代理机构的评判标准。

（1）加强对招标代理机构的行业监管。取消招标代理机构资格认定后，由于市场放开，竞争加剧，对于招标代理活动的监管和处罚力度将会趋于加强，监管手段也会更加多样化。据了解，在保留原有监管手段和处罚方式的同时，相关监管部门和行业协会正在加快招标代理机构诚信体系建设，根据招标代理机构的诚信情况，实施定期分级评比，明确招标代理机构诚信考核办法，诚信不佳的招标代理机构将被降级或者取消诚信等级并予以公示，极大地增加了招标代理机构违规违法成本。

（2）规范从业人员管理。具体招标投标活动由相关从业人员组织完成，相关从业人员的执业行为直接关系到招标代理活动的服务质量。中国招标投标协会正在设计从业人员专业技术能力评价办法，办法在从业人员能力评价、责任与义务、登记服务和继续教育等方面为从业人员提供评价及相关服务，将为优化从业人员组成，提高从业人员专业素质发挥重要作用。

（3）推进诚信体系建设，发挥社会监督作用。我国诚信体系建设起步较晚，且没有配套的手段和措施来惩罚失信的企业和个人，导致当前我国普遍存在失信成本不高、信用重视程度不够等问题，致使我国招标投标活动中资质挂靠、恶意竞争、围标串标和履约失信等违法违规的问题日益突出。随着我国诚信体系建设的大力推进，目前企业和个人信用体系已初步建立，并且联合惩戒的措施和手段日益完善，对于失信的企业和个人都是以黑名单的形式予以公开，并对其参与招标投标活动实行限制或否决，这在行政管理成本得以大幅缩减的同时最大限度地提高了失信主体的违法违规成本，社会监督的功能也日益彰显。

3.“互联网 +”招标采购将进一步深度融合

从国际采购的趋势来看，电子化是招标投标行业改革的方向。过去，在供给结构不平衡的情况下，由于供给信息不对称，导致采购效率低下、采购成本提高，也容易滋生腐败和违法违规行为。“互联网 +”招标采购将无缝对接供需双方，解决信息不对称这一瓶颈问题，让招标方掌握市场，让投标方了解需求。互联网自身的信息共享优势，使得互联网与招标采购的深度融合成为多路径实现供给侧改革的迫切需要。

“互联网 +”招标采购是招标投标行业供给侧改革的推进器，政府将会继续发力推进“互联网 +”招标采购进程，在阳光采购基础上提高采购效率。

4. 标准规范建设将得到加强，标准化程度将进一步提高

中国招标投标协会组织编制了《招标代理服务规范》，将成熟的自律规范转化为国家标准。为了规范非招标方式采购活动及 PPP 招标等，中国招标投标协会组织编制了《政府和社会资本合作（PPP）项目社会资本方遴选工作指南》《政府和社会资本合作（PPP）项目合作协议示范文本（试行）》和《非招标方式采购代理服务规范》，在行业内产生了积极影响，较大程度上提高了招标采购活动的标准化程度。

三、技术发展推动行业变革的趋势分析

近几年，伴随着云计算、物联网、移动互联网、大数据、智慧化技术的不断兴起与运用，“互联网 +”形态的出现，信息技术的广泛应用在各行各业中展现了突出的作用及优势，同样也给招标投标行业带来了改进以及全方位的创新，将在招标投标行业引起深刻的变革，推动招标投标行业向信息化和智能化转型升级。

（一）推动采购效率的提升和成本节约

电子化招标投标的实现，能够涵盖招标投标业务全流程，通过交易平台、公共服务平台和行政监督平台协同运作，互通互联，通过一站式数据交换，减少由于物理空间限制造成的时间的浪费，提升采购效率。

云平台能够为采购人提供可参考的需求定义，提高采购的精准度；大数据技术的应用能够进行市场行情分析，预判市场响应情况，预测采购竞争程度，有效避免竞争不充分或过度竞争的情况，从而增大采购成功的概率，保证采购质量。随着信息技术的发展和互联网应用，招标投标的全过程将全面摆脱时间和空间的限制，能够大幅节约社会成本。

（二）推动招标代理业务服务升级

随着电子化招标的深入推进与应用，招标代理行业竞争加剧，技术升级换代更为频繁，对招标代理行业的技术需求会更高和更宽泛。数据整合、挖掘与分析将为招标代理行业的发展提供有力的技术支持，通过数据整合，形成数据资源库，利用现代技术与方法通

过数据挖掘与分析能够为采购人实现增值效益。招标代理机构需要建立具有技术优势的数据搜集渠道、存储介质和大数据分析能力，利用各类资源满足采购人的技术要求，预测行业走向，推动自身转型升级。

（三）推动业内管理机制变革

业内管理机制的变革主要体现在业务（项目）管理和行业管理两个方面，随着信息技术及管理方法的升级和发展，动态监督和大数据监管将成为业务（项目）管理的主要手段，行业自律将得到强化，成为行业管理的主要模式。

在业务（项目）管理方面，信息的全网流通，能够推动动态监督和大数据监管。通过电子招标采购全流程信息的动态记录、留痕追溯、透明公开，将推动招标投标行政监督从事前审批、分业监督，向事中事后、动态协同方式转变，进一步提高招标投标管理行政监督的针对性、有效性和规范性。

在行业管理方面，大数据时代将大幅增大市场主体的失信成本。各级监管部门、行业协会、公检法部门对于失信主体的协同和跨区域联动惩戒机制，信用信息和守信数据的公开共享，互联网的开放性及信息传播的高效性，使得交易主体各方都要为自己的失信行为承担相应的后果。

总之，随着信息技术发展和大数据应用，将推动业内管理机制变革，促进招标投标活动各参与方更加自律，促进行业的良性发展。

（四）激发招标投标行业人员思维变革

伴随着新型建设模式（PPP，工程总承包等）的推广、新兴技术（BIM）的不断发展、全过程工程咨询服务的兴起和咨询行业“供给侧”改革的不断深化，对从业人员的专业知识、技术能力、管理经验和眼界思维都提出了更高的要求，将激发招标投标行业人员思维变革，引导招标投标从业人员转变思想，向大数据思维、系统性思维和创新思维等方向看齐。

四、招标代理机构加快转型升级的相关分析与建议

（一）行业整体形势分析

深化改革仍是党的十九大后政府工作的一项重要内容，新一届政府通过简政放权去行政化，进一步推进市场化，构建新型社会治理结构，政府从事前监管向事中和事后监管转变。在宏观环境层面，PPP 膨胀期已过，正在回归理性，PPP 招标市场收紧趋势明显；全过程工程咨询发展即将进入成长期，咨询业务大变革时代即将到来，对招标行业在发展战略、技术变革和转型升级等方面将产生深远影响；随着“一带一路”倡议的推进和发展阶段的转变，国内企业走出去的步伐将进一步加快，对招标投标行业也将产生重大而深远的

影响，将衍生各类机遇和挑战；在“互联网+”的推动下，招标投标行业信息化和智能化转型迫在眉睫。

（二）市场动向分析

新的宏观环境下，招标投标行业整体形势有了新变化，行政管理色彩逐渐淡化，投资建设模式创新取得突破进展，新的市场需求和活力逐步显现，招标人对招标代理机构的评价标准、技术要求和综合能力等方面提出了新期望和新要求。

1. 评价标准向软实力倾斜

招标代理资质取消前，招标人通常以招标代理机构已经获得的招标代理资质种类和级别作为评价的硬指标。在招标代理资质取消后，随着工程建设模式的日益创新和演进，对招标代理业的技术实力提出了更高的要求，招标代理机构的业务经验、技术水平和业界口碑等软实力将日益被招标人关注和重视。

2. 转型升级迫在眉睫

PPP 投资建设模式的推广和应用对招标代理业将带来量和质的提升，同时也对招标代理机构提出了更高的技术要求。需要招标代理机构整合资源、创新发展和转型升级，提高自身的专业性和综合性，从传统的招标代理向工程技术、招标管理、项目管理、合同管理、法务咨询、财务分析等高精专综合性咨询服务发展。

3. 更加突出国际化和专业化能力

在“一带一路”倡议的带动下，建筑业将迎来新一轮发展机遇。对于招标代理机构而言，这既是难得的机遇，更是一次前所未有的挑战，必须主动作为，积极寻求突破。招标代理机构应提升国际化服务能力，顺势“走出去”与国际化接轨，寻求与国际化建设团队合作，挖掘合作的突破口，寻求更大的利益空间。“一带一路”倡议涉及基础设施建设较多，铁路、公路、机场、水利建设将成为今后项目开工的重点领域。代理机构应强化自身的专业化技术水平，积极寻找专业上的侧重点，积极发掘和迎合“一带一路”倡议下的市场需求。

（三）主要影响分析

在新的政治环境、经济环境和技术环境下，新的行业环境将对招标代理机构在人员流动、市场开发、合同价格等方面产生较大的影响。

1. 对于原有小型、中型招标代理机构的影响

招标代理资质取消后，原有小型、中型招标代理机构具备了与大型招标代理机构同台竞争的条件，市场竞争机会更加公平。虽然原有小型、中型招标代理机构在特定区域或者行业已经取得部分固有业务，但是其将直接面临新形势下最为激烈的市场竞争。如果持续沉浸在原有市场中，不及时调整经营策略，该类招标代理机构可能出现业务数量减少、服务费率降低、优秀人才流失等严重问题，有些甚至将被市场淘汰。

2. 对于大型综合性招标代理机构的影响

在新的行业形势下，该类招标代理机构在市场竞争压力下，可能会面临业务数量和收益双向下降的局面。如果想在新的行业形势下生存壮大，绝不可因循守旧、闭门造车，需要深入分析行业的发展形势和新的技术要求，在组织架构、市场开发、人员培养、绩效考核和业务发展等方面进行创新和突破，大力扩大业务范围，拓展新的业务渠道，提高综合业务水平，实现多元化发展。

3. 对于国有集团公司系统内部设立的大型专业性招标代理机构的影响

对于该类招标代理机构承揽集团公司系统内的业务的影响比较有限，但对于该类招标代理机构承揽集团公司系统外的业务影响较大，这部分业务竞争将异常激烈。该类招标代理机构应当居安思危，降低对集团的生存依赖，调整经营方向，提高自身市场竞争力，满足行业发展的新要求。

（四）相关对策与建议

“服务”是招标代理机构的核心要素，“水平”是招标代理机构的核心竞争力的体现，完成服务任务的同时提升服务水平是招标代理机构的“核心目标”。为此，在服务范围和水平上的拓展和提升将是招标代理机构转型的方向。

为求生存与发展，招标代理机构应逐步地由重程序轻专业的低层次的程序服务，向以依法合规为根基，重专业、重价值的高层次的技术咨询服务转变。以依法合规、专业服务、优质高效为发展基石，逐步延长服务链，探索招标采购全生命周期服务模式，向多元素、多方向的集团化综合性咨询机构发展。

在发展方向上，招标代理机构应以招标业务为基础，向前延伸至工程前期咨询，向后延伸至工程造价、项目管理、绩效评价和后评价等业务领域，实现业务多元化发展；应积极采取措施，加快培养适合新形势发展需要和市场需求的复合型人才，实现人力资源质的飞跃；应积极响应“一带一路”倡议，放眼全球，积极开拓国际市场；应采取有效措施，加强软硬件升级，全面提升信息化水平，全面加快信息化进程，重视业务向电子化转型，实现业务和信息技术的充分融合。

在发展路径上，招标代理机构的转型升级并没有现成的统一或通用模式，需要业内各个招标代理机构作为创新主体，探索符合自身实际的转型升级之路，在发展战略、人力管理、技术创新、组织架构、风险管理等方面探索可行的发展路径。总体原则应是把握自己的基础条件、服务领域和地域、比较优势等，科学合理确定企业市场定位和发展目标，在适应行业新特征的同时，挖掘企业招标代理服务增值点，追求自身的竞争优势。最终形成全行业创新发展新局面和各具特色的差异化发展格局。

（国信招标集团股份有限公司供稿）

第二部分

行　业　篇

第一章 房屋建筑与市政工程招标投标发展报告

2018年，房屋建筑与市政工程行业深入贯彻落实党的十九大和十九届二中、三中全会精神，以建设工程项目审批制度改革为核心，按照《国务院办公厅关于促进建筑行业持续健康发展的意见》（国办发〔2017〕19号）的要求，不断推进法制化、市场化、专业化、信息化改革。深入推进管理制度改革，强化事中事后监管，建立要素自由流动、竞争公平有序的招标投标市场秩序，优化招标采购交易规则、加强招标采购活动中的权力制约、落实招标采购政策功能、完善招标采购监管机制，建设招标投标市场信息一体共享，创新在线行政监督，更好发挥招标投标竞争择优的作用，促进经济社会持续健康发展。

一、相关政策法规及数据

（一）相关政策法规

（1）《建筑市场信用管理暂行办法》（以下简称"《暂行办法》"）由中华人民共和国住房和城乡建设部于2017年12月11日印发，共七章三十条，自2018年1月1日起施行。

《暂行办法》要求地方各级住房城乡建设主管部门通过省级建筑市场监管一体化工作平台，认定、采集、审核、更新和公开本行政区域内建筑市场各方主体的信用信息，加快推进建筑市场信用体系建设，规范建筑市场秩序，营造公平竞争、诚信守法的市场环境。根据《暂行办法》，各级住房城乡建设主管部门要充分利用全国建筑市场监管公共服务平台，建立完善建筑市场各方主体守信激励和失信惩戒机制。对信用好的，可根据实际情况在行政许可等方面实行优先办理、简化程序等激励措施；对存在严重失信行为的，作为"双随机、一公开"监管重点对象，加强事中事后监管，依法采取约束和惩戒措施。

（2）国家发展改革委印发《招标公告和公示信息发布管理办法》（国家发展改革委第10号令），自2018年1月1日起施行。

该办法对原有招标公告发布制度进行修订，规定依法必须招标项目的招标公告、资格预审公告、中标候选人公示、中标结果公示等信息，应当在"中国招标投标公共服务平台"或者项目所在地省级电子招标投标公共服务平台等媒介发布，并依法向社会公开。"中国招标投标公共服务平台"负责汇总公开全国招标公告和公示信息。发布媒介应当免费提供招标公告和公示信息发布服务，允许社会公众和市场主体免费查阅及在线反映情况、提出意见，并确保发布信息的数据电文不被篡改、不遗漏和至少10年内可追溯。对于发布活动中的违法违规行为，任何单位和个人都有权向有关行政监督部门投诉、举报。

（3）《必须招标的工程项目规定》（国家发展改革委令第 16 号）经国务院批准，于 2018 年 3 月 27 日公布，自 2018 年 6 月 1 日起施行。

《必须招标的工程项目规定》是为了确定必须招标的工程项目，规范招标投标活动，提高工作效率、降低企业成本、预防腐败。具体规定了全部或者部分使用国有资金投资或者国家融资的项目、使用国际组织或者外国政府贷款、援助资金的项目必须招标的范围和前两者的勘察、设计、施工、监理以及与工程建设有关的重要设备、材料等的采购达到标准的必须招标范围。该规定大幅缩小了必须招标的工程项目范围，使简政放权的效果落到实处。

（4）国家税务总局公告 2017 年第 43 号《关于简化建筑服务增值税简易计税方法备案事项的公告》，自 2018 年 1 月 1 日起施行。

文件重点涉及：①一般纳税人适用或选择适用简易计税的项目，实行一次备案制。②在按简易计税方法首次办理纳税申报前，向机构所在地主管国税机关办理备案手续。③备案后提供其他适用或选择适用简易计税方法的建筑服务，不再备案。④跨县（市）提供建筑服务适用选择简易计税的，只需向机构所在地主管国税机关备案。公告的出台给建筑服务行业带来了很大的便利，特别是存在许多简易计税项目的公司，不用再一个个去跑税局备案，也不用纠结在发生地是否需要备案的事情，在机构所在地的国税局备案一次即可，进一步提高了行政效率。

（5）《企业投资项目事中事后监管办法》（国家发展改革委令第 14 号），自 2018 年 2 月 4 日起施行。

该办法的出台是为加强对企业投资项目的事中事后监管，规范企业投资行为，维护公共利益和企业合法权益。项目事中事后监管是指各级发展改革部门对项目开工前是否依法取得核准批复文件或者办理备案手续，并在开工后是否按照核准批复文件或者备案内容进行建设的监督管理。各级发展改革部门开展项目事中事后监管，应当与规划、环保、国土、建设、安全生产等主管部门的事中事后监管工作各司其职、各负其责，并加强协调配合。各级发展改革部门对项目实施分级分类监督管理。对已经取得核准批复文件的项目，由核准机关实施监督管理；对已经备案的项目，由备案机关实施监督管理。对项目是否依法取得核准批复文件或者办理备案手续，由项目所在地县级以上地方发展改革部门实施监督管理。

（二）行业数据

2018 年全国建筑业总产值 235085.53 亿元，较上年同比增加 9.8%，其中：建筑工程产值 207586.45 亿元，安装工程产值 19630.16 亿元，其他产值 7868.91 亿元；建筑业房屋施工面积 140900 万平方米，同比增加 6.87%，建筑业房屋竣工面积 413508.79 万平方米，同比减少 1.33%。

2018年全国累计建筑业企业95400家，建筑企业从业人员5563.3万人；直接从事生产经营活动的平均人数累计值6299.4万人，按总产值计算的劳动生产率累计值373187元/人。企业工程招标代理机构共6209家，按照资格等级划分，甲级机构1938个，乙级机构2557个，暂定级机构1714个。按照企业登记注册类型划分，国有企业和国有独资公司236个，股份有限公司和其他有限责任公司3174个，私营企业2689个，港澳台投资企业3个，外商投资企业4个，其他企业103个。

2017—2018年建筑行业数据汇总情况见表2–1–1。

表2–1–1 2017—2018年建筑行业数据汇总情况

指　标	2018年	2017年	同比（%）
建筑业总产值（亿元）	235085.53	213943.56	9.80
建筑工程产值（亿元）	207586.45	189164.63	9.74
安装工程产值（亿元）	19630.16	17882.03	9.78
其他产值（亿元）	7868.91	6896.90	14.09
建筑业房屋施工面积（万平方米）	1409000.00	1318374.06	6.87
建筑业房屋竣工面积（万平方米）	413508.79	419072.29	–1.33
建筑业企业单位数（个）	95400	88074	8.32
建筑业企业从业人员数（万人）	5563.30	5529.63	0.61

二、重大重点工程项目取得辉煌成绩

2018年在《国务院办公厅关于促进建筑行业持续健康发展的意见》指导下，房屋建筑领域坚持标准化设计、工厂化生产、装配化施工、一体化装修、信息化管理、智能化应用，推动建造方式创新涌现了大批里程碑式的建筑，撷取二三如下：

（一）港珠澳大桥正式通车

2018年10月23日港珠澳大桥正式通车。港珠澳大桥跨越伶仃洋，东接香港，西接广州珠海和澳门，总长约55公里，是粤港澳三地首次合作共建的超大型跨海大桥，集桥、岛、隧于一体，设计使用寿命长达120年，采用双向六车道技术标准，设计速度每小时100公里。从2004年3月前期工作协调小组办公室成立，到2009年12月，从设计到建设前后历时14年，是跨越伶仃洋的世界最长的跨海大桥，体现了中国建设者们的巨大成就。

（二）冬奥会场馆及配套基础设施建设

随着冬奥会“北京周期”正式开启，冬奥会场馆已进入全面建设阶段。2018年是北京2022年冬奥会场馆及配套基础设施工程建设全面展开、加速推进的一年。根据《北京

2022 年冬奥会场馆及配套基础设施总体建设计划》共列入 52 个建设项目。包括：场馆项目 18 项，配套基础设施建设项目 31 项，其他配套项目 3 项。北京赛区的国家速滑馆、首钢滑雪大跳台中心、冬运中心综合训练馆，延庆赛区国家高山滑雪中心、国家雪车雪橇中心等新建竞赛场馆将于 2020 年 6 月前竣工；北京冬奥村、延庆冬奥村、延庆山地新闻中心等新建非竞赛场馆将于 2021 年竣工；国家游泳中心、国家体育馆、五棵松体育中心等 8 个改造场馆将于 2020 年和 2021 年陆续竣工。

（三）北京城市副中心从蓝图变实景

北京城市副中心总用地面积约 155 平方公里，其中行政办公区占地约 6 平方公里，预计建设规模 380 万平方米。目前北京正加快建设城市副中心，2017 年共安排了 255 项重大工程项目。此外，覆盖 906 平方公里的通州总体规划已经从 2016 年开始实施。副中心外围地区、周围乡镇，将集中力量抓好建设、规划特色小城镇；副中心、通州区及廊坊北三县将形成协同的、全覆盖的管控体系。城市“绿心”是在过去东方化工厂的基础上规划建设约 11 平方公里的城市森林公园，同时在城市森林公园里规划建设三大文化设施，包括剧院、图书馆、博物馆。

三、行业发展情况及前瞻

（一）加强信用信息管理，规范建筑市场秩序

多年来的实践证明，招标投标活动的健康发展离不开建筑市场信用体系建设，规范的建筑市场秩序，公平竞争、诚信守法的市场环境并且使之落实到位。房建领域，随着 2017 年底《建筑市场信用管理暂行办法》的发布实施，各级住房城乡建设主管部门积极利用全国建筑市场监管公共服务平台，逐步建立完善建筑市场各方主体守信激励和失信惩戒机制。

按照“谁处罚、谁列入”的原则，将存在不良行为的建筑市场各方主体，列入建筑市场主体“黑名单”，细化了主体违规行为内容。如利用虚假材料、以欺骗手段取得企业资质的；发生转包、出借资质，受到行政处罚的；发生重大及以上工程质量安全事故，或 1 年内累计发生 2 次及以上较大工程质量安全事故，或发生性质恶劣、危害性严重、社会影响大的较大工程质量安全事故，受到行政处罚的；经法院判决或仲裁机构裁决，认定为拖欠工程款，且拒不履行生效法律文书确定的义务的。同时，要对被人力资源社会保障主管部门列入拖欠农民工工资“黑名单”的建筑市场各方主体加强监管。

同时，对主管部门工作人员在建筑市场信用管理工作中依法履职也提出了相应要求，对于推送虚假信用信息、故意瞒报信用信息、篡改信用评价结果的，要依法追究主管部门及相关责任人责任。

区别以往信用体系建设工作，此番工作更加务实，起到了规范建筑市场秩序的作用。体现了六大亮点：一是信用信息公开，不良信用信息公开六个月到三年；二是信用信息共享，发挥全国建筑市场监管公共服务平台作用；三是分类监管企业守信激励失信惩戒；四是建立“黑名单”制度，一年期满可移出；五是规范信用评价行为，不得设置地方信用壁垒；六是加大监督检查力度，定期核查落实不力将被通报。

（二）优化营商环境，电子化申报审批

为贯彻落实党中央、国务院关于深化“放管服”改革部署要求，精简申报材料、提高审批效率，住房城乡建设部办公厅印发通知，决定自2019年1月1日起对建设工程企业资质统一实行电子化申报和审批。部级审批的工程勘察资质、工程设计资质、建筑业企业资质、工程监理企业资质的新申请、升级、增项、重新核定事项，均统一实行电子化申报和审批。实行电子化申报和审批后，住房城乡建设部不再受理上述事项纸质申报材料。这一举措和其他一系列简政放权措施的落地，为降低企业审批环节成本、提高办事效率、提升行政服务信息化水平起到了良好的示范作用。

（三）形成工程建设标准体系，推动城市高质量发展

随着我国城市化率的逐步提高，城市住宅和基础设施大规模建设，新型的城市建设对城市布局和空间结构进行优化调整，改善生态空间和生态环境提出了更高的要求。2018年住房城乡建设部发布包括《海绵城市建设评价标准》《绿色建筑评价标准》在内的10多项标准，旨在适应中国经济由高速增长阶段转向高质量发展阶段的新要求，以高标准支撑和引导我国城市建设、工程建设高质量发展。

这些标准涵盖促进城市绿色发展、保障城市安全运行、建设和谐宜居城市3个方面，包括《海绵城市建设评价标准》《绿色建筑评价标准》《装配式混凝土建筑技术标准》《装配式钢结构建筑技术标准》《装配式木结构建筑技术标准》《城市综合防灾规划标准》《城市排水工程规划规范》《城镇内涝防治技术规范》《城市居住区规划设计标准》《城市综合交通体系规划标准》等，我国已形成具有中国特色的工程建设标准体系，标准质量水平也有较大提高，部分标准具备了国际先进乃至国际领先水平。至此在住房和城乡建设领域，已发布356项工程建设国家标准，765项城乡规划、房屋建筑、市政工程行业的工程建设行业标准。各省（自治区、直辖市）已发布工程建设地方标准4468项。全方位的建设工程标准体系为城市建设高质量发展奠定了基础。

（四）加强政策支持，装配式建筑市场持续发展

装配式建筑被称为“建筑业革命”，装配式建筑体现了现代建筑的产业化特征。这种建筑方式提高了建造速度，减少了施工现场环境污染，提高了建造效率。装配式建筑的应用发展对促进现代建筑业发展具有重要意义。加强相关政策指导，使得装配式建筑发展更

具有广阔前景。

近几年国家不断推出相关政策，鼓励装配式建筑的可持续发展，从产业化技术指标到体系化技术提供切实有效的保障，在国家大力提倡节能减排的政策之下，随着相关政策标准的不断完善，房屋建筑行业正向着绿色建筑和建筑产业现代化发展转型，作为建筑产业化重要载体的装配式建筑将进入新的发展时期。李克强总理在 2016 年《政府工作报告》中明确提出积极推广绿色建筑和建材，大力发展钢结构和装配式建筑，提高建筑工程标准和质量。国务院印发的《关于进一步加强城市规划建设管理工作的若干意见》中也提出，发展新型建造方式，加大政策支持力度。住房城乡建设部《“十三五”装配式建筑行动方案》，要求全面推进装配式建筑发展，到 2020 年，全国装配式建筑占新建建筑的比例达到 15%。据此要求测算，2020 年装配式建筑面积有望达到 8 亿平方米，市场规模将超过 2 万亿元。

装配式建筑能有效地减少施工现场湿作业量，降低劳动成本，可在一定程度上降低材料浪费，减少施工噪声、粉尘污染、建筑垃圾和污水排放，在保证作业质量的前提下，又利于节能环保，装配式建筑施工必将是未来建筑业的发展趋势。

（北京市建设工程发包承包交易中心供稿）

第二章 能源电力招标投标发展报告

在习近平新时代中国特色社会主义思想指引下，在国资委的采购管理提升总体要求下，我国能源电力行业愈加重视招标采购的精益化管理，在推行招标投标标准化、规范化、智能化以及采购风险防控等方面的成效逐步显现。中国招标投标公共服务平台的开通运行，加速了招标投标电子化发展，实现了平台与企业的招标管理系统的无缝对接，同时也让业务和数据无障碍的流转。

在国家“互联网 +”战略的背景下，能源电力企业直面挑战，在完善的采购制度体系、专业化的采购团队、稳定的供应商队伍的基础上，完善监管机制、推行集中招标、强化招标采购的智能化，在事前预测、事中预警、事后分析等方面已经取得了初步成果，招标投标工作发展形势良好。

一、行业招标特点

以国家能源集团为例，2018 年集团公司标包超 12000 个，招标金额达 980 亿元。其中，国电物资公司全年招标分包超 4000 个，招标额 375 亿元。物资类金额占比 46%，工程类金额占比 33%，服务类金额占比 20%。

目前，我国能源行业招标采购主要有采购金额大、需求物资多、技术要求高、价格不稳定、投标者众多以及投标种类繁杂等特点。

（一）实现招标文件标准化、电子化、结构化

能源行业按照“依法合规、继承发展、规范严谨”的原则，在全面总结招标采购经验的基础上，根据国家相关法律法规及部门规章的规定，建立了标准招标文件范本体系；通过标准内容系统固化、招标信息自动调取、编制内容自动校验等功能，实现电子化、结构化等特点，进一步增强能源行业招标采购标准化水平，从源头上降低招标采购成本和风险，提升招标采购工作质量。

（二）全面投运采购监管平台，有效防范招标采购风险

能源行业深入挖掘采购大数据价值，投运采购监管平台，对采购项目实施在线监督和效能监察全覆盖，建立采购风险全方位的在线监控机制。采购监管平台通过违规预警、疑似问题筛查等功能，实时监控采购风险点，自动抓取采购数据，开展甄别控制、产生识别结果，监管人员对违规事项在线发出整改通知，做到提前预防、及时发现、妥善处理，通过信息化措施建立采购不能腐的机制，有效提升采购合法合规性。

（三）创新系统模块化应用，开启招评标智能化时代

能源行业在全流程电子招评标的基础上，创新性推进“招、投、开、评”全过程模块化管理，实现了实景化的电子开标大厅，电子开标稳定性、时效性进一步提升；新的评标系统在评标过程中对各投标方的信息进行采集和智能化分析，能够有效识别围标、串标行为；同时对各投标方的信息进行分类管理，在评标过程中为评标专家提供智能化指向和导引，实现精准评标，有效提升招标采购规范化与智能化水平。

（四）招标集中化明显

通过多年招标采购的摸索和实践，能源行业更倾向于采用集中采购的模式进行招标。集中招标采购，有利于加强企业管理和投资管控，同时实现同类标的物的规模招标效应，管理和降低采购成本。同时还可以减少招标采购的次数，降低招标采购的总费用。在评审时，易于统一标准，使得评审尺度保持一致，更有利于促进招标工作公平、公正进行。

集中招标采购可以充分发挥市场的资源配置作用，利用投标竞争引入高水平供应商，形成良币驱逐劣币的机制，推动能源行业高质量的发展。集中招标采购的运用还可以强化承包方安全管理的要求，消除后期建设、生产中存在的重大安全隐患。

（五）招标、造价和咨询一体化趋势初现

在创新驱动的大环境下，招标工作正在由单纯的程序管理逐步向前期的可研咨询、后期评价和后期合同的管理和执行深入。充分发挥招标、造价和咨询技术链的长处，将招标、造价、咨询紧密结合。从招标策划时的控制价和招标清单编制，到评标中的清标，直至后期的结算和审计，在招标过程中充分发挥造价工作的优势。

（六）招标与非招标采购并行发展

自国家发展改革委《必须招标的工程项目规定》（发改委令 2018 年第 16 号）发布以来，原来很多应招必招的项目已转变为非招标采购。为便于采购规范化管理，很多企业将招标采购的优势同样应用在非招标采购上，如上网公开、充分竞争、规范评审办法和审批流程等，同时在采购时间、程序流程和审批要求上更加灵活、便捷。招标和非招标采购形式的互相结合，满足了项目单位采购的多维需求。

二、行业招标发展趋势

能源行业坚持以习近平新时代中国特色社会主义思想为指导，贯彻落实国资委的采购管理提升要求，继续推进全集团的招标采购管理工作。能源行业将加强招标采购的精益化管理，持续深化改革，不断创新管理，全面优化提升采购管理体系，提高招标采购管控力

度和招标采购管理水平。

（一）完善监管机制，提高采购效能

能源行业始终把合法合规作为监管的重点，强调底线和红线意识，以招评标在线监督和合法合规检查为主要抓手，完善合同采购全范围、全流程闭环监督管理机制，打造廉洁采购、阳光采购。

同时，能源行业将继续秉持“管理围绕业务转，业务围绕生产转”的原则，推进建立“管办分离、高度集采”的采购供应链体系，实现“降低供应成本、优化库存结构、保障稳定供应”的目标。

（二）推行集中招标，促进降本增效

随着集中采购的推进，规模化采购的效益日益明显。招标采购业务量日益剧增，招标业务也日益成熟稳定，传统招标的一单一采、一单一签的采购方式在一定程度上难以满足生产经营和工程建设的需求。能源行业加大统筹采购资源，对具备条件的项目推行集中招标采购，加强招标计划管理、优化招标业务流程；做好招标大数据分析、创造效益；实施精益化管理措施、提升招标效率、降低管理成本。

（三）深化系统融合，强化智能招标

继续抓住“互联网+”招标采购的良好机遇，加大能源行业电子招标投标平台与相关信息系统进行全面融合，进一步推进招标业务智能化；同时，推进招标的“采购制度化、制度流程化、流程表单化”，加强标准化、规范化和专业化等核心能力建设，促进采购效能进一步提升。

持续加强 IT 基础设施投入，扎实做好信息化建设，利用先进技术手段，推进招标采购的智能化发展。通过招标、造价和咨询全电子一体化的线上运行，实现数据同步共享，为招标业务的拓展提供了保障。通过信息网络平台的链接，逐点实现招标工作的自动查检、数据自动更新、投标人自动检索及信息的查验功能，提高招标采购的效率和精确度，有效防范招标风险。

（四）加大招标投标信息公开

加大招标采购项目信息公开力度，引入充分竞争机制，广泛接受社会监督。采用电子招标投标交易平台进行招标的，应真正发挥电子招标投标的优势，实现招标投标信息共享，与公共服务平台交互招标公告、资格预审公告、中标候选人公示、中标结果和合同履行等信息，接受有关行政监督部门以及社会公众对招标投标交易活动的监督。

（五）畅通投诉举报渠道

拓宽质疑、投诉受理渠道，公开受理电话、传真、邮箱、网站等信息，畅通供应商维权渠道，及时处理收到的质疑、投诉、举报等。积极配合行政监督部门对有关招标采购投诉举报案件的处理，对在招标采购过程中的违法违纪行为线索，应及时转请有关行政监督部门和监察部门处理。

三、行业招标代理机构情况

（一）招标代理机构业务发展现状

以国电诚信招标代理机构为例，2018年招标代理机构完成招标额393亿元，完成标的2984个，实现营业收入4.6亿元，实现利润3.6亿元，营业收入和利润指标稳步攀升、连创新高。

招标代理机构人员素质不断提升。回顾近年来发展，招标代理机构始终坚持自主创新，建成全流程电子招标投标平台，提高工作效率，降低工作成本，减轻员工压力；始终坚持主动作为，建设集网上开标、集中在线评标、视频远程评标等功能为一体的综合性评标中心和区域评标室，实现了招标全流程电子化管理；始终坚持服从大局，整合组建统一的招标代理机构，加强机制、制度、业务、平台、设施对接，实现了招标采购100%集中、100%上网、100%公开3个百分百。

（1）高质高效完成各项评标工作。重点完成了上海庙、宿迁、兰州、蚌埠、方家庄等基建项目的设备、工程、服务类招标，江苏大丰H12项目、江苏蒋家沙项目等五个海上风电项目，奔子栏可行性研究至施工详图阶段勘察设计服务项目的招评标工作。

（2）进一步规范了现场管理。编制印发《评标会场监督考核管理细则（试行）》和《评标委员会主任工作手册》，不断加大宣贯执行力度，做到标前到手、人手一册，确保职责牢记于心，流程清晰明了。在京内各评标现场增设保安人员，专门负责进出人员管理、维护招评标区域秩序，确保了评标过程安全、保密，评标现场进一步规范。

（3）完成电子招标投标平台的升级改造。完成了保证金模块、归档模块、统计报表的改造并上线运行，完成了和公共服务平台的对接工作。不断修改完善运维流程，形成了定期工作反馈、消缺登记及反馈、客户服务反馈等机制，确保了平台运行安全稳定。细化专家库管理，坚持入库审查与动态评价相结合，完成了新专家的入库工作，审议入库评标专家2550人。组织编写《评标专家培训PPT》，通过培训进一步提高专家的业务水平，规范了评审行为。

（4）加大投诉隐患分析排查。异议投诉率得到了有效控制。建立纪检部门与业务部门有效沟通机制，全年累计处理的“两票一金”问题情况反馈130项，有效将大量潜在投诉化解在萌芽阶段，转办投诉项目10个、异议21个，转办投诉较去年同期下降88%，投诉异议进一步压降。

（二）招标代理机构发展趋势

（1）扎实开展招标业务标准化工作，推进“提升招标采购效率效能研究”课题的成果落地，在招标工作中加大推广应用。积极主动抓好招标文件范本的制订出台工作，推进招标业务标准化工作进程，借鉴好的经验做法为我所用，着力化解在招标衔接上出现的问题，提高招标工作的效率。

（2）加强评标现场管理，按照《评标会场监督考核管理细则》（试行）和《评标委员会主任工作手册》的规定，加大现场进出人员管理力度，不断提升评标现场的标准化、流程化、规范化管理水平。加强区域招标管理，不断完善区域招标管理办法和工作细则。

（3）多举措降低流标率。各业务部门深入研究，明确流标率统计范围，从招标文件审查开始到购标、开标、评标、定标各个环节统筹考虑，采取有力措施，降低流标率。

“服务”是招标代理机构的核心要素，“水平”是招标代理机构的核心竞争力的体现，完成服务任务的同时提升服务水平是招标代理机构的“核心目标”。为求生存与发展，招标代理机构应逐步地由重程序轻专业的低层次的程序服务，向以依法合规为根基，重专业重价值的高阶层次的技术咨询服务转变。以依法合规、专业服务、优质高效为发展基石，逐步延长服务链，探索招标采购全生命周期服务模式，向多元素、多方向的集团化招标代理机构发展。

（国家能源投资集团有限责任公司、中国广东核电集团有限公司供稿）

第三章　水利水电招标投标发展报告

据不完全统计，2018 年水利水电项目招标总额 1127.07 亿元，公开招标率 99.31%、委托招标率 77.94%。国家 172 项重大水利工程已批复立项 134 项，累计开工 133 项，在建投资规模超过 1 万亿元；核准开工水电项目大幅缩减，各省市抽水蓄能电站选点规划调整工作展开。2018 年是水利水电行业市场监管系统、建设完善的关键一年，水利部上线运行了全国水利建设市场监管服务平台，为建立开放、公平的市场环境奠定了基础，全面推进水利建设项目进入公共资源交易平台交易，推进水利建设项目电子化招标投标，深化“放管服”改革，严格行政审批管理，推进造价工程师、监理工程师、水利工程质量检测员职业资格管理。

一、行业发展现状

（一）招标投标市场规模

根据中国招标投标公共服务平台对已接入平台交易机构招标采购活动统计数据，2018 年共完成水利水电项目招标 1127.07 亿元；按专业分类，工程类项目 829.61 亿元、占比 73.61%，货物类项目 287.16 亿元、占比 25.48%，服务类项目 10.3 亿元、占比 0.91%；按招标方式划分，公开招标项目 1119.28 亿元、占比 99.31%，邀请招标项目 2.06 亿元、占比 0.18%，采用竞争性谈判、询价、单一来源采购等其他采购方式项目 5.73 亿元、占比 0.51%；按招标组织方式划分，委托招标项目 878.39 亿元、占比 77.94%，自行招标项目 248.68 亿元、占比 22.06%。招标项目涵盖国家及地方各类型水电、重大节水工程、重大引调水工程、重点水源工程、江河湖泊治理骨干工程、新建大型灌区工程及其他工程等。水电勘察设计类完成芝瑞、易县抽蓄电站、平江抽蓄电站等一批标志性重大项目施工图勘察设计招标工作；水电施工类完成叶巴滩大坝工程、巴塘厂房工程、白鹤滩、乌东德、金寨等机电安装工程等项目招标工作；水利类完成滇中引水、引绰济辽、引江济淮、陕西东庄水利枢纽、内蒙古东台子水库、云南麻栗坝灌区等 11 项重大水利工程施工部分招标工作。

（二）市场特征

水利水电工程属于国家公益性工程，其立项实施由国家计划控制，项目投资偏大、获利慢、难于计算社会效益，营利性企业很少涉足水利投资，一般仅有国家按公益事业进行投资，但国家投资有限，各地就开展资金争夺战，主体工程采用低价招标方式较多。地方中小型水利项目招标投标多由地方政府负责，施工企业多数为地方中小型企业，市场区域垄断情况严重，外地企业涉足较少。国家大型水利及水电项目投资巨大、涉及的方面众多、工期长，施工企业多为大型国企，企业间实力差距不大，市场竞争激烈。

（三）招标代理机构发展现状

1. 存在的主要问题

招标代理从业人员素质参差不齐，招标文件编制水平有待进一步提升，评标专家一般是从专家库中随机抽取，目前专家库的建设还不十分健全，专家库中的专家对各自专业知识的掌握、运用理解等方面均有差距，评标的公正性主要依靠专家对自身的道德约束，评标专家受各种因素的影响和干扰较多。招标人与监督管理部门之间人员关系界定不清，招标过程缺乏有效的监管。

2. 防范措施

（1）全面实行网上报名、网上下载招标文件，做好资格预审环节，杜绝业主利用资格预审来限制和排斥潜在投标人或搞假招标的现象。建立部门和社会联合监督机制，加大对围标、串标、陪标行为的查处力度。

（2）提高招标代理从业人员业务素质，加强招标代理机构专业能力、执业道德和把握政策的准确性，确保招标代理项目目标的实现，公正地维护招标人的利益和投标方的合法权益。

（3）不断提升评标专家综合素质。一方面加强对评标专家的培训，有关招标投标的各项新规定出台后，及时对评标专家进行培训，以便专家更快更好地掌握新政策；另一方面评标专家要增强学习的主动性，及时了解和掌握招标投标的业务知识和先进的专业技术知识，不断提高自身的综合素质。

（4）建立招标投标市场信息一体化共享体系是现代信息技术发展和招标投标市场一体化发展的共同选择。建立健全招标投标监督机制，加强政府监督、审计监督、社会监督，形成严密的监督体系。

二、行业发展环境

为完善行业招标投标环境，采取了各类措施：进一步落实《水利部关于促进公平竞争维护水利建设市场秩序的实施意见》；全面推进水利建设项目进入公共资源交易平台交易，推进水利建设项目电子化招标投标；严厉打击围标、串标、出借借用资质资格、转包和违法分包等违法违规行为；深化“放管服”改革，严格行政审批管理，组织开展水利工程建设监理单位、质量检测单位甲级资质许可，指导各地做好质量检测单位乙级资质许可工作；开展水利建设领域“双随机一公开”监督检查；推进造价工程师、监理工程师、水利工程质量检测员职业资格管理。

为建立健全公共资源交易领域失信联合惩戒机制，2018 年 3 月 21 日国家发展改革委联合水利部等 24 部门联合签署了《关于对公共资源交易领域严重失信主体开展联合惩戒的备忘录》，对于严重失信主体，有关部门将依法采取包括“限制参与工程建设项目招标投标”“限制参与政府采购活动”等在内的 38 项联合惩戒措施。强调要把严重失信主体信用信息上传至公共资源交易平台，与全国信用信息共享平台实现数据交互共享，并通过全国公共资源交易平台网站、“信用中国”网站、国家企业信用信息公示系统向社会公布，加快推进公共资源交易领域信用体系建设，维护公平竞争的市场环境。

水利部于 2018 年 4 月上线运行“全国水利建设市场监管服务平台”，要求行业内各市场主体自行完善自身相关信用信息的录入工作，以加强行业市场监管服务工作、推进市场信用体系建设、围护市场秩序，平台所录入的市场主体信用信息将作为行业招标投标、行政审批、信用信息管理的重要依据，平台上线运行后水利水电行业招标投标将更加公平化、透明化。

2012 年 2 月 1 日起施行的《中华人民共和国招标投标法实施条例》第二十七条规定：“招标人设有最高投标限价的，应当在招标文件中明确最高投标限价或者最高投标限价的计算方法。”最高投标限价作为建设项目招标投标阶段重要的计价环节，合理的最高投标限价可以有效控制投资，防止投标人高价围标，保证招标人的利益不受损失，同时规范招标投标行业市场环境。由于水利水电工程具有工期长、投资巨大、工程个异性大、施工条件变化大、地理位置偏僻、受自然条件影响大等特点，最高投标限价编制无依据可循，编制难度大、准确度较低，投标限价与概算投资出入较大，合理性常引起各方争议，因此建议国家相关部门尽快牵头组织制定统一的行业最高限价编制规定。

三、市场发展预测

（一）水利行业市场发展预测

目前，我国大江大河防洪减灾体系基本建成，水资源配置格局不断优化，农田灌排体系基本建立，但水利工程在总量规模、空间布局等方面仍存在差距，水利基础设施薄弱仍然是国家基础设施的明显短板。水资源调控能力不足，已建在建的水库总库容与美国等发达国家相比仍有较大差距，一些重要经济区、重要城镇和西南地区供水保障能力有待加强。防洪减灾体系仍不完善，需要着力补齐小型水利工程和城市排水防涝等“短板”。目前，172 项重大水利工程已批复立项 134 项，累计开工 133 项，在建投资规模超过 1 万亿元，2018 年《政府工作报告》提出的目标任务提前完成。引江济淮工程、滇中引水工程、西江大藤峡水利枢纽、淮河出山店水库等一批标志性工程陆续开工建设，已有 23 项重大水利工程相继建成，提升了流域区域水安全保障能力。

2019 年招标投标阶段的水利项目：新疆水利工程、引江济淮、滇中调水、珠江三角洲水资源配置工程等国家 172 项重大水利工程的引调水及水利枢纽工程及各地水环境治理工程、水库灌区配套工程等国家重点水利项目。水利部将会同有关部门和地方采取更加有力举措，加快推进重大水利工程前期工作和建设实施，成熟一项、开工一项，建设一批、竣工一批，争取到“十三五”末，除少数需要深入论证的项目外，172项重大水利工程基本开工建设；到“十四五”末，大部分重大水利工程基本建成并陆续开始发挥效益，水旱灾害防治能力得到大力提升。

（二）水电行业市场发展预测

西南地区水电开发潜力大。西南地区水能资源极为丰富，技术可开发量4.25亿千瓦，占全国总量的71%，截至2017年底，西南三省（区）水电装机容量1.41亿千瓦，开发程度仅为33%，相比发达国家较高的水电开发程度，我国西南水电开发潜力巨大。西南水电资源主要集中在金沙江、雅砻江、澜沧江、怒江、雅鲁藏布江、大渡河等“五江一河”流域，各流域干流规划总装机约3.8亿千瓦，目前已建成项目装机7869万千瓦，在建项目装机4660万千瓦，尚有2.55亿千瓦未开发，待开发水电占比超过67%。但是，近年弃水现象较为突出，流域统筹规划和管理较为薄弱，移民安置主体责任落实不到位、税费政策不尽合理，水电企业承担税负过高，后续水电开发难度不断加大、政策性成本不断攀升，水电竞争力逐步下降，2013年后水电投资呈下降态势，国家发展改革委、国家能源局相继出台《关于促进西南地区水电消纳的通知》《解决弃水弃风弃光问题实施方案》，对促进西南水电科学发展作出一系列部署。同时，国家“十三五”能源和电力规划都要求加快抽水蓄能电站建设，并明确“十三五”期间新开工抽蓄能容量6000万千瓦，至2020年我国抽水蓄能运行容量将达4000万千瓦，截至2018年底，国家电网抽水蓄能在运规模1923万千瓦，在建规模3015万千瓦。

2019年招标投标阶段的常规水电项目有大渡河（金川、硬梁包）、澜沧江（托巴、西藏古瓦）、雅砻江（卡拉、孟底沟）、金沙江上游（叶巴滩、拉哇、巴塘）、金沙江中游（奔子栏、旭龙）等国家重大水电项目标段；抽水蓄能电站项目有宁海、缙云、洛宁、芝瑞、易县、平江、潍坊、抚宁、哈密、蛟河、衢江等抽水蓄能电站。

（三）招标代理机构发展预测

党的十九大报告提出了“转变政府职能，深化简政放权”的要求，取消了招标代理服务收费标准、招标师职业资格许可和招标代理资格认定行政审批，对招标投标代理行业造成了不小的冲击，新时代新形势下，招标代理机构的转型升级迫在眉睫。

1. 具备全方位PPP项目全过程咨询服务能力

水利水电行业逐渐采用政府和社会资本合作的PPP模式，改变以往的以施工总承包为主的招标方式，传统的分阶段、分批次招标将会更多地被一次性招标（即PPP+设计施工总承包一体化招标）替代。招标投标行业在提供传统的工程建设项目施工、勘察、设计、监理、货物等招标投标服务的基础上，增加了全方位PPP项目全过程咨询服务。

2. 提升法律专业知识能力

同时随着我国企业逐步开拓国际市场，国外法律政策咨询的服务日益增多，国内外专业化的法律咨询服务对招标投标行业的发展、招标采购项目的实施具有强有力的推动和保护作用，目前招标投标专业律师还比较稀缺，组建一支水平较高、素质过硬的招标投标专业律师队伍还任重道远，现有招标从业人员亟待提升自身法律知识。

3. 提升互联网 IT 技术能力

对于招标投标行业来说，互联网技术与招标采购的深度融合是未来我国招标投标行业发展的大势所趋。2013 年《电子招标投标法》和 2017 年《“互联网 +”招标采购行动方案（2017—2019 年）》为电子化招标采购指明了方向，目前既通晓互联网专业技术，又同时精通招标采购业务流程的双料人才凤毛麟角，有效提升互联网 IT 技能也为招标投标行业发展带来了新方向。

4. 掌握外语技能

随着我国投资企业境外投资业务的不断扩大和规范，国际招标和国内招标带动了相关产业走出去，外语人才的缺口持续增大，招标代理机构应抓住国家实施的“走出去”和“一带一路”建设发展机遇，努力培养自身外语服务人员，提升招标投标行业的整体服务水平。

总而言之，招标采购将日益呈现活动规范化、服务专业化、范围扩大化、载体网络化、业务国际化等鲜明的特点。各招标代理机构应当坚信市场的力量，适当保持领先，做好充分准备，及早行动起来应对这些变化。招标代理机构只有洞察招标代理业务的发展趋势，才能提前就自己的业务定位和发展战略作出调整，获得发展先机。

（中国电力建设集团有限公司供稿）

第四章　石油化工招标投标发展报告

2018年，石油化工行业以习近平新时代中国特色社会主义思想为指引，深入贯彻落实党的十九大精神，持续推进采购招标管理体制改革，优化业务运行机制，完善管理制度和流程，推进信息化建设，逐步建立起集中统一、科学规范、公开透明的采购招标管理体系，为行业实现高质量发展提供了坚实保障。下面以本行业重点央企——中国石油天然气集团公司（以下简称“中国石油”）、中国石油化工集团公司（以下简称“中国石化”）、中国海洋石油集团有限公司（以下简称“中国海油”）、中国中化集团有限公司（以下简称“中化集团”）为主进行分析。

一、行业现状及市场特征

2018年国际油价波动加大，全球天然气供应格局重构，中国原油产量下降势头得到有效遏制，估计年产1.89亿吨，同比下降1%，跌幅明显收窄。国内石油化工行业经济运行总体向好，效益增长超出了年初预期。中国石油业绩迎来了重大反转，实现营业收入2.77万亿元，利润总额更高达1105.6亿元，重新成了国内油气行业利润第一的企业。中国石油、中国石化、中国海油确立国内勘探开发业务“优先发展”的战略定位，加大油气勘探开发投资力度及科技攻关力度，严格控制老油气田产量递减，强力推进页岩气上产，确保了国内油气产量稳定增长。

国内新增炼能扩张势头强劲，落后产能淘汰速度和幅度不及预期。原油一次加工能力净增2225万吨/年，超过全球净增能力的一半，总炼能增至8.3亿吨/年，全国炼厂平均开工率72.9%，为全球最低。三大油品净出口量首次突破4000万吨大关，同比增长12.4%。预计2019年，地方民营大型炼化项目相继投产，全国原油一次加工能力将净增3200万吨/年，过剩能力达到1.2亿吨/年。石化主要产品产销两旺，出口交货值大幅增加，但产能过剩状况尚未根本改变，全行业高质量发展仍面临挑战，“低端产品拥挤，高端产品缺乏”的结构性矛盾仍然突出。

根据中国海关总署发布的数据，2018年中国进口原油达到了4.62亿吨，同比增长10.1%；进口天然气达到9038.5万吨，同比大幅增长31.9%。我国的石油对外依存度已攀升至69.8%，天然气进口量更是超越日本，成了世界第一大天然气进口国。对外合作方面，石油化工企业更加注重扩大开放，根据中国国际进口博览会数据，中国石油、中国石化、中国海油和中化集团4家油气企业，在中国国际进口博览会期间与参展商总计签署961亿美元进口协议，加上其他中小油气公司，我国油气企业在本届进博会的签约金额近千亿美元。

在采购招标领域，石油化工行业借鉴国际一流企业的先进做法，持续推进采购招标管理体制改革，优化业务运行机制，完善管理制度和流程，逐步建立起集中统一、科学规范、公开透明的采购招标管理体系，为行业实现高质量发展提供了坚实保障。各央企内部普遍由企业的专门部门负责招标业务的管理，招标活动一般由内部专业招标机构具体实施，招标过程由纪检、监察等有关部门进行监督。通过健全的组织机构保证了由专业、专职的人员进行招标投标活动的管理、实施和监督，做到业务上既分工负责又相互协作、既相互衔接又相互独立，在组织机构上保证了招标在企业内部能够规范有序地开展。中国海油业务集中度高、下属分支单位少，在总部层面设立机构，对公司的招标采购进行统一管理和实施，中国石油、中国石化业务涵盖范围广、业务分部地域遍及全国、下属分支单位多，在总部及所属企业按照管理层级设立招标管理和实施机构，依据权限进行分别管理、实施。随着共享服务理念的不断深入，各企业逐步开始整合区域资源，建立采购招标共享服务中心，进一步提高区域内企业的招标采购工作效率。因此，内部招标机构的数量相应将呈递减的趋势。

在招标项目方面，各央企坚决贯彻依法合规理念，严格执行国家法律法规要求及各企业制定的招标采购管理制度，不断加大检查监督力度，做到“应招必招”“能招尽招”，招标项目的累计金额逐年增加。同时，由于各企业不断强化集中采购管控力度，集中幅度逐步加大，招标项目的数量稳中有降。

二、行业招标管理经验总结

（一）深化管理体制改革

石油化工企业在实现了统一归口管理的基础上，普遍实施管办分离的业务模式，形成了上下分工协作的管理体制。近年来各企业不断深化采购招标管理体制改革，中国石油、中国石化、中化集团等在集团公司层面设立招标管理委员会，负责管理、监督、指导、协调集团招标工作，由专业公司及下属企业负责贯彻实施。中国石油将采购招标归口物资部门，统一管理制度、流程、供应商资源、信息系统、专家等，实现业务操作和管理分离及相互有效监督。中国海油的管控范围除了物资装备采购，还包括了工程采购和服务采购，形成了一套企业支出全覆盖（人工、贸易、权益投资除外）的“大采办”管理体系，更有利于实施成本战略，缩小与国际同行的管理差距。

（二）完善招标运行机制

各企业在实践中不断完善，通过实施集中采购，建立起科学规范、公开透明的采购机制。中国石油建立了集中采购、授权管理、分散操作、共同参与的运行机制，有效发挥了集团化、规模化和专业化优势，又解决了完全集中可能带来的协调难度大、需求反应慢等矛盾，取得了很好的效果。目前两级集中采购度达到98%以上，年均降低采购成本近百亿元，降低了集团化运营成本，提高了采购效率和效益。中国海油推行供应链一体化管理，物权从各业务单位转移到采办共享中心，统一进行采购、签订合同、验收及库存。集团公司管理、监督、审批，强化监督和资源配置职能。二级单位是采办体系的主力和运作实体，三级单位只负责零星和应急采办。

（三）加强招标规范管理

石油化工企业通过建立完善的招标管理制度体系、推行标准化工作、强化过程监督，不断加强招标规范管理，提高招标工作质量和效率。

1. 制度体系

中国石油相继出台了《集团招标管理办法》、7项配套制度、13项企业标准、15项标准业务流程，形成了较为完善的制度体系。中国石化建立了以1项基本制度为核心，6项专项制度配套，以及12项操作规范的制度体系。中国海油除对招标流程进行规范之外，还对非招标采购的范围与操作规范进行了详细要求。

2. 标准化流程

中国石化制定了12套标准招标文件模板，465项评标办法模板及3868项通用评标办法。中国石油目前已经编制完成了涵盖工程、物资、服务三大分类的50套标准招标文件，并将在今后几年内进一步补充完善，目标覆盖全部一级物资以及重点的工程、服务分类。中化集团对建设项目实施统一管理制度、统一招标流程、统一评标规则、统一供应商名录、统一专家库、统一操作平台，实行全面管控，确保实现招标统一管理。

3. 审批及监督

中国石油顺应简政放权的形势，下放一、二类项目审批权限，总部仅审批一类项目招标方案及可不招标事项，授权所属企业审批本企业一类项目招标结果、可不招标事项结果，以及本企业二类招标项目招标方案、招标结果、可不招标事项。中国石化建立采购方案会审机制，按照内控流程进行审批，选择合适的采购方式；明确招标范围，做到“应招必招，能招尽招”，严格审批招标方案；目前依法必招的项目招标率100%。中国海油改革采办审批机制，由强调“审批”调整为强调“监管”，充分利用电子平台实行动态全过程监督。同时对审批进行分类管理，强化单一来源审批，放宽竞争性采办审批。

（四）推进信息化建设

顺应“互联网＋招标采购”发展的新趋势，各石油化工企业不断推进信息化建设，完善自建招标平台的各项功能，在招标电子化、信息化方面取得了长足的进步。中国石化全力推进基于互联网的供应链管理创新，着力打造易派客工业品电商平台，扩大采购管理外延，创新采购管理手段，开通了在线支付功能，积极推进跨境电商。中国石油电子招标投标交易平台2016年就完成与国家公共服务平台的对接，目前已通过国家三星级检测认证，并获得“2018 年度央企电商创新项目”荣誉，集团层面大力推进全流程电子招标，电子招标率达 95%。中国海油以采办管理与交易系统为平台，全面实施采办无纸化，建设远程电子评标室，实现集中招标项目全面电子化，电子招标率达 100%。

三、从业人员

石油化工企业在改革中不断调整优化队伍结构，提升专业人员素质和水平，逐步建立专业化的招标人才队伍。中国石油一贯主张“专业的人做专业的事、专业的机构做专业的事”，设置了集团公司招标中心及内部 32 家招标机构，招标系统从业人员 7300 人，专职 2450 人。集团公司招标中心负责实施一、二类招标项目，其余内部招标机构负责实施三类招标项目。

中国海油持续优化队伍结构，由“金字塔”转变为“枣核型”，精简两头、强化中间，把三级及以下采办人员向二级集中，二级采办成为公司采办主体，三级单位保留采办计划和零星、应急采办职能。大幅减少了三级以下单位的采办机构，精简采办队伍 10% 左右，同时不断充实专业人员，统筹推进组织集中化、队伍技术化、采办专业化。

四、发展环境及发展趋势

2018 年中央经济工作会议指出，世界面临百年未有之大变局，变局中“危”和“机”同生并存。“大变局”是宏观经济之变，也是石油化工行业发展态势之变。“变局”中的“危”——国际能源形势、国际油价走势不明朗，市场主体趋于多元化，竞争白热化成为常态。“变局”中的“机”——世界经济复苏、中国经济长期向好带来的油气行业巨大发展空间。同时，2019 年是全面建成小康社会关键之年，是全面实现“十三五”规划目标的重要之年。近期，国资委将中国石油等 10 家央企列为世界一流示范企业。面对新形势新任务新要求，石油化工企业瞄准世界一流目标，努力在稳健发展中应对“变局”。从各企业发布的 2019 年战略计划来看，提质增效、增储上产、持续改革将成为石油企业的重点方向。在招标业务方面，将继续围绕高质量发展的各项部署，坚持依法合规、共享服务和全生命周期综合成本最低理念，深化对标管理和精细化管理，持续提升招标工作水平。

（一）进一步加强依法合规管理

石油化工行业将继续把依法合规作为开展招标业务的重要前提，强化顶层设计，持续完善采购招标制度体系和标准工作流程。大力推行集团化采购，建立健全集中统一、需求导向、质量优先、协同高效的集中采购运行机制。深入推行标准化采购，通过标准化设计、标准化采购、标准化使用，促进供应链管理优化升级，提升集中采购效果，提高采购效率。

（二）进一步推进共享体系建设

积极推进共享中心建设，整合优化区域内项目、人力和软硬件等资源，实现采购资源、信息和知识的共享，不断提升区域内采购规范化和标准化程度。通过充分发挥供应链协同效应和规模效应，有效降低区域内企业的采购成本。通过与优秀供应商建立共享资源、共创价值、互利共赢的正向关系，互通信息、共同发展。中国石化已经建立起7个区域招标中心，通过集中共享资源，实现区域内集中规模招标，取得了很好的收效。中国石油也已经建立西北、西南两个区域招标中心，下一步将继续大力推进区域中心建设工作。

（三）进一步做精做专招标业务

更加突出管理创新和精细化，推动招标工作由量变向质变转换。一是推进招标方式方法创新。石油化工行业将继续大力推进规模化集约化招标，不断优化细化技术规格书、关键数据表，减少个性需求，推动标准化采购，更好地发挥规模优势。学习借鉴国内外先进企业做法和经验，注重质量、性能和价格的最佳匹配，以性价比最优、全生命周期综合成本最低为目标，切实提高采购质量。中国石油将持续组织开展依法必须招标范围与规模标准、非招标采购等课题研究，不断探索解决实践中的新问题。二是完善细化招标文件标准文本。结合国家《标准设备采购招标文件》等9项标准招标文件，开展招标文件标准文本细化与完善工作，构建行业特色明显、适用性强的招标文件标准文本体系。

（四）进一步提升信息化建设与大数据应用

积极践行“互联网+招标采购”理念，利用云计算、分布式等先进技术和创新架构，促进业务流程再造和管理创新，提高供应链协同能力。深入推进全流程电子招标，研究制定标准化电子评标室等软硬件建设标准，推行远程异地评标、远程监督等操作。进一步提升大数据分析能力，深入开展经营成果分析，挖掘大数据应用价值，发挥辅助决策的作用。

（中国石油天然气集团有限公司供稿）

第五章 公路水运招标投标发展报告

2018 年，公路水运工程招标投标管理制度不断完善，招标投标营商环境不断优化，招标投标行为不断规范，信用体系建设不断推进。尤其是 2018 年版公路工程施工、勘察设计和施工监理招标标准文件的发布实施，全面贯彻落实党的十九大精神，深化“放管服”改革，系统总结公路工程招标投标工作实践经验，着力解决公路工程招标投标工作中普遍存在的共性问题，在进一步规范招标投标活动当事人权利义务的同时，简化了招标投标程序和文件编制要求，减轻了投标人负担，对切实加强政府投资管控，不断提高工程质量和招标效率，有效预防和遏制腐败，深入推进统一开放、竞争有序的招标投标市场建设，具有十分重要的意义。

一、公路工程招标投标发展现状

2018 年，我国交通基础设施建设加快推进，公路水路完成投资 2.3 万亿元，新建改建高速公路 6000 多公里、国省干线公路 2 万多公里、农村公路 30 多万公里。公路工程招标投标发展现状如下：

（一）招标投标管理制度不断完善

2018 年，交通运输部先后发布了《公路水运工程监理企业资质管理规定》（交通运输部令 2018 年第 7 号）、《交通运输部办公厅关于贯彻实施〈公路水运工程监理企业资质管理规定〉的通知》（交办公路〔2018〕102 号）、2018 年版公路工程标准施工招标文件和招标资格预审文件（交通运输部公告 2017 年第 51 号）、2018 年版公路工程标准施工监理招标文件和招标资格预审文件（交通运输部公告 2018 年第 25 号）以及 2018 年版公路工程标准勘察设计招标文件和招标资格预审文件（交通运输部公告 2018 年第 26 号）。上述文件的发布，对完善公路工程招标投标管理制度，加强公路工程招标管理，规范资格预审文件和招标文件编制工作，促进招标投标活动的公开、公平、公正，维护招标投标活动当事人的合法权益起到了重要作用，有力保障了公路建设市场的公平竞争和规范有序。

（二）招标投标营商环境不断优化

交通运输部完善了监理企业资质标准，简化了资质申报材料，优化了审批流程，推行监理企业资质网上“电子化”“清单式”申报和许可网上办理，进一步利企便民、提升服务。各省交通运输主管部门积极落实“放管服”改革各项要求，进一步调整和下放行政审批事项，不断优化营商环境。

（三）招标投标行为不断规范

交通运输部修订发布了2018年版公路工程施工、勘察设计和施工监理招标标准文件，升级了国家公路建设项目评标专家库管理系统。各省交通运输主管部门认真执行有关法律法规，严格落实“五公开”“三记录”等制度，有效遏制了招标投标违法违规行为。部分省市开发了招标项目电子行政监督系统，实现了省管交通项目招标备案流程标准化、服务透明化。

（四）信用体系建设不断推进

交通运输部组织对261家公路设计企业、873家公路施工企业和533家公路监理企业，以及72702名监理工程师开展了2017年度公路建设市场全国综合信用评价，发布了评价结果公告。交通运输部印发了《交通运输部办公厅关于界定和激励公路水运工程建设领域守信典型企业有关事项的通知》（交办水〔2018〕11号），向社会发布了公路水运工程建设领域守信激励企业名单，发挥了守信激励的“头雁效应”。交通运输部全面优化升级了全国公路建设市场信用信息管理系统，各省交通运输主管部门积极推进评价结果在招标投标等方面的应用，为营造诚实守信、规范履约的市场氛围发挥了积极作用。

（五）市场竞争更加激烈

随着我国投融资体制改革的推进，近年来完全由政府投资的公路项目所占比例呈下降趋势，更多的公路项目尤其是高速公路项目大多数采用政府和社会资本合作（PPP）模式，参与PPP公路项目投标并中标的社会资本基本都是具有投融资能力的施工企业和设计企业，上述社会资本中标PPP公路项目后均自行承担该项目的设计任务和施工任务，导致公路工程设计招标和施工招标的项目数量整体大幅减少，投标人的竞争已趋于白热化。同时，市场竞争的激烈促使公路工程项目招标投标过程更加公开、公平、公正，一旦投标人遭受不公正待遇，认为其合法权益受到侵害，就会提出异议和投诉。

（六）招标代理机构迫切需要转型升级

公路工程设计招标和施工招标的项目数量整体大幅减少，且招标代理资质取消后从事招标代理工作的企业大幅增加，招标代理机构面临的竞争压力和生存发展空间可想而知。面对这种局面，除尽可能做大做强树立本企业品牌外，招标代理机构迫切需要转型升级，不断拓展新型业务，例如，承接PPP公路项目咨询业务，编制PPP项目实施方案、物有所值评价报告、财政承受能力论证报告、PPP合作合同，承接PPP公路项目社会资本方招标代理等，承接公路项目造价咨询业务，承接公路项目管理咨询服务等。

二、新版公路工程标准文件的主要变化

2018 年版公路工程施工、勘察设计和施工监理招标标准文件全面贯彻落实党的十九大精神，深化“放管服”改革，系统总结公路工程招标投标工作实践经验，着力解决公路工程招标投标工作中普遍存在的共性问题，在进一步规范招标投标活动当事人权利义务的同时，简化了招标投标程序和文件编制要求，减轻了投标人负担，对切实加强政府投资管控，不断提高工程质量和招标效率，有效预防和遏制腐败，深入推进统一开放、竞争有序的招标投标市场建设，具有十分重要的意义。

（一）严格遵循现行法律法规和标准规范规定

根据《招标投标法实施条例》《公路工程建设项目招标投标管理办法》等现行法律法规及标准规范要求，补充、调整了新版公路工程招标标准文件相关条款。如在施工招标标准文件中新增技术评分最低标价法；明确了在项目招标投标过程中利用公路建设市场信用信息管理系统进行投标人单位业绩、主要人员业绩查询的条款；明确了评标办法中评标因素的类别设置和权重取值范围。根据《国务院办公厅关于清理规范工程建设领域保证金的通知》（国办发〔2016〕49 号），调整了相关保证金条款；根据国家营改增新政，修改了投标人须知和合同条款相关内容。

（二）充分体现国家简政放权、减轻企业负担精神

优化、简化了部分条款。如购买资格预审文件或招标文件时不再要求企业携带营业执照、资质证书原件；简化对资格预审申请文件和投标文件的密封和签署要求，不再强制规定投标人法定代表人或其委托代理人逐页签署，不在投标人须知前附表中保留对投标文件签署提出进一步要求的留白；资格预审申请文件或投标文件由法定代表人委托代理人签署的，不再强制要求对授权委托书进行公证；取消开标过程中的监标人角色，交通运输主管部门依据法律法规对评标委员会成员的确定方式、评标专家的抽取和评标活动进行监督，无须监督开标过程；投标人在投标阶段无须再填报具体分包单位，从根本上解决投标人不敢填写分包的痼疾。

（三）更好适应电子招标投标的发展需要

大力发展电子招标投标，促进招标采购与互联网深度融合，是降低制度性交易成本，提高资源配置质量效率，推动政府职能转变和党风廉政建设的重要抓手。新版公路工程招标标准文件专门增加“附录　采用电子招标投标条款示例”，规定对采用电子招标投标的，招标人应按照国家有关规定，结合项目具体情况和交易平台操作特点，在招标文件中明确相应要求。

（四）充分强调招标投标信息的公开和透明

根据《公路工程建设项目招标投标管理办法》明确的“五公开”“三记录”制度要求，新版公路工程招标标准文件进一步强调了全面披露公路工程建设项目招标投标信息的要求，明确了广泛接受社会公众监督的具体操作路径。规定投标人近年完成的类似项目业绩和项目负责人的个人业绩，应附在全国公路建设市场信用信息管理系统或省级交通运输主管部门公路建设市场信用信息管理系统中查询的“业绩信息”相关网页截图复印件。除此之外，投标人无须再提供任何业绩证明材料。投标人应根据本单位实际情况及时完成相关信息的申报、录入和动态更新，并对相关信息的真实性、完整性和准确性负责。

（五）更加明确招标投标过程中“择优”的导向性

新版公路工程招标标准文件对信用等级高的资格预审申请人、投标人或中标人，给予增加参与投标的标段数量，减免投标保证金，减少履约保证金等优惠措施。在资格预审办法和评标办法中，设置“技术能力”评分因素，侧重考察投标人在施工方面或实施全过程工程咨询的科研开发和技术创新能力，由招标人结合招标项目具体情况提出相关要求。

（六）合理划分合同实施过程中合同双方的风险

新版公路工程招标标准文件进一步规范了合同双方的权利和义务，确保双方主体地位平等。如通过工程范围、阶段范围和工作范围三个维度界定了施工监理服务和监理合同包括的具体范围，当施工监理服务或监理范围发生变化或出现合同约定的其他非监理人责任的情形时，监理人可向委托人提出变更请求，对施工监理服务期限和费用进行调整。明确界定了施工监理服务期限开始的时间，符合合同约定的开始施工监理条件的，委托人应提前7天向监理人发出开始监理通知。委托人未按期支付到期应付的合同款项，应承担违约责任，按照银行同期贷款利率加手续费计算逾期付款违约金。

（七）突出强调公路工程建设过程中党建工作的重要意义

新版公路工程施工和施工监理招标标准文件合同条款中补充了开展党建工作的相应内容，以强化党组织对公路工程项目的领导和监督。对政府投资的国家高速公路项目，或施工单位为国有控股或参股企业的，施工单位应按规定在项目现场设立基层党组织。不满足上述情形的，施工单位应创造条件使党员能够参加党组织生活并接受相应管理。施工单位在项目现场设立基层党组织的，应明确党组织机构设置、党组织负责人及党务工作人员配备情况，编制党务工作开展预案，并按照预案要求在项目实施过程中同步开展党务工作，充分发挥基层党组织在项目实施中的作用。

三、公路工程招标投标发展趋势分析

2019 年 3 月 5 日，国务院总理李克强在第十三届全国人民代表大会第二次会议上所作的《政府工作报告》指出，2019 年将完成公路水运投资 1.8 万亿元，促进形成强大国内市场，持续释放内需潜力。因此，2019 年公路水运发展将迎来新的发展机遇。

（一）政府投资公路项目比例将有所提高，投标人迎来利好局面

近年来为遏制地方政府隐性债务风险增量，财政部先后出台多部文件规范政府和社会资本合作（PPP）项目运作，防止 PPP 异化为新的融资平台，且由于 2014 年以来各省诸多 PPP 项目的实施，地方财政承受能力已达到国家规定的上限或接近上限，未来 PPP 公路项目的数量预计将持续减少，政府投资公路项目比例将有所增加，投标人迎来利好局面。

（二）公路项目将由建设逐步转向养护

随着全国公路路网的基本建成，国家的新建项目投资速度有明显的放缓趋势。已形成的大量公路资产，逐渐进入养护、维修加固的周期。为保证公路资产的保值增值，各级政府部门及社会投资方都在公路管养方面投入了巨额资金，从而形成了庞大的公路养护市场，投标人亦更加重视在公路养护市场的参与。为规范公路养护市场，交通运输部拟在 2019 年出台《公路养护企业资质管理规定》和《公路养护企业资质标准》，将会对公路养护招标投标产生重大影响。

四、水运工程招标投标发展现状

自 2018 年以来，在我国提出的“一带一路”倡议下，沿海港口迎来了新的发展机遇，更加深入地融入国际航运网络体系。交通运输部积极谋划交通强国战略实施，加快水运强国建设，以供给侧结构性改革为主线，完善港口布局，优化运输结构，推进港口资源整合，推动港口转型升级，着力提高沿海港口发展质量和参与国际竞争的能力。2018 年下半年，20 个省（区、市）统计在建大中型水运工程项目 234 个，其中沿海港口、沿海航道、内河港口、内河航道、防波堤及其他工程项目分别为 104 个、6 个、47 个、46 个、10 个和 21 个，建设总投资约 1916 亿元。

2018 年 10 月，为全面贯彻落实“放管服”改革、优化营商环境的重要指示精神，国务院办公厅出台了《关于聚焦企业关切进一步推动优化营商环境政策落实的通知》（国办发〔2018〕104 号）。交通运输部积极贯彻落实《通知》精神，积极推进“双随机、一公开”监管、信用监管、大数据监管、事中事后监管等新型监管方式。

在《国务院有关部门 2018 年推进电子招标投标工作要点》中，交通运输部水运局的

工作重点是推进行业信息平台建设，提升服务水平，建设统一的水运工程从业企业信用信息平台，实现招标投标信用信息（业绩、人员等）查询“一张网”。从 2019 年 3 月 25 日起，新版《全国水运建设市场信用信息管理系统》正式上线运行。水运建设市场责任主体的资质、人员、业绩、信用等信息在信用系统平台上公开发布，相关单位可随时、快速登录系统查询核实。通过查询核实，防止企业超资质、超能力承揽水运工程；防止企业虚报业绩、荣誉、技术人员而谋取中标；防止转包和违法分包现象；监督参建单位人员和设备到位情况。

2018 年，水运工程建设项目招标投标活动继续执行《水运工程建设项目招标投标管理办法》(交通运输部 2012 年 11 号令)。依法必须进行招标的水运工程建设项目的招标文件的编制，使用《水运工程标准施工招标文件》(JTS 110–8–2008)、《水运工程标准施工监理招标文件》(JTS110–10–2012)、《水运工程标准勘察设计招标文件》(JTS 110–11–2013)以及国家发展改革委等 9 部委联合发布的《标准设备采购招标文件》《标准材料采购招标文件》《标准勘察招标文件》《标准设计招标文件》《标准监理招标文件》进行编制。

2018 年，各级交通运输主管部门不断完善水运工程招标投标管理制度、优化招标投标营商环境、规范招标投标行为、推进信用体系建设。

（华杰工程咨询有限公司供稿）

第六章 铁路招标投标发展报告

“交通强国、铁路先行”是中国铁路总公司贯彻中央部署提出的重大决策。2018 年，我国交通领域基础设施建设加快推进，全国铁路固定资产投资完成 8028 亿元，其中国家铁路固定资产投资完成 7603 亿元。到 2018 年底，全国铁路营业里程达 13.1 万公里，其中高铁 2.9 万公里以上。

中国铁路总公司深化强基达标、提质增效，在服务铁路改革发展大局、贯彻创新发展方面开展大量卓有成效的工作，招标采购体制机制不断完善、模式持续优化、信息化水平稳步提高。铁路招标采购平台的建设和使用将会进一步推动管理模式的优化、管理制度的完善和监管要求的强化，同时也将提高招标投标工作的专业性、高效性、阳光透明性，推动招标代理机构向专业咨询、提供高附加值相关服务的方向发展。

一、行业现状

铁路固定资产投资近 5 年来每年持续在 8000 亿元以上，用于铁路建设、既有线路更新改造和机车车辆购置（见图 2–6–1）。

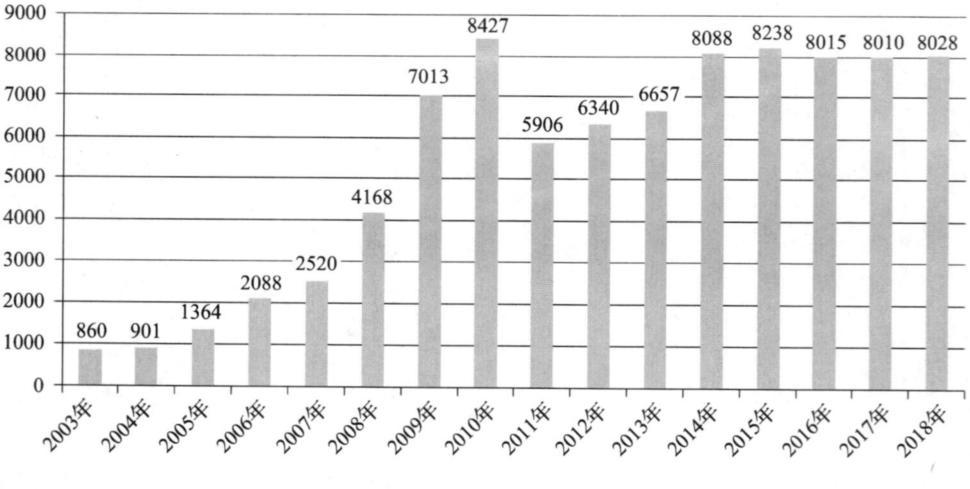

图 2–6–1 铁路固定资产投资（单位：亿元）

目前，铁路建设项目的工程施工、勘察、设计、监理，由铁路建设单位自行招标；铁路建设物资分为甲供物资和施工单位自购物资两类，其中，甲供物资主要委托中国铁路物资集团有限公司实施招标；机车车辆等运营物资设备的招标采购工作直接由中国铁路建设投资公司实施。

铁路工程有其专业的特殊性，尤其是营业铁路，施工安全和工程质量关乎运营线路安全和旅客生命安全，因此铁路行业的招标工作也具有较强的行业特点。基于铁路建筑市场的设计、施工、监理业务范围逐步向路外企业开放，国家铁路局和中国铁路总公司对标段划分、造价控制、施工企业信用等方面均有特定的政策；铁路建设物资的招标代理，一般和组织供应、质量监控、驻厂监造等工作内容一并纳入物资代理服务中。

二、市场特征

中国铁路总公司根据建设物资设备的重要程度、采购规模等因素，制定了物资管理目录，实行中国铁路总公司和所属企业两级采购。2018 年，中国铁路总公司物资采购平台建设取得重大进展，为采管分离奠定了基础。上海、济南、南昌铁路局集团有限公司区域采购模式试点有序推进，区域采购中心已成功启动，为进一步优化采购组织进行了积极探索。

采购规模大、批量价格优势明显、质量控制难度较高的物资设备，由中国铁路总公司统一组织，实施联合采购。2018 年中国铁路总公司制定了铁路专用产品认证采信目录和标准性技术文件目录，并调整了联合采购物资目录，扩大了联合采购的范围，明确“四电”（电力、电气化、通信、信号）系统集成甲供物资细目内容，同时颁布了“四电”系统集成甲供物资标准化采购文件范本，规模效益进一步扩大。对问题反映多、市场竞争无序的 7 类物资，试点组织并推广使用综合评估法。

随着电子商务应用的不断扩展，各铁路局均通过网上采购平台对通用物资（非铁路专用物资）实行网上竞价采购，拓宽了采购渠道，实现了有效竞争。

铁路建设项目施工招标的评标办法有“综合评估法”和“经评审的最低投标价法”。其中，采用“综合评估法”的，开标会上随机抽取计算评标基准价的调整系数；物资设备招标的评标办法通常采用“经评审的最低投标价法”。这种做法最大限度地防范了围标、串标现象的发生，为创造竞争有序的铁路建设市场、提高投资效益、防治腐败等奠定了基础。

中国铁路总公司本着公平公正、动态管理、信息共享、风险预警的原则，加强对中标企业的信用评价管理，对中标企业在合同履约、工程质量、遵纪守法等方面存在的问题进行分类分级，并采取相应措施和进行处罚。

铁路行业的招标投标工作目前已实现范本化、程序化，认证采信等准入制度比较完善，资格条件和技术要求也基本固化，投标主体相对稳定。

三、企业特征

由于铁路行业的专业性和铁路项目管理模式的特点，从事招标代理的公司不但要有专业化的招标团队，还要具备熟悉物资供应流程、供应商产能与分布情况、铁路产品性能、质量控制关键等方面的专业技术力量和驻场监造队伍。目前，凡采用招标代理方式的，主要委托中国铁路物资集团有限公司和中国铁路建设投资公司两家代理公司，其中，中国铁路物资集团有限公司主要承担铁路工程建设项目甲供物资、部分施工单位自购物资和部分铁路局运营物资的招标代理业务；中国铁路建设投资公司主要承担中国铁路总公司运营物资集采、铁路局运营物资联采、机车车辆装备采购等招标代理业务。行业内其他招标代理公司极少，主要有中国中铁股份有限公司所属的中铁物贸集团有限公司、中国铁建股份有限公司所属的中铁物资集团有限公司，承担的代理业务总金额比重约占市场份额的 10% 左右。

中国铁路物资集团有限公司和中国铁路建设投资公司均是源于铁路的大型国有企业，招标代理业务均是其铁路业务链的组成部分，都曾取得中央投资项目招标代理甲级资质和工程招标代理机构甲级资质。

中国铁路物资集团有限公司的前身是铁道部物资管理局，2004 年，经铁道部和国务院国资委批准，成为国务院国资委直接监管的大型中央企业，是我国规模最大、服务能力最强、专业经验最丰富、行业领先的铁路生产性服务综合提供商，被业内称为中国铁路“总后勤部”。中国铁路物资集团有限公司传承了原铁道部物资管理局的物资管理经验和专业人才，经多年长期的业务实践，培养和引进了精通铁路专业技术、熟悉相关法律法规的专业化招标团队，探索出了集铁路建设项目物资招标采购、组织供应、质量监控和驻厂监造等为一体的崭新铁路业务代理模式。

中国铁路建设投资公司是中国铁路总公司所属企业，公司前身为中铁建设开发中心。经过 20 余年的发展，已拥有一支专业化、复合型、年轻化的采购团队，并形成了以运营物资采购为核心，以市场化、专业化和多元化发展为方向的运营物资集中采购和联合采购代理机构。目前，公司正在积极开拓铁路建设物资采购供应业务，努力打造成为服务铁路建设和运营物资采购供应全流程、全方位的物资平台。

四、从业人员

铁路行业从事招标代理、物资供应、质量监控和驻场监造等相关服务的从业人员约有 500 人，其中包含招标、造价、物贸、法律、财务、专业技术、电子商贸等专业人员。

从业人员大多数具备熟练掌握多个专业范畴的业务能力和较高的综合素质，坚持诚信守法、客观公正、专业科学和经济高效的行为准则开展业务。

从事物资供应和质量监控的业务人员以及部分从事建管甲供物资招标代理的业务人员一般常驻建设单位，除了及时汇总计划和实施招标工作之外，还要实施合同管理、货物验收、质量检验、结算管理、概算清理等工作。

驻场监造人员一般常驻生产厂，负责编制驻厂监造大纲和实施细则，经建设单位同意后，对供应商的生产计划、质量保证体系、设备、工艺水平、人员的资格进行核查，对原材料、产品的生产制造过程进行监督和抽查，必要时进行试验和检测。

五、发展环境

目前，我国的铁路网规模与我国国土面积和人口相比还不相适应，运输能力还不能满足国民经济发展的需要，在今后的几年里，国家对铁路建设的投资将会持续高水平投入，铁路行业的招标投标将有很大的市场规模。同时，中国铁路总公司将加快推动股份制改革，构建多元投资主体，拓宽融资渠道，加大铁路运营开发和投资力度。据悉，2019 年，中国铁路总公司拟投产新线 6800 公里，其中高铁 3200 公里，这意味着 2019 年的中国铁路投资将达到史上最高水平。

根据中央经济工作会议精神，中国铁路总公司将于 2019 年加快推进股份制改造。在招标投标工作中，中国铁路总公司将以全路统一的采购管理制度框架为基础，以创新采购方式为手段，实现采管分离，推动招标采购管理效益效率提升。目前，中国铁路建设投资公司已开始牵头组建中国铁路总公司总部本级专业化、信息化、集约化招标采购平台，各铁路局将按照区域组建七大区域化采购平台，承担中国铁路总公司和所属企业两级采购工作。

今后，铁路行业的招标采购工作将主要由中国铁路建设投资公司和各铁路局招标采购部门实施。非隶属于中国铁路总公司的招标代理公司承揽铁路招标代理业务的难度将会加大，只能朝专业化、提供高附加值延伸服务、服务一体化方向转型。

六、发展趋势

今后，铁路行业的招标投标工作将更侧重于朝专业、高效、阳光透明方向发展。铁路行业的认证采信等准入制度正日趋完善、信用评价体系也在不断健全，投标市场将日趋规范，铁路产品也趋于谱系化、标准化、属性单一、供应商数量相对稳定，加之电子招标和电子商务的逐步推广，招标采购工作将更加便捷、高效。这也促使招标代理向专业咨询、提供高附加值相关服务的方向努力。

随着诚信体系建设的不断完善、市场化水平的不断提高、铁路投融资体制改革的不断深化以及市场主体维权意识的不断增强，中国铁路总公司将进一步健全铁路行业的招标投标制度，引导和规范市场主体的招标投标行为，完善诚信体系建设。同时，建立更加严密的监管标准，采取更有效的组织形式、运用更丰富的方法手段落实监管要求，有效防范安全、质量、廉政风险。以大统筹指导资源配置合理，以大平台支撑机制运行高效，以大监管打造阳光交易，营造和维护更加公平有序的铁路招标投标市场环境和秩序。

（中国铁路物资集团有限公司供稿）

第七章　钢铁冶金招标投标发展报告

受供给侧改革和产能置换新规的影响，2018 年我国钢铁行业固定资产投资呈上升趋势，一批大型搬迁项目开工，环保类项目比例也不断提高。目前钢铁行业代理机构主要分为两类，一类是钢铁企业自有招标代理机构，另一类是第三方社会招标代理机构。大型钢铁企业自建招标代理机构的情况较为普遍。部分大型钢铁企业自建全流程电子招标投标平台，但中小企业大多数仍采用传统线下招标方式。

一、行业现状

（一）行业发展现状

2018 年我国供给侧结构性改革深入推进，效果逐步显现。钢铁行业作为供给侧结构性改革的先行者，认真落实党中央、国务院的决策部署，提前完成了 5 年化解过剩产能 1 亿～1.5 亿吨的上限目标任务。市场环境明显改善，产能严重过剩矛盾有效缓解，优质产能得到发挥，企业效益明显好转。根据国家发展改革委公布的数据，2018 年钢铁行业实现利润 4704 亿元，比上年增长 39.3%；生铁、粗钢和钢材产量分别达到 77105 万吨、92826 万吨和 110552 万吨，分别同比增长 3%、6.6% 和 8.5%，行业盈利情况明显改善。

（二）行业固定资产投资情况

在行业盈利情况明显改善的大背景下，受供给侧改革、产能置换新规和环保升级压力的影响，2018 年我国钢铁行业固定资产投资呈上升趋势，首钢京唐二期工程、柳钢防城港搬迁、河钢产业升级及宣钢产能转移项目、宝武集团湛江钢铁三高炉系统工程等一批重点工程在建或启动。根据国家发展改革委发布的《2018 年 11 月份全国固定资产投资发展趋势监测报告》，2018 年 1~11 月黑色金属冶炼及压延加工业新增意向投资额同比增速达到 20%。

根据中国钢铁工业协会统计，2018 年，纳入中国钢铁工业协会统计的会员钢铁企业共完成投资（含矿山）579.61 亿元，比 2017 年完成投资增加 651876 万元，增长 12.67%。从 2017 年完成投资构成情况看，主要在轧钢、铁矿采选、炼铁、炼钢等工序，分别占 27.2%、8.7%、6.4%、4.7%。由于产能置换的推进以及环保要求，预计未来炼铁、炼钢的投资构成比例将会有所上升（见表 2–7–1）。

此外，2017 年新增固定资产投资中，保护环境、新增产能、改进工艺、提高产品质量、节约能源（材料）占比分别为 26%、12%、10%、10% 和 7%，2016 年、2017 年新增固定资产分类情况见图 2–7–1、图 2–7–2。

表 2-7-1 2016—2017 年钢铁行业固定资产投资完成情况表

指标名称	完成投资额（万元）	
	2016 年	2017 年
完成投资额合计	4806827	5144224
铁矿采选	315723	447842
烧结	207462	170431
球团	15679	42211
炼铁	549611	330440
炼钢	197388	242922
连铸	121263	135082
轧钢	1221391	1400988
钛合金	456	1181
焦化	284121	176014
耐火	400	3468
碳素	24735	5919
钢丝及其制品	4256	30559
其他	1864341	2157167

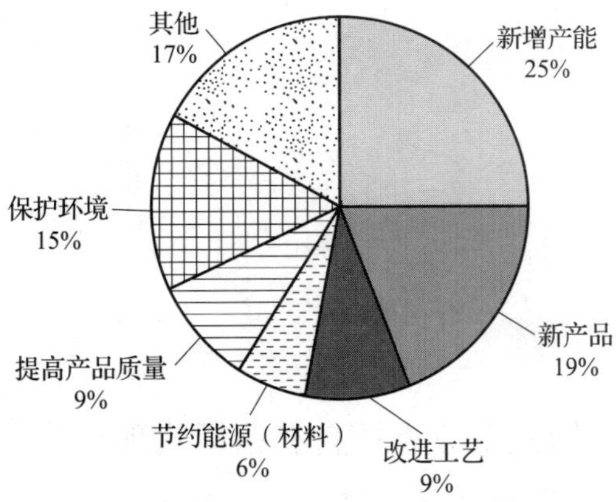

图 2-7-1 2016 年新增固定资产分类图

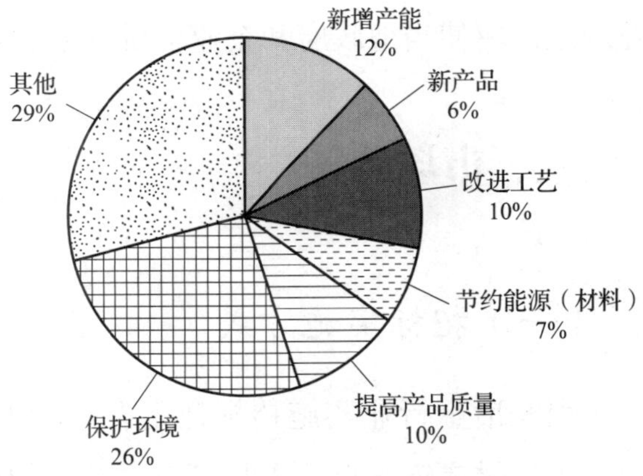

图 2-7-2 2017 年新增固定资产分类图

二、产业政策环境

（一）钢铁行业去产能工作仍将深入推进

2016 年 2 月《国务院关于钢铁行业化解过剩产能实现脱困发展的意见》(简称《意见》) 正式发布。之后，2016 年、2017 年成为钢铁行业去产能工作大改革、大推进的关键两年，

2018 年钢铁行业首要工作仍然是持续去产能，整体来看，钢铁去产能是一个长期的过程，更是钢铁行业实现脱困发展、加快转型升级的基础和前提，尤其是化解在产过剩产能，工作难度及任务将面临更大的挑战。

（二）钢铁产能置换促进产业升级

工业和信息化部对原产能置换办法进行了修订，并于 2017 年 12 月 31 日发布了《钢铁行业产能置换实施办法》，自 2018 年 1 月 1 日起施行。该办法对置换范围规定更为明确、置换比例要求进一步加严、置换方案的监督更为严格。在国家坚定不移化解钢铁过剩产能、三令五申严禁新增产能的背景下，产能置换是实现严禁新增产能和结构调整有机结合的重要手段。

自 2017 版《钢铁行业产能置换实施办法》发布以来，共有来自山西、河北共 15 省（区、市）的 40 家钢铁企业公告实施产能置换，其中山西（10 家）、河北（8 家）实施产能置换的企业最多。实施产能置换的规模为：拟新建炼钢产能 6118.4 万吨，新建炼铁产能 6029.25 万吨。拟新建转炉 34 座、电炉 17 座，新建高炉 39 座。

2018 年，钢铁产能置换工作促进了产业升级，钢铁企业纷纷加大技改资金的投入。

（三）日趋严格的环保限产措施驱动钢铁生产企业异地搬迁

2018 年，为进一步强化空气污染治理，京津冀及周边地区钢铁企业继续实施严格的环保限产措施，钢厂高炉开工率明显下降，严苛的环保措施及河北、天津、河南等地钢铁企业的限产驱使当地政府和企业不得不考虑异地搬迁。

三、市场特征

（一）招标实施方式

钢铁冶金行业实施招标通常有两种方式，一类是钢铁企业委托自有招标代理机构实施，另一类是钢铁企业委托第三方社会招标代理机构。前者以宝武集团、鞍钢集团、马钢集团、本钢集团等为代表，采用第二种方式的包括河钢集团、首钢集团等。

（二）招标范围和供应商

钢铁冶金行业招标范围主要是工程建设类项目和日常物资备件采购项目（多数为大型集采），铁矿石、煤等大宗原料以长期协议采购为主，少数企业部分采用招标方式。目前钢铁行业设备国产化率较高，供应商以国内厂商为主。引进机电设备主要集中在连铸、冷轧、热轧等主要工艺生产线和部分特殊仪器仪表，供应商主要来自德国、日本、法国等。钢铁行业工程建设以往大多数采用传统平行发包模式，目前逐步开始尝试总承包模式，但部分自身工程建设管理能力较强的企业仍采用平行发包模式。钢铁行业工程的设计、勘察、施工、监理等业务专业性较强，投标人主要包括现五矿集团、原中冶集团下属各钢铁设计院和冶金建设施工单位等。

（三）电子招标投标情况

根据中国招标投标公共服务平台发布的数据，2018年矿产冶金行业与公共服务平台对接数据累计中标金额仅为185亿元，总数据为7036条。钢铁行业招标采购活动的电子化水平呈现较大差异。中国宝武集团下属上海宝华国际招标有限公司在2008年就建成了全流程电子招标投标系统，是首批央企电子招标投标试点单位，2018年全流程电子招标金额比例达到86%；鞍钢集团下属鞍钢招标有限责任公司在2015年建成了全流程电子招标投标系统，并于2017年通过国家检测认证；马钢集团下属马钢招标咨询公司的电子招标投标系统也已于2018年通过国家检测认证。此外，包钢集团、太钢集团、酒钢集团等企业也已先后建成电子招标投标系统。但广大中小钢铁企业大多数尚采用传统招标方式，距离全流程电子化还有较大差距。

（四）2018年部分重大工程情况

1. 首钢京唐二期工程

首钢京唐二期工程是经国务院批准的《河北省钢铁产业结构调整方案》调整优化产业布局的重点项目，是京冀两地落实京津冀协同发展战略的重点项目，也是首钢京唐做大做强、建设最具世界影响力钢铁厂的重要举措。首钢京唐二期工程项目占用海域10.1平方公里，总投资435.5亿元，设计生产规模为年产铁水891万吨、钢坯940万吨、钢材900万吨。

招标代理机构为中钢招标有限责任公司、河北省成套招标有限公司、北京国际招标有限公司。

2. 宝武集团湛江钢铁三高炉系统工程

为满足市场增量需求，配合地区钢铁工业结构调整，优化产业布局，宝武集团在湛江钢铁新建三高炉系统工程，总投资180亿元，形成铁水400万吨、钢水360万吨的生产规模。项目建设目标为践行智慧制造，践行清洁生产；引领技术进步，引领产品发展；创造更高效率，创造更好效益。

招标代理机构为上海宝华国际招标有限公司。

3. 防城港钢铁基地项目

该项目原计划铁产能为1068万吨、粗钢产能1470万吨。2013—2016年原武钢集团先期建设年产210万吨的生产能力、产品定位为汽车板的冷轧厂，2016年9月投产试车。

因原宝钢、武钢合并，防城港钢铁基地项目2018年正式由宝武集团交由柳钢集团，此前停滞的防城港项目重新启动。

招标代理机构为中钢招标有限责任公司、中技招标有限公司、广西机电设备招标有限公司、广西科联招标中心、陕西中城建招标公司。

4. 河钢产业升级及宣钢产能转移项目

河钢集团拟通过宣钢钢铁产能退出、唐钢及承钢部分产能置换转移的方式，拟在唐山市乐亭经济开发区内建设河钢产业升级及宣钢产能转移项目，项目定位于高端热轧卷、酸洗冷轧深加工、优特钢长材三大系列的产品。项目总投资 419.72 亿元，第一期实施 800 万吨规模，二期再实施 800 万吨规模。

招标代理机构为中钢招标有限责任公司、国信招标集团股份有限公司、中招国际招标有限公司、中交远东国际招标有限公司以及河北省地区招标代理机构等 10 余家。

5. 河北钢铁集团石家庄钢铁有限责任公司环保搬迁产品升级改造项目

河钢石钢计划于 2018 年 12 月在石家庄市井陉矿区开工建设新项目，意味着河钢石钢退城搬迁项目正式启动。搬迁项目将实现由长流程为主变为短流程，省去了烧结、炼铁等铁前环节，实现节能减排目的。

入围招标代理机构为河北广通三德招标代理有限责任公司、河北宏信招标有限公司、河北省成套招标有限公司、河北筑城工程招标咨询有限公司等。

6. 宝钢德盛不锈钢有限公司不锈钢精品基地

该项目总投资 130 亿元，年产 520 万吨不锈钢。工程包括一座 2500 立方米高炉及配套烧结机，一条优特钢生产线和两条 400 系列不锈钢生产线，热轧利旧搬迁 1780 热轧机组，冷轧利旧搬迁 1600 酸洗机组等。

招标代理机构为上海宝华国际招标有限公司。

四、企业特征和从业人员

钢铁冶金行业的招标代理机构分为两类：

一类是钢铁企业自有招标代理机构，代表企业包括宝武集团下属上海宝华国际招标有限公司、鞍钢集团下属鞍钢招标有限公司、马钢集团下属马钢集团招标咨询有限公司、包钢集团下属包钢（集团）公司招标中心、太钢集团下属太原钢铁（集团）国际经济贸易有限公司和酒钢集团下属酒钢交易中心等。依托钢铁企业的技术体系和能力，自有招标代理机构熟悉钢铁行业，专业能力强，在招标文件编制、评标专家库建设和供应商资源等方面具有优势。宝武集团和鞍钢集团的自有评标专家库人员数量均达到 3000 人以上，酒钢集团自有专家库人员数量也达到 2500 人以上。

自有代理机构的业务人员普遍来自钢铁制造一线，大多数拥有设备管理、建设管理或设计管理经验，技术能力强，人员整体素质较高。其中，上海宝华国际招标有限公司和鞍钢招标有限责任公司的大学本科以上比例和中高级职称比例均在 90% 以上；上海宝华国际招标有限公司业务团队的持证（招标师、造价师、建造师等）比例达到 70% 以上。需特别说明的是，目前钢铁企业自有招标机构也逐步走出集团，尝试服务其他钢铁企业，共享优势资源。

另一类是第三方社会招标代理机构。根据掌握的重大工程入围招标代理机构情况看，参与钢铁企业招标活动的第三方代理机构以“中”字头招标代理机构、本地化招标公司为主，大型“中”字头招标代理机构能够发挥其“见多识广”“经验丰富”的优势；本地化招标公司也凭借“地缘特点”“服务响应迅速”积极参与到钢铁搬迁工程和环保项目中。

近年来，第三方社会招标代理机构积极引进、培养、凝聚了相关技术、经济和管理人才，招标从业人员队伍不断壮大，业务素质不断得到加强。尤其是国有第三方招标代理机构的从业人员队伍，在道德素养和专业技术水平方面都能够得以保障。参与钢铁行业招标活动的从业人员专业化水平得到显著提高，咨询服务内容得以扩大。钢铁项目的特殊性要求从业人员要具备一定的钢铁专业知识，对行业先进工艺、设备有全面的了解。

五、发展环境

总体来看，作为典型周期性行业，在世界经济稳健复苏、国内经济稳定增长的背景下，钢铁行业预计将继续维持平稳运行态势。同时，我国钢铁市场主要以满足国内需求为主，随着国内经济调结构、转方式，下游行业不断深化供给侧结构性改革会带来钢铁市场需求的变化，以往对需求规模增长的关注将逐步转向对需求结构变化的重视，由此也将导致钢铁企业发展战略及竞争策略面临重大调整。

六、发展趋势

未来一至两年，全国粗钢产量将保持在 9 亿吨左右，钢材消费量约 8 亿吨。固定资产投资将与 2018 年同期持平，保持平稳态势。其中环保投资比例将持续增长，增幅将达 10%~15%。钢材价格将会在成本线上下波动，吨钢利润回归到正常水平。在此发展趋势下，钢铁行业招标业务规模也将保持平稳。

目前部分钢铁企业还存在单纯强制运用招标方式，招标范围过度宽泛、招标金额过小，导致部分招标代理机构工作以流程操作为主，流于形式、忙于应付。近年来，各招标代理机构均认识到“流程和法规”仅是开展招标业务的基础，“技术和专业”才是创造服务价值的核心。只有坚持走专业化发展道路，创造服务价值，依托信息化技术沉淀业务核心内涵，才能在同质化竞争严重的招标代理市场开辟一方天地。

（中钢招标有限责任公司、上海宝华国际招标有限公司供稿）

第八章　工程机械装备制造招标投标发展报告

一、行业定义

工程机械是机械装备工业的重要组成部分。概括地说，凡土方工程、石方工程、流动式起重装卸工程（即非固定作业地点起重装卸工程）和各种建筑工程，综合机械化施工以及同上述工程相关的工业生产过程的机械化作业所必需的机械设备，统称为工程机械。

按国家统计局对行业划分标准，工程机械行业分属于通用设备制造业和专用设备制造业两个大类行业，具体分为起重运输设备制造、建筑工程用机械制造和建筑材料生产专用机械制造三个小类行业（见表 2-8-1）。

表 2-8-1　工程机械行业范围与分类（国家统计局行业分类标准）

大类行业	中类行业	小类行业	主要产品
通用设备制造业	起重运输设备制造业	起重运输设备制造业	起重设备、叉车、输送机械等
专用设备制造业	矿山、冶金、建筑专用设备制造业	建筑工程用机械制造业	铲土运输机械
		建筑材料生产专用机械制造业	水泥设备、混凝土机械等

二、行业现状

（一）工程机械行业发展现状

中国自 2007 年起成为世界工程机械制造大国之后，大批工程机械产品的产量和销售量已经双双超越美国、日本、德国，跃居世界首位。近年来，中国工程机械在国家政策的扶持下一路看涨，取得了突破性发展；尤其是国家不断加大基础建设投资力度，直接拉动了工程机械市场的需求。2018 年 1 ~ 12 月，全国城镇固定资产投资达到 63.56 万亿元，同比增长 5.9%，其中基础设施投资同比增长 3.8%，工程机械的产量和销量增速均维持在较高水平。

2018 年，在主机换新、基建投资加码和环保政策推动等多因素叠加影响下，工程机械市场再现高速增长。据中国工程机械工业协会统计，2018 年工程机械主要企业营业收入增长超过 10%，九大类主要产品销量同比增长 25.5%，行业繁荣度恢复到历史高点。例如，公开数据显示，2018 年 1 ~ 12 月纳入中国工程机械工业协会统计的 25 家主机制造企业，共计销售各类挖掘机械产品 203420 台，同比涨幅 45.0%。国内市场销量（统计范畴不含港澳台）184190 台，同比涨幅 41.1%。出口销量 19100 台，同比涨幅 97.5%。

随着中国工程机械行业迅猛的发展，涌现出了徐工、厦工、山推、柳工、中联、三一等一大批优秀的工程机械制造企业，全球产业地位不断提升。在英国 KHL 集团 2018 年《全球工程机械制造商 50 强排行榜》中，共有 9 家中国企业上榜，并且首次有两家中国企业进入前 10 榜单，中国的工程机械市场正在一步步向世界最高水平发展。

除了国内市场，在“一带一路”地区，中国企业近年来不断完善营销服务体系，提供适销对路的产品。在欧美地区，中国企业的拓展也在升级和深化。在欧洲、美国，一些中国企业开始建立研发机构，通过合作等模式，导入世界级的技术、配套资源及人才，国际市场同样有较快增长。2018 年我国工程机械产品出口再次跨越 200 亿美元大关，上榜的 9 家中国企业在全球市场所占份额达到 13.9%。

（二）工程机械行业招标代理机构生存现状

1. 分布情况

住房城乡建设部、中国政府采购网、中国国际招标网等主流媒介公布的数据显示：截至 2018 年底，共有约 6703 家招标代理机构在上述三家网站进行登记备案，其中约 1595 家机构从事工程机械招标代理业务。从这些机构的区域分布情况来看，工程机械行业内招标代理机构区域格局明显。华东地区作为中国经济最发达的地区，其工程机械市场也几乎称得上是国内最大的市场，尤其是山东、江苏、福建等省，其工程机械产品销量在国内各省市中长期名列前茅。激烈的市场竞争催化出众多招标代理机构，华东地区共注册约 675 家工程机械类招标代理机构，在全国机构的占比中高达 42%；华北地区和华中地区的招标代理机构也较多，占比分别达到 34% 和 21%（见图 2–8–1）。

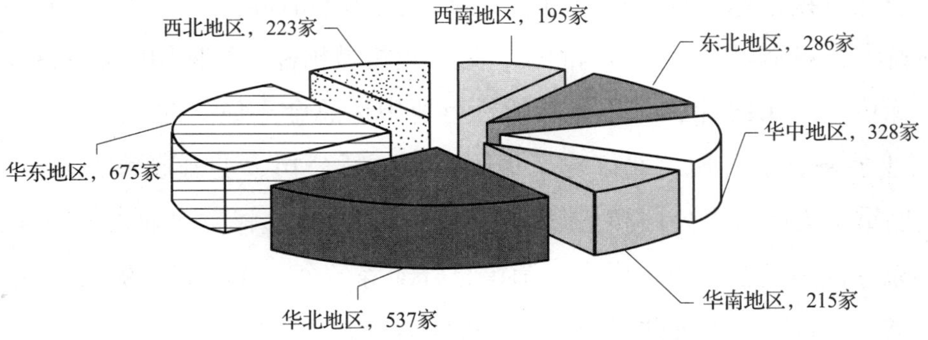

图 2–8–1 工程机械行业招标代理机构地区分布

2. 业务情况

（1）项目数量。从中国招标投标公共服务平台提供的统计数据来看，2018 年，共有 28570 个工程机械项目通过招标代理机构进行采购，项目的地区分布占比与工程招标代理机构的区域占比基本相同，项目数量排名前三的地区分别是华东地区、华北地区和华中地区。

（2）委托金额。2018 年度工程机械招标代理机构承揽合同的委托金额总计 348.44 亿元。其中，公开招标委托金额约 235.71 亿元，邀请招标委托金额约 3.22 亿元，非招标方式采购委托金额约 109.51 亿元，可见公开招标仍是工程机械类业主最喜欢采用的采购方式。中国电子进出口有限公司、苏美达国际技术贸易有限公司、上海机电设备招标有限公司、长春一汽国际招标有限公司和中招国际招标有限公司是承揽工程机械招标代理项目最多的 5 家机构。

（3）中标金额。2018 年度工程机械行业招标代理机构工程机械类项目的中标金额约 366.44 亿元，中标金额排名前五的项目如表 2-8-2：

表 2-8-2　2018 年工程机械行业招标代理项目中标金额排名前五项目

序号	招标项目名称	成交金额（万元）
1	中国船舶重工集团（天津）海上风电工程技术有限公司海上风电安装平台采购项目	37456
2	北京市自来水集团京兆水表有限责任公司无线远传基表采购项目	21485
3	长安马自达汽车有限公司焊装车间 2020 项目地板自动化线和 2020 项目焊装侧围自动化线项目	21379
4	中国石油化工股份有限公司物资装备部古雷 3 台 440 吨 / 小时 CFB 锅炉采购项目	17994
5	长安福特汽车有限公司 U6XX 后地板、地板主拼焊接生产线	17983

3. 相关当事人

（1）业主单位。2018 年，工程机械招标行业项目数量最多的 5 家业主单位是：中国石化国际事业有限公司、重庆长安汽车股份有限公司、上海大学、一汽—大众汽车有限公司和中国第一汽车集团公司。五大业主均为国有或国有控股的企 / 事业单位，既体现出国资单位近年来愈加重视招标采购工作，力争从源头上治理和预防腐败行为；也说明国有企业招标采购项目多、资金规模大、影响面广，是工程机械招标市场使用的重要主体。

（2）中标单位。2018 年，工程机械招标行业中标总金额最高的 5 家中标单位依次是：天津福臻工业装备有限公司、北京建工集团有限责任公司、上海冠致工业自动化有限公司、大连船舶重工集团有限公司和上海 ABB 工程有限公司。民营企业占据中标总额前五的半壁江山。充分证明其在投资、生产、销售、分配等各个方面具有的极大的灵活性和市场竞争性，已经成为我国工程机械市场中一支重要力量。

同时需要注意的是，虽然个别项目的中标金额超亿元，但工程机械行业的中标总额仅占全年各行业累计中标金额的 1%；在工程机械全行业营业收入中的占比也只有 7%，我国工程机械招标代理市场目前规模仍然较小，具有极大发展空间。

三、主要影响因素

（一）政策环境

2018 年 1 月 1 日，《中华人民共和国环境保护税法》开始正式实施，很多地方政府已严格加强对工程机械的监管力度，污染排放量过高的机械不允许上路甚至面临高额罚款等。

2018 年 6 月 27 日，由国务院正式印发《打赢蓝天保卫战三年行动计划》。随后，《加快淘汰老旧工程机械》《京津冀及周边地区 2018—2019 年秋冬大气污染综合治理工程机械强硬行动计划》《非道路移动柴油机械排气烟度限值及测量方法》《重型柴油车污染物排放限值及测量方法（中国第六阶段）》等新政纷纷出台，工程机械行业作为“污染大户”首当其冲，高排放设备被两路围攻，生存环境压缩，处境堪忧。

2018 年 8 月 19 日，生态环境部《非道路移动机械污染防治技术政策》发布，要求新生产装用压燃式发动机的非道路移动机械，2020 年达到国家第四阶段排放控制水平，2025 年与世界最先进排放控制水平接轨。新生产装用小型点燃式发动机的非道路移动机械，2020 年前后达到国家第三阶段排放控制水平，2025 年与世界最先进排放控制水平接轨。新生产装用大型点燃式发动机的非道路移动机械，在 2025 年前达到世界最先进排放控制水平。

2018 年中央经济工作会议召开，部分会议内容会对工程机械行业产生一定影响。其中，稳健的货币政策有利于工程机械行业进出口的稳定；积极的财政政策和脱虚向实的基调未变，有利于工程机械行业密切相关的基建投资保持积极增长；而精准施策改善民生、完善住房制度等相关政策推进力度有望加强，将带来稳定的与民生相关的工程项目建设需求；制造升级和制造强国政策则有利于工程机械制造水平提升，产品质量和品牌内涵提升。此次经济工作会议，为 2019 年的工程机械行业发展确定了总的基调。

（二）行业热点和焦点

1. 首个国际标准出台

2018 年 7 月，徐工重型提出的流动式起重机安全使用国际标准项目，在国际标准化组织起重机技术委员会（ISO/TC 96）新工作项目投票中，经过国内外专家多轮研讨论证，最终通过各成员国投票表决，成功立项。

该项目是首个中国主导制定的流动式起重机领域国际标准，也是徐工打破欧美垄断，提出和主导制定的首个产品技术类国际标准。该标准将直接作用于产品研发、市场销售和用户使用，能够减少全球起重机作业安全隐患，提高产品安全水平。

2. 工业互联网

近年来，作为“中国制造 2025”战略计划的重点领域之一，工程机械行业在积极推进工业互联网建设。2018 年，徐工发布全新工业互联网品牌“汉云”；中联重科发布云谷工业互联网平台 ZValley OS；三一重工持续多年投资工业互联网平台公司“树根互联”。工程机械领军企业布局数字化与工业互联网，基于物联网技术的设备应用与管理，对于工程机械产业价值链的意义超越以往，将大大增强工程机械行业发展的内生动力。

3. 重大技术装备研制

2018 年，工程机械行业国产重大技术装备研制取得一系列巨大突破。4 月 2 日，我国最大吨位的挖掘机——总重 700 吨的液压挖掘机在徐工集团下线，中国成为继德、日、美之后第四个具备 700 吨级以上液压挖掘机研制生产能力的国家；7 月 31 日，山河智能入围工业和信息化部“2018 年智能制造试点示范项目名单”，工程机械行业在智能制造领域所取得的成就再次得到国家认可；9 月 29 日，由中铁装备等单位联合研制的直径 15.8 米国内最大直径泥水平衡盾构机“春风号”在郑州下线，标志着中国盾构机的设计制造迈向高端化。

四、行业发展趋势

经过多年发展，中国工程机械已基本形成了一个完整的体系，并已经具备自主创新、对产品进行升级换代的能力。但是由于工程机械行业具有较强的周期性，与我国宏观经济、固定资产投资的波动密切相关，易受经济周期影响。未来一两年，随着“一带一路”倡议和“十三五”规划的深度实施，基础设施投资将可能成为工程机械行业需求的重要支撑，我国工程机械行业有望稳定发展；行业竞争格局将更加清晰，龙头企业之间产品开始渗透，行业竞争将有所加剧，但竞争格局不会发生较大变化，大部分市场份额及行业利润被龙头企业占据，龙头企业抗周期能力将进一步增强。预计 2019 年我国工程机械行业整体有望维持稳定发展态势。

（一）市场发展预测

1. 工程机械进入更新时代

近两年工程机械销量大增的原因，更多的是来自行业内部机器的更新换代，并且这一趋势正逐年大幅上升。造成这一情况的主要原因是受国家环保政策持续趋严影响，2016 年 4 月起国家对工程机械的节能及排放标准制定更为严格，非道路移动机械柴油机污染物排放标准已经执行到了第三阶段，淘汰不符合要求的非道路机械势在必行。

据网络数据统计，当前我国工程机械保有量在 672~728 万台（表 2–8–3），部分设备寿命到期，需更换新设备。这个周期大约会持续 3~5 年。在工程机械市场将受严格的环保政策利好和经济低速增长叠加转型升级影响下，未来新增需求空间较小，判断经济新常态下工程机械将进入存量时代。

表 2–8–3　2018 年我国工程机械保有量

工程机械品种	保有量（万台）	工程机械品种	保有量（万台）
液压挖掘机	149.8~162.4	压路机	12.3~13.3
推土机	6.79~7.36	起重机	62.6~67.9
装载机	158.6~171.8	叉车	224.1~242.8
平地机	3.05~3.31	混凝土相关机械	52.45~57
摊铺机	2.07~2.35	总计	672~728

2. 再制造成为重要标签

随着工程机械行业的稳步发展，再制造逐渐成为行业成熟的标签之一。所谓再制造就是追求低碳、环保、绿色制造，被视为未来产业升级替代的发展方向。有资料显示，工程机械再制造产品比新产品的制造节能 60%，平均有 55% 的部件都可以被再利用，制造过程中可以节省 80% 以上的能源消耗。

目前，工程机械产业的再制造已经成为其产业链中的重要一环。它不仅为客户提供降低产品全生命周期成本的最佳方式，也有效支持了国家提倡的发展绿色循环经济的号召，成为工程机械行业未来发展的重要方向。

3. 智能化转型大势所趋

随着近几年我国人口老龄化的日益严峻，劳动力短缺，人力成本显著上升，智能化已成为大势所趋，工程机械也不例外。

如今，各行各业都在谋求产业的转型升级，尤其在人工智能、大数据、物联网等新一代信息技术推动下，信息化、自动化、智能化已经成了工程机械企业发展的主要路径。通过机器人替代、软件信息化、柔性化生产等方式，企业可实现上下游信息透明、协作设计与生产，大大提升了生产服务的质量与效率。

（二）代理机构发展趋势

近年来，越来越多的企业逐渐认识到招标投标是一种能够发挥市场配置资源决定性作用的有效手段，许多民营企业也纷纷主动运用这一机制，规范自身管理行为。招标投标工作实现了以合理的价格买到高质量的商品和劳务，达到了节约资金降低成本的目的，开始成为企业管理提升公信力的一个重要组成部分。咨询、项目管理等业务的需求为工程机械招标投标提供了更为广阔的市场。

1. 提高招标代理服务水平

工程机械招标大多数属于货物招标的范畴，而货物项目招标在整个招标采购范围内占有重要比例。工程机械设备投资占工程建设项目投资比例一般可以达到 30% ~ 70%，但由于工程机械设备招标并没有资格或者专业的限制，进入门槛较低，加之目前如何科学合理地选择招标代理机构在法律方面没有强制性的规定，项目的归属更多地取决于业主单位的决策者，因此招标代理机构的技术能力、服务水平和综合实力成为决定胜负的重要因素。

招标代理机构要加强自身建设，多层次、多渠道培养招标代理人才，并加强对专业人员的培训、考核和资格认定，做到不培训不上岗，不持证不上岗，使其具备良好的职业道德，在代理过程中坚持原则，主持公道，不徇私情，廉洁自律，以良好的信誉和形象赢得业主及社会的信赖和支持。

2. 向综合业务的方向发展

面对逐步恶化的市场，一个业务面过于狭窄，业务构成单一的专职招标代理机构难抵御市场竞争的压力，继续从事单一的工程机械招标代理业务将会导致机构面临严重的生存危机。因此，招标代理机构应借助工程机械与工程项目全过程的紧密联系，在现有服务领域的基础上，尝试开展多元化、多层次、多类型的招标业务。例如：向货物招标、监理、造价咨询等业务发展，增加企业自身实力，通过企业资源利用的最大化，保证招标代理业务的市场份额。

3. 加强信息化建设

现代化的技术手段是招标机构生存的保障。提高企业竞争力，不但要靠完善制度和人才，还要有规范化、专业化的信息手段作保障。由于工程机械中的零配件招标项目存在单件价格低、总体数量多的特点，招标代理机构可以通过电子招标投标实现招标投标活动的全程无纸化操作，节约各类社会资源，节省招标投标各方当事人的资金，大大降低交易成本，达成代理机构与业务单位的双赢。

招标代理机构还可以利用信息技术数据的可管理性和信息充分共享的特性，建立工程机械行业的评标专家库、产品资料库、投标企业库等基础信息资料，进一步提升招标代理服务的效率与质量。

（中国通用咨询投资有限公司供稿）

第九章 政府采购招标投标发展报告

2018 年 11 月 14 日，中央全面深化改革委员会第五次会议审议且通过了《深化政府采购制度改革方案》。会议指出，深化政府采购制度改革要坚持问题导向，强化采购人主体责任，建立集中采购机构竞争机制，改进政府采购代理和评审机制，健全科学高效的采购交易机制，强化政府采购政策功能措施，健全政府采购监督管理机制，加快形成采购主体职责清晰、交易规则科学高效、监管机制健全、政策功能完备、法律制度完善、技术支撑先进的现代政府采购制度。各级财政部门深入贯彻落实党中央、国务院决策部署，坚持稳中求进工作总基调，推进落实重要改革举措，促进经济运行平稳和建设现代化经济体系均取得良好成效。

一、政府采购发展动态

（一）政府采购发展现状

我国于 2002 年 6 月 29 日通过了《中华人民共和国政府采购法》，目的在于规范政府采购行为、提高政府采购资金的使用效益、维护国家利益和社会公共利益、保护政府采购当事人的合法权益等。我国政府采购在近 20 年的发展过程中取得了长足的进步，2018 年，全国财政公共预算支出约 22 万亿元，政府采购规模已经猛增到近 4 万亿元，这是一种跨越性的发展，政府采购已经从一项加强财政支出管理的制度变成了促进经济社会发展的重要政策手段，近年来，我国政府监管体制也在逐步完善，延续管采分离的采购形式，确立了集中采购机构为主导，分散采购相结合的体系。截至 2018 年 12 月 31 日，中国政府采购网登记政府采购代理机构共 11599 家，较 2017 年（9955 家）上涨 16.51%，许多新兴的政府采购代理机构如雨后春笋般出现，活跃在政府采购市场，全国政府采购代理机构分布情况详见表 2-9-1。

表 2-9-1 全国政府采购代理机构分布情况

华东地区	山东	江苏	上海	浙江	安徽	福建	江西
3478	1248	678	269	143	287	363	490
华南地区	广东	广西	海南				
1073	655	260	158				
华中地区	河南	湖南	湖北				
1201	296	368	537				

续表 2-9-1

华北地区	北京	天津	河北	山西	内蒙古		
2077	413	225	734	431	274		
西北地区	宁夏	青海	陕西	甘肃	新疆	新疆兵团	
1433	191	182	361	517	181	1	
西南地区	四川	贵州	云南	重庆	西藏		
1394	741	196	353	96	8		
东北地区	辽宁	吉林	黑龙江				
943	392	286	265				

注：登记备案情况截至 2018 年 12 月 31 日。

政府采购代理机构不断增加，同时政府采购中出现的问题也在不断增多，因此在 2018 年财政部对政府采购政策做了一系列调整，政府采购市场也进行了一系列自我校正，以保证今后政府采购能稳步前行，进一步实现政府采购法的立法目的。

（二）《政府采购法》修订工作启动

2018 年 3 月 20 日财政部条法司发布立法工作安排，正式将《政府采购法》的修订提上日程。2018 年 7 月 19 日财政部条法司在内蒙古自治区呼伦贝尔市召开了《政府采购法》修订座谈会，会议内容为《政府采购法》的修订提供了很好的建议和方向，标志着《政府采购法》修订工作迈出了坚实的第一步。

（三）《政府采购代理机构管理暂行办法》正式实施

2018 年 1 月 11 日《政府采购代理机构管理暂行办法》（财库〔2018〕2 号）（以下简称《办法》）正式发布，并于 2018 年 3 月 1 日起施行。《办法》要求各级财政部门应当依法加强对代理机构的监督检查，对代理机构实施定向抽查和不定向抽查相结合的随机抽查机制，地方财政部门应加强对代理机构的政府采购业务培训，不断提高代理机构的专业化水平。同时，代理机构应当实行名录登记管理，做到名录信息全国共享并向社会公开。

（四）政府采购负面清单出炉

（1）为进一步规范政府采购行为，营造公平竞争的政府采购环境，各省根据《政府采购法》《政府采购法实施条例》和《政府采购货物和服务招标投标管理办法》（财政部令第 87 号）等相关法律法规，制定了各省政府采购的负面清单。负面清单所列内容均系法律法规禁止条款，由采购人及采购代理机构直接把握政策，黑龙江、陕西、湖北等省纷纷制定了本省政府采购负面清单，并于 2018 年开始执行。

（2）2018 年 2 月 13 日财政部办公厅根据《政府采购代理机构管理暂行办法》发布《关于做好政府采购代理机构名录登记有关工作的通知》（财办库〔2018〕28 号），通知要求 5 月 1 日起，各省级财政部门应当将登记信息不符合《办法》要求的代理机构从名录中暂时移出并暂停其信息发布、专家抽取等操作权限，待其登记信息符合要求后予以恢复。《通知》对落实信息公开提出要求，并明确名录登记系统将与中央主网“政府采购严重违法失信行为记录名单”进行关联。

（五）《政府采购质疑和投诉办法》正式实施

2017 年 12 月 26 日，《政府采购质疑和投诉办法》（财政部令第 94 号）经财政部部长办公会审议通过，自 2018 年 3 月 1 日起施行。94 号令主要是为了规范政府采购质疑和投诉行为，保护参加政府采购活动当事人的合法权益。2018 年 2 月 1 日财政部发布了《政府采购供应商质疑函范本》和《政府采购供应商投诉书范本》，也同时规范了政府采购供应商的质疑答复与投诉处理行为。

（六）政府采购惩戒机制已启动

2018 年 4 月 7 日财政部、国家发展改革委等 24 部门向各省、自治区、直辖市和新疆生产建设兵团有关部门、机构印发《关于对公共资源交易领域严重失信主体开展联合惩戒的备忘录的通知》（发改法规〔2018〕457 号）（以下简称“《备忘录》”），决定对公共资源交易领域存在的严重失信行为实施联合惩戒。包括“限制参与工程建设项目招标投标”“限制参与政府采购活动”“限制参与土地使用权和矿业权出让”“限制参与国有产权交易活动”等在内的 38 项联合惩戒措施。《备忘录》强调，各《备忘录》签署部门将把严重失信主体信用信息上传至公共资源交易平台，与全国信用信息共享平台实现数据交互共享，并通过全国公共资源交易平台网站、“信用中国”网站、国家企业信用信息公示系统向社会公布。

2018 年 11 月 20 日为加快推进政府采购领域信用体系建设，建立健全失信联合惩戒机制，国家发展改革委、财政部等单位联合签署了《关于对政府采购领域严重违法失信主体开展联合惩戒的合作备忘录》。财政部通过全国信用信息共享平台向签署本备忘录的其他单位提供失信责任主体信息并按照有关规定动态更新。其他单位从全国信用信息共享平台获取失信责任主体信息，将其作为依法履职的重要参考，按照本备忘录约定内容，依法依规对失信责任主体实施联合惩戒。建立惩戒效果定期通报机制，有关单位根据实际情况定期将联合惩戒实施情况通过全国信用信息共享平台，反馈至国家发展改革委和财政部。

（七）规范 PPP 项目管理

2018 年 4 月 24 日财政部印发《财政部关于进一步加强政府和社会资本合作（PPP）示范项目规范管理的通知》，并公布了调出示范并退库项目、调出示范项目、限期整改项目三个清单，旨在进一步强化 PPP 示范项目规范管理，更好发挥引领带动作用。财政部对核查存在问题的 173 个示范项目分三大类进行处置，要求地方各级财政部门会同有关部门妥善做好退库项目后续处置工作。对核查发现的问题要引以为戒，加强项目规范管理，切实强化信息公开，接受社会监督，建立健全长效管理机制。

（八）规范国有金融企业集中采购

2018 年 2 月 5 日财政部印发《国有金融企业集中采购管理暂行规定》（财金〔2018〕9 号），自 2018 年 3 月 1 日起施行，同时《关于加强国有金融企业集中采购管理的若干规定》（财金〔2001〕209 号）同时废止。该规定旨在提高国有金融企业集中采购效率，规范国有金融企业集中采购行为，更好地落实“放管服”改革。督促相关国有金融企业建章立制，依法合规做好集中采购相关工作。

（九）《政务信息系统政府采购管理暂行办法》正式实施

《政务信息系统政府采购管理暂行办法》（财库〔2017〕210 号）自 2018 年 1 月 1 日起施行。该办法明确采购人在采购需求、项目评审、项目验收等方面的主体责任。明确了政务信息系统政府采购工作由各相关政务部门负责统一规划和具体实施，各级财政部门依法履行政府采购监管职责。

二、政府采购市场发展特征

（一）全国各地区的经济发展和可用财力存在着贫富不均，差距较大

特别是西部偏远地区、山区和资源匮乏、经济落后地区等，还不具备执行采购预算、计划和目录的能力。

（二）区域经济贫富不均衡，导致政府采购活动差异较大，法规制度落实、执行不统一

在集中与分散相结合的公开透明的采购制度下，资金节约率虽逐年攀升，但地区间的采购联系并未顺畅，制约采购产品信息和价格信息“瓶颈”还未突破，采购的效益（效率）还受到很大程度制约。

政府采购市场的健康发展，推进了国家反腐倡廉政策，有效规范了政府采购主体的行为，有效地、及时地杜绝行政腐败的滋生。我国政府采购的公开与透明度又上了一个新的台阶。

随着国家经济平稳发展带来的民族产业振兴，最低评标价法在政府采购中的作用受到很大冲击，受到行业质疑的呼声越来越大。诚信情况评价逐步更多地进入政府采购评审办法当中。

借鉴国外项目管理办法中的采购经验，政府采购活动中的当事人为转移风险而购买相应保险的做法也越来越广泛。

（三）分散采购规模在政府采购活动中占比逐年上升

在“放管服”改革措施的引导下，我国大部分地区落实简政放权要求，调整政府集中采购目录，集中采购项目相应减少，分散采购规模占比大幅上升，2016 年分散采购规模达到 8510.8 亿元，较上一年度增加 4145.8 亿元，增长 95.0%，占当年全国政府采购同口径规模的 27.4%，同期政府集中采购规模为 16446 亿元，部门集中采购规模为 6132.9 亿元，占全国政府采购规模的比重分别为 52.9% 和 19.7%。2017 年分散采购规模超“万亿”大关，达到 11335.7 亿元，较上一年度增加 2824.9 亿元，增长 33.2%，占当年全国政府采购同口径规模的 35.3%，占比上升近 8 个百分点，而同期政府集中采购规模和部门集中采购规模分别为 15286.6 亿元和 5492.0 亿元，同比均有不同程度的下滑，对比变化见图 2–9–1。

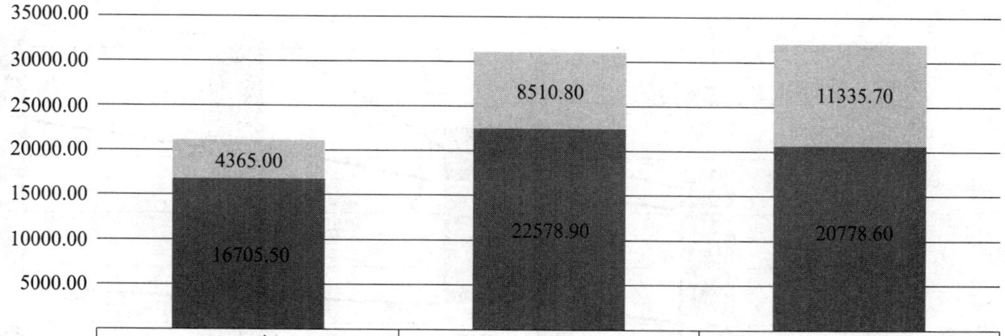

	2015年	2016年	2017年
分散采购（亿元）	4365.00	8510.80	11335.70
集中采购（亿元）	16705.50	22578.90	20778.60

图 2–9–1　2015—2017 年集中采购与分散采购规模变化图

三、政府采购发展趋势

（一）政府采购应坚持稳中求进工作总基调

提高政府采购从业人员的业务水平和业务素质，政府采购各主体及参与者应恪守政府采购工作的行业原则，建立一条完整、高效、科学的诚信体系及自律体系，才能在对外经营和发展中赢得更多市场机遇和客户认可。

（二）政府采购将促进经济平稳运行

近年来，政府采购规模实现了逐年增长（详见图 2–9–2、图 2–9–3），政府采购政策在促进中小企业发展、推动社会节能环保等方面做出了巨大贡献。

据统计，2015 年我国政府采购规模首次突破 2 万亿元大关，达到 21070.5 亿元，同比增长 21.8%，占当年全国财政支出和 GDP 的比重分别为 12% 和 3.1%。受政策支持影响，2015 年政府采购合同授予中小微企业总采购额 16072.2 亿元，占同年政府采购规模的 76.3%。

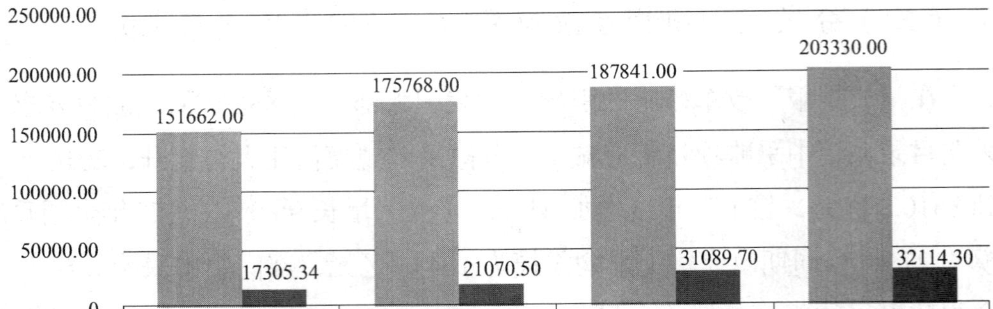

	2014年	2015年	2016年	2017年
■财政一般公共预算支出（亿元）	151662.00	175768.00	187841.00	203330.00
■政府采购规模（亿元）	17305.34	21070.50	31089.70	32114.30

图 2–9–2　政府采购规模与财政一般公共预算支出逐年变化

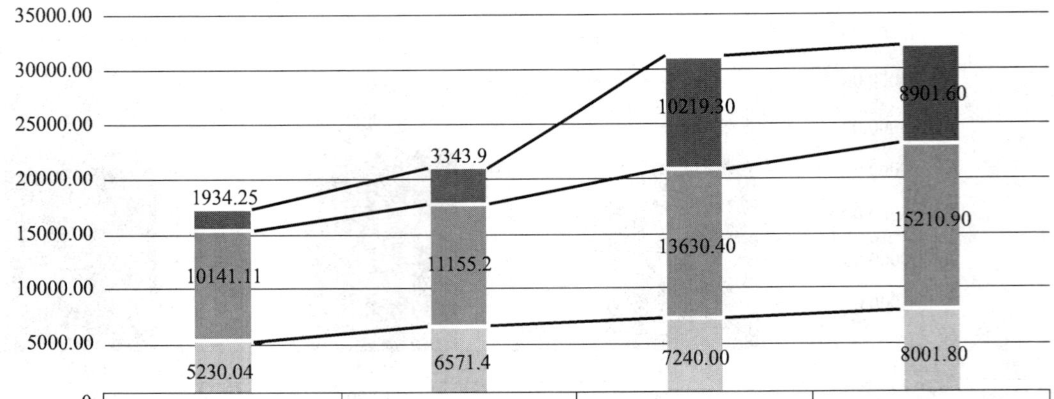

	2014年	2015年	2016年	2017年
■服务采购（亿元）	1934.25	3343.9	10219.30	8901.60
■工程采购（亿元）	10141.11	11155.2	13630.40	15210.90
■货物采购（亿元）	5230.04	6571.4	7240.00	8001.80

图 2–9–3　政府采购标的类型采购总量逐年变化

2016 年全国政府采购规模达到 31089.8 亿元（含一些地方以政府购买服务方式实施的棚户区改造和轨道交通等工程建设项目相关支出 5358.5 亿元），同比增长 47.55%。其中货物类采购规模为 7240.0 亿元，较上年度增加 668.6 亿元，增长 10.2%；工程类采购规模达到 13630.4 亿元，同比增加 2475.2 亿元，增长 22.2%，占当年全国政府采购同口径规模的 43.8%；服务类采购规模为 10219.3 亿元，增加 6875.4 亿元，增长 205.6%。从政府采购政策功能落实情况来看，全国强制和优先采购节能产品规模达到 1344 亿元，占同类产品采购规模的 76.2%。全国优先采购环保产品规模达到 1360 亿元，占同类产品采购规模的 81.5%。政府采购合同授予中小微企业的总采购额为 24036.2 亿元，占全国政府采购规模的 77.3%。其中，授予小微企业的采购额为 10193.9 亿元，占授予中小微企业总采购额的 42.4%。

2017 年全国政府采购规模达到 32114.3 亿元，同比增长 3.3%，占全国财政支出和 GDP 的 12.2% 和 3.9%。其中货物类采购 8001.8 亿元，比上年增长 10.5%；工程类采购规模 15210.9 亿元，比上年增长 11.6%；服务 8901.6 亿元，比上年下滑 12.9%。同时政府采购政策支持力度不断加大，全国政府采购强制和优先采购节能产品规模为1733亿元，占同类产品采购规模的92.1%；优先采购环保产品1711.3亿元，占同类产品采购规模的90.8%。中小企业方面，2017年全国政府采购授予中小微企业合同金额24842亿元，占当年全国政府采购规模的77.4%，其中享受政府采购价格扣除优惠的小微企业合同金额为10869.9亿元。

随着政府采购政策不断完善，政府采购在支持自主创新、促进节能环保、扶持中小企业发展、扶持少数民族地区发展等方面起到作用愈加明显，这在带动社会发展的同时更使国民经济健康平稳运行。

（三）电子化政府采购将成为未来发展的趋势

2014年11月，李克强出席首届世界互联网大会时指出，互联网是大众创业、万众创新的新工具，是我国经济提质增效升级的“新引擎”。对于政府采购来说，“互联网+”政府采购即电子化政府采购也将成为未来发展的趋势之一。政府采购电子化指的是将信息技术和基础设施在线应用于政府采购的管理、实施、评估以及报告各个阶段。所有的采购环节都在系统上进行并保存在系统之中，实现了整个采购过程的公开透明，有效地抑制腐败现象；减少了纸质文件容易出现的人为因素等问题，实现了现代技术和政府管理的结合，使采购活动更加安全；社会公众更加容易地通过网络获取有关政府采购的信息，起到监督的作用；从整体上大幅度降低了交易成本和管理成本，大大缩短政府采购的周期，提高了办事效率；对扶持中小微企业、引导政府采购向节约、环保型发展，提升反腐倡廉力度等发挥着重要的作用。

（四）逐步出台相关措施，继续推进政府采购结果导向

（1）对相关政府采购制度办法的修改。将调整低价优先的交易规则，取消最低价中标的规定和取消综合评分法中价格权重的规定，着力推进优质优价采购。

（2）建立用户评价机制，依托信息化系统，探索开展对供应商的用户评价，将供应商的信用信息、评价结果作为后续采购的重要依据。

（3）继续加强诚信体系建设，依法限制严重失信行为当事人参加政府采购活动，对包括相关失信主体开展联合惩戒，逼迫供应商诚信履约，维护政府采购公平竞争的市场环境。

（4）加快政府采购网络化建设进程，减少地域差异造成的质量、价格、服务等差别过大。利用未来地区间大城市圈拉大的辐射优势，实现跨地区间的资源配置平衡化目标，将集中采购目录向电商目录发展，由市（区）级交易中心的独立运行向省（市）级共同交易平台的一体化运行模式发展。随着国家整顿和规范市场经济秩序方面的努力和推进国内统一采购大市场的形成，地方保护将进一步受到限制，跨区域交流的障碍将被消除，政府采购资源在地区间均衡配置发挥出的作用将越来越大。

（中经国际招标集团有限公司供稿）

第十章　机电产品国际招标投标发展报告

2018 年是中国机电产品国际招标行业的稳步发展之年，从国家政策鼓励到行业内自主改革创新，机电产品国际招标在“互联网 +”、“GPA”等外力的助推下，焕发出新的市场活力，保障了我国医疗卫生、专用设备制造等重大项目的顺利实施。“完善市场管理规则”、“改进平台运行模式”构成了 2018 年中国机电产品国际招标行业的年度关键词。

一、发展概况

2018 年是全面贯彻落实党的十九大精神开局之年，是深入推进供给侧结构性改革的重要一年。随着国家有关部门《关于扩大进口促进对外贸易平衡发展的意见》（国办发〔2018〕53 号）、《“互联网 +”招标采购行动方案（2017—2019 年）》（发改法规〔2017〕357 号）等政策文件的相继出台，中国机电产品国际招标体制改革也不断推向深入，机电产品国际招标行业也不断提质增效、转型升级。国际招标行业积极顺应政策导向，在主管部门“双随机、一公开”等管理要求下，机电产品国际招标工作的所有相关单位努力做到，在秉持“公开、公平、公正”原则的基础上，充分发挥国际招标市场机制作用，保证项目规范性，使行业整体呈现交易量稳中有进、服务质量有效升级的发展态势。

（一）政策环境

回顾过去一年，机电产品国际招标市场相关政策，有两方面值得关注。

1. 行业相关政策整体利好，激发市场活力

《关于扩大进口促进对外贸易平衡发展的意见》（国办发〔2018〕53 号）指出，要坚持进口与出口并重。一是要支持关系民生的产品进口。如支持与人民生活密切相关的医药和康复、养老护理等设备进口。二是要增加有助于转型发展的技术装备及其零部件进口。在这一指导精神下，医疗设备国际招标项目和具有国际先进性的机电产品项目数量、质量和金额稳步提升。

2. 监管政策关注行业规范、健康发展

公开信息是阳光采购的基础，公平竞争是市场经济的核心，公正监管是有序竞争的保障。2017 年政府出台《“互联网 +”招标采购行动方案（2017—2019 年）》（发改法规〔2017〕357 号），目的在于通过互联网形式实现“以公正监管促进公平竞争”。为贯彻落实该政策，国家机电产品进出口办公室发布了《国家机电办关于做好中国国际招标网对接切换期间相关工作的通知》（机电办进字〔2018〕86 号），将电子招标投标的行政监督平台、交易平台分别交由不同的主体负责，以保障在线监督的公正性与独立性。

（二）市场运行

据“中国国际招标网”统计，2018年1～9月全国机电产品国际招标累计中标项目数量17496个，同比增长2.9%；累计中标金额达351.5亿美元，同比增长6.1%。

我国东部地区中标金额190亿美元，同比增长17.9%，金额占比54.1%，中标项目数量10879个；中部地区中标金额91.2亿美元，同比增长22.5%，金额占比25.9%，中标项目数量3733个；西部地区中标金额69.9亿美元，同比下降26.8%，金额占比19.9%，中标项目数量2876个；其他区域中标金额3887.9万美元，中标项目数量8个。其中，上海市累计中标金额36.5亿美元，位居全国之首，同比增长10.6%，项目数量2379个；四川省紧跟其后，累计中标金额32.7亿美元，同比下降32.3%，项目数量874个；湖北省排名第三，累计中标金额31.5亿美元，同比增长97.3%，项目数量596个。福建、安徽、浙江、江苏、山东、广东、河北等省市地区分居第四位至第十位。

综上所述，1～9月机电产品国际招标排序前10位的地区中标金额合计达263.7亿美元，比上年同期增长14.3%；项目数量合计11674个，比上年同期增长5.8%（见图2-10-1）。

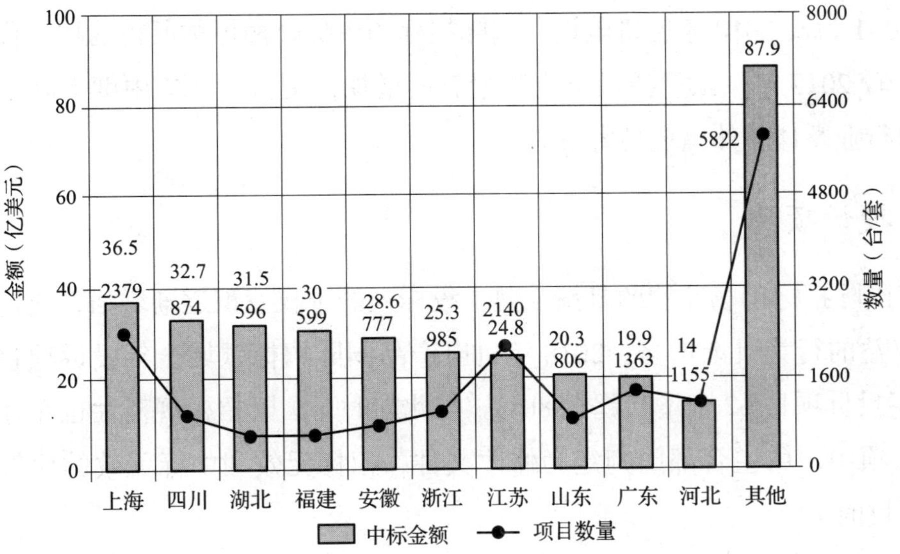

图2-10-1　2018年1～9月机电产品国际招标排序（前10位）

（三）行业竞争

据“中国国际招标网”统计，2018年全国机电产品国际招标代理机构前10企业名单见表2-10-1。

表2-10-1　2018年机电设备国际招标代理机构排名前10名单

序号	机构名称	累计交易金额（万美元）
第一梯度（100亿美元及以上）		
1	中国电子进出口有限公司	1138465.2

续表 2-10-1

序号	机 构 名 称	累计交易金额（万美元）
第二梯度（10 亿美元及以上）		
2	上海机电设备招标有限公司	297207.0
3	国信招标集团股份有限公司	226562.1
4	苏美达国际技术贸易有限公司	202509.2
5	上海国际招标有限公司	136957.0
6	长春一汽国际招标有限公司	123345.5
7	中招国际招标有限公司	102588.7
第三梯度（10 亿美元以下）		
8	浙江省国际技术设备招标有限公司	79224.9
9	天津市泛亚工程机电设备咨询有限公司	61593.8
10	河北省成套招标有限公司	59096.1

表 2-10-1 为按 2018 年度机电设备国际招标的中标金额评估所得的招标代理机构行业竞争梯度。较 2017 年，虽然招标机构数量有所增加，使得行业集中度下降，行业竞争更加充分，但行业整体仍然呈现马太效应。

（四）投诉项目

伴随着国际招标市场监管的日渐成熟，投标人的维权意识逐渐增强，通过质疑和投诉维护自身权益的行为日渐增多。2018 年机电产品国际招标领域全年投诉项目 113 个，较 2017 年全年投诉项目 62 个增长超过 80%。与此同时，国际招标规范性也在逐步增加，在全年投诉事项中，由主管部门判定为修改文件、招标无效和中标无效的比例仅为 11 个，不足所有项目的 10%。

二、面临问题

机电产品国际招标行业运行稳中有变、变中有忧。为实现稳增长、防风险等多重目标，就要考虑市场所面临的当前与长远的问题。

（一）当前问题

1. 中美贸易战增加汇率风险

2018 年上半年，人民币汇率总体保持稳定，6 月末较年初贬值约 2%。然而进入下半年，人民币汇率的波动明显增强，美元兑人民币一度接近 7，2018 年全年人民币跌幅在 6% 左右。人民币的贬值会对机电产品国际招标带来直接影响。当人民币贬值时，在评标过程中，以人民币报价的竞争优势更明显，同时增加进口产品的采购成本，从而使得招标人对进口产品的需求降低。

2. 电子招标投标对行业冲击

招标投标是一种现代采购方式，在我国从 20 世纪 80 年代全面重启招标投标业务时，就是以国际招标为试点，探索建立招标投标制度体系，传统的国际招标投标形式已经成为最为完善的一种管理模式。在国家推动“互联网 +”的实施力度不断加强的情况下，传统招标投标必将全面转向电子招标投标这种全新的技术手段，电子招标投标对招标投标赋予全新的内容，并从应用的深度和广度进一步拓展。区别传统的招标投标，电子招标投标系统的出现对招标投标的交易主体和监管手段都将带来不同程度的管理冲击和经营思路的转变。

（二）长远问题

1. 两法衔接有待落实

目前，我国招标投标市场呈现各司其职的管理局面。这样的好处在于使各类招标项目的监管部门的职责划分清晰明了。但同时也会导致多个管理部门的管理权限、适用规范交叉现象的发生。例如在实践中的“政府采购的机电产品国际招标项目”到底由谁来监管？对此问题，我们建议财政部与商务部共同出台办法，统一规定操作规则、监管规则。

2. 加入 GPA 对行业冲击

在 2018 年博鳌论坛上，习近平总书记承诺中国将加快 GPA 谈判进程。加入 GPA 后，将对我国的管理体制、行政管理制度和有关政策造成一定的冲击。如果执行 GPA 规则开展招标采购活动，相关的管理体制以及方式方法都需要做较大的调整，从制度上、管理上和实践上逐步与 GPA 规则接轨。机电产品国际招标工作要灵活运用国际规则，借鉴发达国家的经验，进一步研究和探索利用国际贸易，促进国家经济发展。

三、发展趋势

2019 年是新中国成立 70 周年，是实现第一个百年奋斗目标的关键之年。机电产品国际招标行业要正确把握宏观政策导向，继续积极实施政策调整，促进机电产品国际招标工作的良性发展，确保市场交易运行在合理区间，促进市场资源有效配置。

（一）处理好行业稳增长与防风险的关系，确保市场持续健康发展

由于行业主管部门近年来陆续撤销了对招标代理业务的资质要求，降低了行业的准入门槛，使得竞争更加激烈。如果处理得不好，会产生“劣胜优汰”的不良后果；如果处理得好，通过提高服务质量，了解客户和相关方的需要，增加服务的不可替代性，将促进机电产品国际招标工作的持续健康发展。

（二）把握政府与市场的关系，激发市场主体活力

近年来，监管机构以电子化为手段，逐步强化对机电产品国际招标工作的事中和事后监管；代理机构以“招标电子化全流程”为支撑，主动整合服务链上下游各环节资源，促进招标人、招标代理机构、投标人三方多元协同的服务链体系，提升机电产品国际招标工作的内在价值，为各类市场主体提供更多的服务内容。

（三）加强深化改革，提前做好制度安排

任何制度设计都不会是永远正确，需要根据事物的发展变化进行不断地修改和完善。不能与时俱进的制度就会成为阻碍工作的瓶颈，妨碍事业的发展。加入 GPA 后，必将引起我国现有招标采购制度的巨大变革，作为机电产品国际招标的主管部门——商务部应提早应对，做好机电产品国际招标的制度设计，以便在我国加入 GPA 后能在第一时间内与国际采购制度进行接轨。

（中招国际招标有限公司供稿）

第三部分

地　方　篇

第一章 北京市招标投标发展报告

一、行业发展现状

（一）建设工程招标投标市场规模

1. 建筑业总体发展情况

2018 年，北京市有资质的施工总承包、专业承包建筑业企业完成总产值 10939.8 亿元，同比增长 12.4%。其中，在外省完成产值 7828 亿元，增长 15.4%；在北京地区完成产值 3111.7 亿元，增长 5.3%。在外省完成产值占全市总产值比重为 71.6%，同比提高 1.9 个百分点。

施工总承包、专业承包建筑业企业签订合同额 36558.1 亿元，同比增长 15%。其中，上年结转合同额为 20548.8 亿元，增长 26.2%；本年新签合同额为 16009.3 亿元，增长 3.2%。

2. 有形建筑市场交易情况

2018 年，进入北京市有形建筑市场交易的房屋市政项目 29512 项，同比下降 12.19%，交易额 3767.84 亿元，同比增长 5.37%，各分项统计数据如表 3–1–1 所示。

表 3–1–1 2018 年北京市房屋市政工程发包情况统计表

内容		单位	市级服务窗口	区服务窗口	合计	同比（%）
交易项目数	施工总承包	项	637	1318	1955	–32.82
	工程监理		499	763	1262	–41.82
	专业工程		9711	1035	10746	–21.04
	设备材料		646	—	646	101.88
	劳务分包		14858	—	14858	1.77
	其他		45	—	45	—
	小计		26396	3116	29512	–12.19
交易合同额	施工总承包	亿元	1006.62	1636.99	2643.61	4.73
	工程监理		15.12	18.62	33.74	–18.11
	专业工程		492.60	71.78	564.38	–0.48
	设备材料		78.66	—	78.66	242.00
	劳务分包		446.22	—	446.22	6.12
	其他		1.23	—	1.23	—
	小计		2040.45	1727.39	3767.84	5.37

注：表中数字含依法招标项目及直接发包项目。

（二）招标代理机构

1. 机构数量

根据北京市住建委监管平台招标代理信息报送情况统计，截至 2018 年 12 月，北京市共有招标代理机构 330 家。其中，资质取消后新增招标代理业务机构 117 家。

2. 业务情况

2018 年，北京市 1811 项依法招标的施工总承包工程中，委托招标的有 1726 项，交易额为 2542.32 亿元，项目数占比 95.31%，交易额占比 98.62%。

在全市 1073 项依法招标的监理工程中，委托招标的有 1041 项，交易额为 32.22 亿元，项目数占比 97.02%，交易额占比 97.93%。

3. 从业人员

根据北京市建设工程招标投标和造价管理协会（以下简称“京标价协”）组织的抽样调查，选取在北京市招标代理业务量占 85% 以上的 117 家招标代理机构上报的资料统计，招标代理机构聘用人员中，中级以上职称人员 7092 人，具有工程建设类执业注册资格人员 3402 人，其中注册造价师 1846 人。

二、发展环境

（一）宏观经济

2018 年作为贯彻党的十九大精神的开局之年，改革开放 40 周年，全面实施新版北京城市总体规划的第一年，北京城市副中心、新机场、雄安新区、冬奥会、世园会、亚投行、环球影城主体公园、保障性安居住房等重点工程顺利实施，首都城市建设和发展取得了新成就，人民群众居住和生活环境得到明显改善。

（二）政策环境

1. 优化营商环境，精简审批前置条件

招标投标监管各类审批的前置条件和申报材料按照依法、规范、必要的原则，能减则减，不设置“兜底条款”。

颁布《关于深化本市社会投资建设项目招标投标改革的实施细则》，规定“对社会投资房屋建筑工程项目，建设单位可自主决定发包方式，不再强制要求进行招标投标”。

印发《关于对非必须招标的工程项目直接办理建筑工程施工许可证的通知》（京建发〔2018〕172 号），对非必须招标的工程项目，建设单位可采取自主决定发包方式的可以直接办理施工许可证。

印发《关于进一步改善和优化本市工程监理工作的通知》（京建发〔2018〕186 号），

明确监理服务不在必须招标范围内的，建设单位可自主决定监理发包方式；依法必须履行监理招标投标的项目，将资审文件、招标文件、招标投标书面情况报告、合同备案均简化为告知性备案，即时办理。

颁布《北京市住房和城乡建设委员会关于做好工程建设项目审批制度改革试点工作的通知》（京建发〔2018〕470 号），取消建设项目施工合同备案。

印发《关于优化建设工程招标投标营商环境有关问题的通知》（京建发〔2018〕578 号），明确“社会投资的房屋建筑工程，进入市公共资源交易建设工程分平台进行招标的，取消招标人自行招标条件备案、资格预审文件备案、招标文件备案和招标投标情况书面报告备案，不再公布承包商信息”。同时规定“使用国有企事业单位资金，施工总承包单项合同额 3000 万元以下的房屋建筑工程，招标人自行招标条件备案、资格预审文件备案、招标文件备案和招标投标情况书面报告备案全部简化为告知性备案”。

优化营商环境招标投标改革措施详见图 3–1–1。

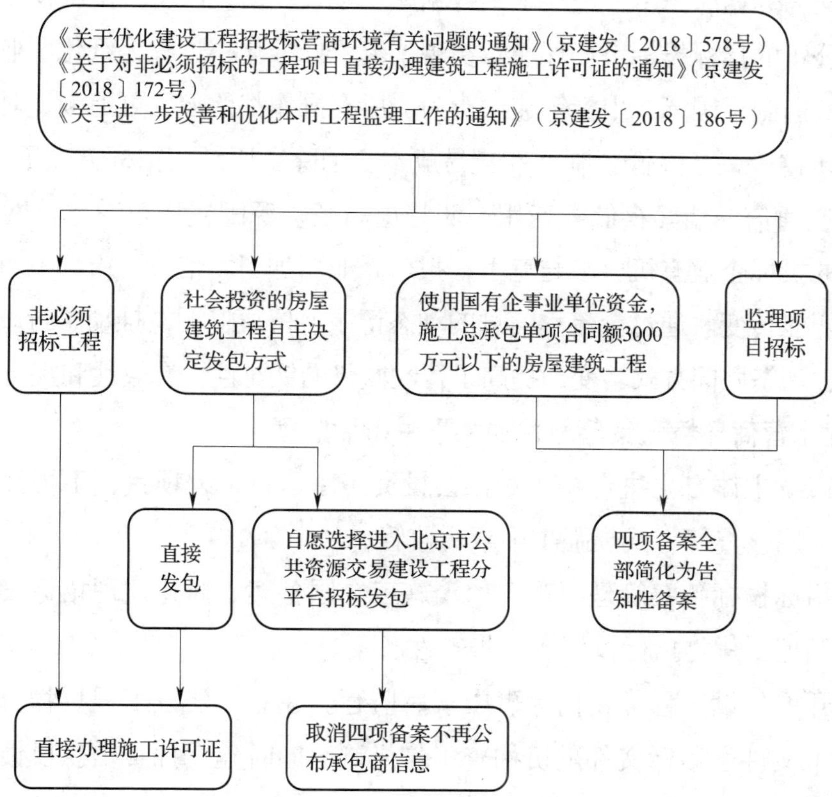

图 3–1–1　关于优化营商环境招标投标改革措施

2. 弱化资质，进一步强化从业人员管理

对人员实行积分制动态管理。在《关于进一步加强建设工程评标专家管理的通知》（京建法〔2017〕18 号）、《北京市工程造价咨询企业及其注册造价工程师市场行为信用评价管理暂行办法》（京建法〔2017〕28 号）基础上，进一步出台《北京市住房城乡建设行业从业人员考试违纪违规行为处理办法（试行）》（京建法〔2018〕21 号）、《北京市建设工程评标专家动态监督管理办法》（京建法〔2018〕25 号），采集人员市场行为信息，进行积分管理，实施差别化监管。

（三）监管体系

监管部门积极转变政府职能，通过“科技 + 制度”，深入落实“放管服”改革，加强事中事后监管。

1. 全面推行电子化招标投标取得明显成效

全市范围内各类建设工程全面实施全过程电子化招标投标，建立起“1+3+N”的平台体系支撑架构，招标投标监管服务事项实现全程网上受理、审批、办结。在全国省级层面率先实现“三个全覆盖”，即：市区两级电子化招标投标全覆盖，施工、监理、材料和货物等采购种类全覆盖，招标投标交易监管服务流程全覆盖。

全面推行电子化招标投标实施一年半取得了明显成效。一是提升了服务对象满意度。企业通过专属数字身份认证锁和 CA 电子印章参与招标投标活动，全部数据通过网络下载、上传；招标投标交易数据库与市住建委基础数据库对接，数据一次填报多次使用。二是营造了公开、公平、公正的招标投标市场环境。实现了流程标准化、过程无纸化、业务透明化、系统智能化，有效遏制了围标、串标等违法行为。所有操作都留痕、可追溯，对违规操作可实时预警，实时防控。三是降低了制度性交易成本。消除了原纸质招标方式下企业购买文件、印制标书、交通通信、档案存储等费用。四是提高了资源配置质量效率。网上报名参与投标，保证更多的投标企业有机会参与竞争，报名企业增加了 1 倍多，市场竞争充分发挥。五是推动了政府职能转变。通过全流程信息的动态记录、留痕追溯，推动了行政监督从事前审批向事中事后、动态协同方式转变，提高了行政监督的针对性、有效性和规范性。

2. 推进优化营商环境政策落地，加强事中事后监管

（1）扩大市场主体自主决定权。对社会投资房屋建筑工程项目，不再强制要求进行招标投标，通过信用核查等方式加强事中事后监管。

（2）精简招标投标备案管理事项。取消施工合同备案；简化监理招标投标手续，做到备案事项即时办理；货物招标投标实行告知性备案。

（3）深入开展建设工程货物招标事中事后监管。建立了建设工程货物、无资质要求专业工程资格预审文件、招标文件随机抽查工作机制，同时建立抽查信息反馈机制，发现的问题及时反馈，督促改正。

3. 加大执法力度，持续规范招标投标市场秩序

（1）创新招标代理机构监管方式。制定了《北京市工程建设项目招标代理机构管理办法》，明确招标代理机构市场行为信用评价标准，规范市场行为。

（2）加强评标专家管理。出台了《北京市建设工程评标专家动态监督管理办法》（京建法〔2018〕25 号），开发评标专家计分平台，开展动态监管。

（3）开展招标投标专项检查。依据《关于落实全面从严治党开展招标投标管理问题专项整治工作的通知》（京发改〔2018〕254 号）要求，加大对招标投标违法违规行为的执法强度与处罚力度，联合相关部门开展招标投标专项检查。

4. 推进招标投标标准化建设

完善2017版标准文本，编制了《〈标准文本（2017版）填写指南〉》；完成专业承包、专业分包以及货物标准文本编制；系统梳理工作流程和业务指引，制定了《招标投标前后台工作守则》《保密工程招标监管服务标准及流程》等；制定《关于完善市、区两级建设工程招标投标监督和施工许可管理工作的通知》（京建发〔2018〕283 号），明确建设工程招标投标市、区两级监管的项目范围、总体原则及属地监管的特殊情形。

（四）行业自律

1. 北京市建设工程招标投标和造价管理协会

2018年，北京市建设工程招标投标协会和北京市建设工程造价管理协会顺利完成合并，合并后的北京市建设工程招标投标和造价管理协会，整合资源，行业影响力进一步提升，着力为行业及会员打造六大服务平台，即：通过企业信用管理加强行业自律的“企业信用平台”；为行业发现人才、打造专业队伍的“个人信用平台”；以提高行业从业人员专业水平及综合实力为出发点的“培训教育平台”；为深入推进多元化纠纷解决机制改革、发挥行业协会调解优势，维护社会和谐稳定的纠纷调解平台（中心）；中国工程投资建设咨询服务走向国际的“‘一带一路’国际工程投资建设咨询服务平台”；完善提升编码数据标准工作（地标和国标）的信息平台。六大平台的搭建为深化招标投标行业改革与创新提供有力保障，助力市场稳健发展。

2. 行业信用体系建设

招标代理资质取消后，由京标价协组织开展了招标代理资信评价工作，从企业基本情况、人员、业绩、信用等方面对企业的资信情况进行5级分级，2018年度共有129家招标代理机构获得资信等级。

京标价协还开展了造价咨询企业信用评价工作，累计224家企业获得信用等级。

三、北京市重点工程招标投标情况介绍

围绕首都城市战略定位，全力保障北京城市副中心、新机场、世园会、冬奥会、环球影城主题公园等重大战略建设任务，市政府及有关部门及时出台政策，不断加强对重点工程的监管服务，优化招标投标监管环节，提前介入、主动靠前服务，提高招标效率。

（一）政策创新

依据《北京市支持加快推进中央和国家机关老旧小区综合整治工作手册》（京建发〔2015〕335号）、《北京市住房和城乡建设委员会关于固定资产投资重点项目审批流程有关事宜的请示》（京建文〔2015〕79号）、《北京市人民政府关于印发北京市公共服务类建

设项目投资审批改革试点实施方案的通知》（京政发〔2016〕35 号）等相关政策，招标投标监管部门及时制定相关实施细则，并制定内部重要项目招标投标监督管理制度，确保政策落实到位。

（二）监管方式创新

1. 关口前移，主动服务

按照靠前服务、前期协办、快速办理的工作方针，积极协调解决建设单位在启动工程招标投标前遇到的问题，做到事前参与、主动服务。设置重要工程跟踪和协调专员，积极与项目建设单位和相关部门沟通联系，参与联席会议，提前介入，及时了解和解决项目推进过程中存在的问题，引导招标投标手续办理。

2. 并联办理，优化服务

在程序不减、标准不降的前提下，依法依规精简办事程序，合理并联手续，即时办理各项手续和备案审核，有效压缩时限，及时对招标中遇到的问题汇总分析，使用专用招标文件标准文本，保障文件质量，并由熟悉业务的工作人员进行全过程跟踪。

3. 加强监管，创新服务

不断探索创新模式，如针对 PPP 项目，会同多个部门组成招标联合监督工作小组，制定项目招标联合监督工作方案，建立联合监督工作机制，并创新了评标专家现场差额抽取、联合监督工作小组共同审议文件并对文件进行签章等一系列的创新监管措施。

四、发展趋势

（一）进一步改善营商环境

进一步简化工程招标投标手续，下放招标投标监管权限，放宽对招标前置条件的限制，并联办理招标事项，优化招标工作时限。强化事中事后监管，做好“双随机、一公开”工作，强化社会监督。

（二）深入探索京津冀招标投标监管服务协同机制

紧跟京津冀一体化进程，认真贯彻落实京津冀协同发展的相关要求，加强与河北、天津相关部门的交流合作，积极探索京津冀招标投标监管服务协同机制。

（三）加快推行工程总承包

深入贯彻落实国务院办公厅《关于促进建筑业持续健康发展的意见》（国办发〔2017〕19 号）精神，加快推行工程总承包。通过系统研究，解决目前面临的具体问题，提出适用于北京市的工程总承包招标投标管理政策。

（四）大力培训全过程工程咨询

鼓励投资咨询、勘察、设计、监理、招标代理、造价等企业采取联合经营、并购重组等方式发展全过程工程咨询，落地全过程咨询规程。

（五）推进更高水平开放，主动参与共建“一带一路”

抓住“一带一路”对外发展的机遇，“走出去”与国际化先进管理模式、标准的对接，借力推进结构调整。行业组织积极搭建交流平台，使企业在结构调整、并购重组和“一带一路”向外发展方面，可以互相了解交流、取长补短、利益共享，形成联合、合作的氛围。

（北京市建设工程招标投标和造价管理协会供稿）

第二章 天津市招标投标发展报告

一、行业发展现状

（一）概况

2018 年是天津市全面贯彻落实党的十九大精神的开局之年，是实施“十三五”规划承上启下的关键的一年，国家和我市出台了一系列重大战略规划，推进市场在资源配置中的重要作用，深化管理体制改革，使招标投标市场各方主体的作用更加明确，市场更加活跃，行为更加规范。2018 年我市在京津冀一体化协同发展、深化推进“放管服”改革政策的指导下，推出了涉及招标代理机构资质管理、市场招标投标监管模式、各方市场主体执业人员的执业资格管理、建立公共资源交易平台、推行大数据管理以及推进电子招标投标交易方式等各方面的一系列改革。

（二）数据分析

1. 天津市 2018 年招标投标市场交易情况分析

从项目数量上看，截至 2018 年年末，据不完全统计，建设工程项目年度累计项目数量约 10390 个，相比 2017 年降低了 16.1%；交通运输项目年度累计项目数量达到 165 个，相比 2017 年增长了 5.77%；水务工程项目年度累计项目数量约 445 个，相比 2017 年降低了 19.24%；政府采购项目年度累计项目数量达到 23780 个，相比 2017 年增长了 18%；机电产品国际招标项目年度累计项目数量约 473 个，相比 2017 年降低了 13.37%，详见图 3-2-1。

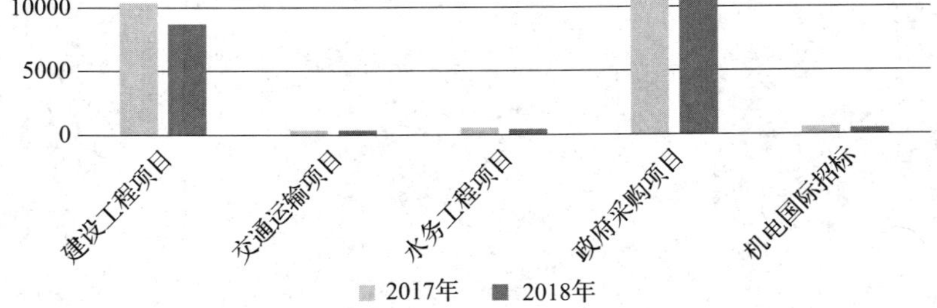

图 3-2-1 天津市 2017—2018 年招标投标市场项目数量交易情况

从成交金额上看，据不完全统计，建设工程项目年度累计成交金额达到 17417100 万元，相比 2017 年增长了 1.53%；交通运输项目年度累计成交金额达到 631711 万元，相比 2017 年增长了 96.09%；水务工程项目年度累计成交金额达到 423436.67 万元，相比 2017 年降低了 41.97%；政府采购项目据非官方数据统计，2018 年累计成交金额较 2017 年的 7900000 万元变化不大；机电产品国际招标项目年度累计成交金额达到 78997.77 万美元，相比 2017 年增长了 17.04%，详见图 3–2–2。

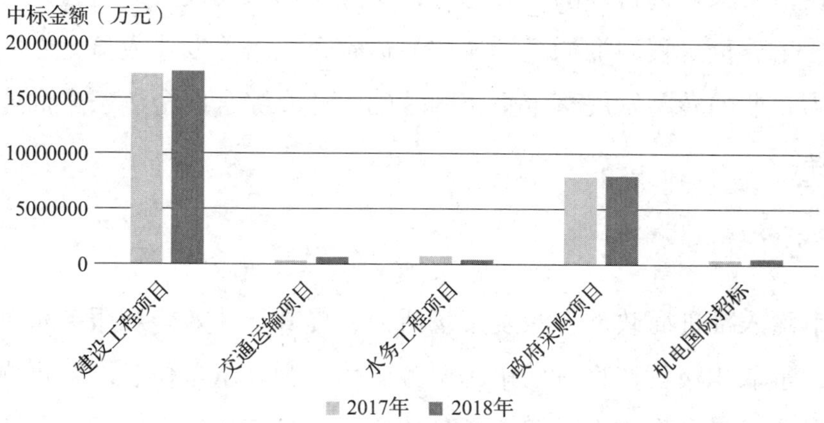

图 3–2–2　天津市 2017—2018 年招标投标市场成交金额情况

注：政府采购项目 2018 年数据为非官方采集数据。

由此可见，近两年在全面深化改革的新形势下，天津在“十三五”时期的重要发展方向为产业转型升级、提质增效发展，天津的基础设施建设及大型项目投资逐步放缓，虽然在招标投标项目数量上整体有所下降，但成交金额依然保持稳中求进的势头，体现了我市的发展潜力还是后劲十足。

2. 天津市 2018 年招标代理机构现状分析

截至 2017 年 12 月底，招标代理机构资格认定已全部取消，这一举措是对招标投标行业的一项重要改革，是坚持市场决定资源配置、放开行业准入门槛、加强市场竞争的转折点，伴随这一举措的实施，我市招标代理机构数量短期内快速增长，行业内的竞争日益加大。

据不完全统计，截至 2018 年年末，建设工程招标代理机构登记数量约 340 个，相比 2017 年增加了 17.65%；交通运输工程参与评级的招标代理机构数量截至目前只有 10 个；水务工程招标代理机构登记数量约 56 个，相比 2017 年增加了 51.35%；政府采购代理机构登记数量约 300 个，相比 2017 年增加了 42.18%；在津从事机电产品国际招标代理机构登记数量约 59 个，相比 2017 年增加了 84.38%。

2018 年年末，随机抽样调研了 41 家本市的招标代理机构，从事招标代理业务的人员结构为招标师约占 5.3%，中级职称占比 29.81%，高级职称占比 16.83%，本科及以上学历占比超 50%。根据上述数据，由从业人员的基本素质看出，目前我市招标代理机构依然保持知识密集型，从业人员仍然以高等学历文化水平为主，业务骨干多为具有执业资格或中高级专业职称的人员担任，未来从业人员素质的提升将成为决定招标代理机构发展的重要因素。

随着“放管服”改革的深化，代理资质趋于淡化，面对全新的市场环境，招标代理机构的核心竞争力已悄然从公司资质转变为从业人员的专业能力。取消代理资质，招标代理从垄断竞争转向充分竞争，这是建立市场竞争机制、贯彻落实“放管服”的重要举措，对招标代理行业的发展将产生深远影响，自此招标代理机构面临升级和转型的局面将更加迫切，我们应该认清未来咨询行业的发展趋势，充分挖掘从业人员的潜力，给予其充分的学习和发展平台，培养全过程咨询的高端人才，达到企业培养专业人员，专业人员反哺企业的良性循环，为企业的转型发展奠定坚实的基础，开展综合性全链条咨询业务是招标代理机构的正确选择。

（三）政策环境

为响应我市深入推进简政放权激发市场活力、提升行政效能和服务水平、促进天津营商环境的要求，争取积极营造良好的市场服务环境，为办事单位、群众提供优质、满意的服务。在公共资源交易管理方面，健全了公共资源交易市场体系，整合共享范围及平台枢纽功能，先期已实现将建设工程交易系统、水务工程交易系统、交通运输工程交易系统、政府采购交易系统、土地使用权交易系统、矿业权交易系统、产权交易系统、农村产权交易系统、医药采购交易系统等九大交易系统，统一纳入公共资源管理。大力推行公共资源交易“管办分离”、“办代分离”、“管用分离”的管理体制改革；实行了“一网通办”、“一门式”服务；加强了公共资源交易监督管理，厘清监管职责，建立行业主管部门、综合监督管理机构和监察、审计等部门协同配合、互相监督、联合监督机制，加强信用监管、协同监管。

同时，在招标投标行业内推行了一系列“放管服”的举措。2018 年天津市招标投标行业的工作重点是简化招标流程、加强事中事后监管、优化从业人员能力。目前我市各大招标业务的监管部门分工如下：建设工程项目的监管主体为天津市住房和城乡建设委员会（原天津市城乡建设委员会，以下简称“天津市住建委”），交通运输项目的监管主体为天津市交通运输委员会，水务工程项目的监管主体为天津市水务局，政府采购项目的监管主体为各级财政局，机电产品国际招标项目的监管主体为商务局机电办。

在建设工程招标投标方面，天津市住建委发布了关于下放建设项目管理事项的文件，文件中下放了使用市级财政资金的基础设施项目和房地产开发项目前期管理事项，调整了市、区建设项目管理事项，同年又下发了关于简化优化招标投标流程、加强事中事后监管有关工作的文件，进一步明确了简化招标前置要件、优化招标投标流程、加强事中事后监管等具体内容。天津市住建委还发布了关于废止部分委发规范性文件和内部管理文件，进一步体现了建筑工程招标投标领域对“放管服”的落实。

在交通运输方面，2018 年天津市交委明确了信用信息的归集报送、公开共享、监督管理等流程，并制定了信息归集考核评分标准，为我市深入推进“信用交通省”建设，规范信用信息管理流程，促进我市交通运输信用信息资源整合提供了制度依据。为进一步落实“放管服”改革，天津市交委正式取消了公路工程合同备案。同时，天津市交委颁布实施了新版的公路工程勘察设计、监理、施工招标文件的标准范本。

在水务工程方面，天津市水务工程建设交易管理中心在2018年取消了授权人相关证明材料，提出有形市场窗口服务承诺，包括文明服务、优质服务、预约服务以及延时服务等服务举措，提高了服务水平。

在政府采购方面，2018年财政部进一步规范了政府采购质疑和投诉行为，保护了参加政府采购活动当事人的合法权益。天津市财政局对政府采购代理机构下发了管理办法，明确了代理机构实行名录登记管理、从业管理、信用评价及监督检查，规范并促进了我市政府采购代理机构的健康发展。

在机电产品国际招标方面，2017年国家商务部下发了关于机电产品国际招标投标“双随机、一公开”监管工作细则，为了全面落实这一政策，2018年天津市行业主管部门采用事中事后监管的方式开展了机电产品国际招标的重点督察和“双随机、一公开”工作。

天津市积极融入京津冀协同发展战略，全方位参与一体化创新实践。在招标投标领域，对外地进津的招标代理机构敞开大门，取消备案限制，我市的招标代理机构也积极地走出去，参与了京津冀及雄安新区的建设，为京津冀一体化的发展奠定了坚实的基础。

二、从事招标投标行业各方主体情况

（一）招标人方面

2018年3月国家发展改革委出台文件，大幅放宽了依法必须招标的限额标准。天津市全面贯彻落实这一要求，在建设工程领域实行市、区两级属地化管理，同时在政府采购领域缩小了集中采购的范围，放宽了区级集中采购的限额。

此次调整放宽了招标人自行招标的权限，提高了采购效率。随着“审计”和“巡视”的逐步深入，廉政自律、规范采购行为成了招标投标行业的主旋律。

（二）投标人方面

天津市住建委进一步简化建设项目管理手续，取消了进津建筑企业信息登记，减少了项目部人员配置，简化了开标流程，减轻了企业负担，提高了办事效率。为了更好地规范市场行为，天津市住建委于2018年在全市范围内开展了围标、串标专项治理工作。同时，在天津市建设工程信息网增加了评标各个环节的分值及中标候选人等内容披露。

随着营商环境逐步改善，办事流程逐步简化，据不完全统计，2018年建设工程领域的注册企业已达14000余个。其中外地进津企业已达7000余个，交通运输工程领域的注册企业已达 3100 余个，水务工程领域的注册企业已达 770 余个，政府采购领域的网上注册企业数量已达 60000 余个。由此可见，我市的招标投标市场已逐步规范、透明，市场活跃度在“放管服”政策的激励下有了进一步的提升。

（三）各方监管部门方面

天津市为深入推进简政放权、放管结合、优化服务改革，各个领域的监管部门采取了一系列的举措。在建设工程领域，天津市住建委下放了建设项目管理权限，简化优化了招标投标流程，加强了事中事后监管，并大力推进民间投资房屋建筑工作招标改革；在交通运输领域，天津市交通运输委员会明确了信用信息报送的责任主体和监管机制，进一步促进信用信息交换共享，完善信用交通天津网站信息公开机制；在水务工程领域，天津市水务局简化了办事流程，提高了服务水平；在政府采购领域，天津市财政局放开了集中采购限额标准，加大了监管力度；在机电产品国际招标领域，商务局机电办深入贯彻“双随机、一公开”的工作细则，开展了机电产品国际招标以事中事后监管方式的重点督察工作。

（四）招标代理机构方面

伴随招标代理机构资质的取消以及建设项目专业服务价格的放开，招标代理机构的准入门槛进一步降低，虽然短期内还会存在服务水平参差不齐、价格恶意竞争等现象，但从政策监管和行业发展的趋势来看，还是持续向好。纵观当前的宏观环境和行业环境，既有经济结构转型带来的机遇，也有行业深刻变革迎来的挑战。

党的十八大以来，党中央始终把加强作风建设摆在突出位置，中央八项规定的颁布、全面从严治党的持续推进，对招标投标行业从业环境产生着深远影响。法律体系日趋完善，市场监管不断加强，干预招标、暗箱操作等违规行为逐渐减少；随着巡视、审计工作的深入推进，规避招标、虚假招标的状况明显改善，建设项目主体单位主动招标的意识不断增强，企业内部招标、集团化采购工作逐步增多。招标代理机构正在主动迎合市场的需求和变化，把咨询服务从程序化向高质量、专业化、顾问型转变。

在京津冀一体化协同发展的大环境下，以天津市泛亚工程机电设备咨询有限公司、天津泰达工程管理咨询有限公司、天津神州亿隆工程管理咨询有限公司等为代表的天津市招标代理、项目管理、审计行业的先进团队已投入到雄安新区的建设中。其中天津市泛亚工程机电设备咨询有限公司凭借着扎实的理论基础、丰富的实践经验、积极的创新意识、先进的服务理念成为我市率先进入雄安集团招标代理机构库的咨询企业，并参与编制了《中国雄安集团招标采购标准体系文件》。该公司承接的“中国雄安集团运输车辆设备采购项目”现已成功实现异地开评标，在雄安新区建设者面前充分展现了天津名片，得到了各方面的好评。天津泰达工程管理咨询有限公司、天津神州亿隆工程管理咨询有限公司于 2018 年经过与众多同行竞争，分别成功中标雄安新区项目管理、审计业务的第一标——雄县第三高级中学项目。本项目采用 EPC 工程总承包模式，通过模拟建造、BIM 数字化交付及项目协作平台管控，将于 2019 年 9 月实现交付使用，充分展现了我市咨询企业的雄厚实力。

（五）评标专家方面

截至 2018 年年底，据不完全统计，天津市建设工程评标专家约 4000 余人；交通运输工程评标专家地方级 860 余人；水务工程评标专家 1210 余人；天津市政府采购评标专家约 5000 人；机电产品国际招标评标专家地方级 1656 人，国家级 314 个。

随着“放管服”的进一步深化，各政府监管部门加强了对评标专家职业素质及专业水平的监管。天津市住建委在建设工程领域开展了年度评标专家参评审核工作，对《天津市建设工程评标专家和评标专家库管理办法（修订稿）》进行了广泛的意见征集，并对 2019 年评标专家聘任工作提出了要求，为进一步提高招标项目的招标质量，促使招标投标市场健康发展奠定了坚实的基础。天津市财政局结合 2018 年政府采购评审专家库全面清理核查工作中发现的问题，对评标专家进行统一培训，进一步明确了专家权利义务，梳理了专家评审过程中应当注意的问题，提高了评审水平。

三、行业发展趋势

（一）转型发展

行业协会引导招标代理机构适应形势，助力转型发展，把提供优质高效、精细化、多维度服务，建立知识密集型咨询企业作为发展目标，把招标代理业务做精、做透，提供专业型、顾问式服务。各代理机构注重以优势业务为主，逐步延长招标代理服务链条和扩充服务内容，探索新的服务领域，以招标、造价为中心环节，在项目全生命周期内进行业务延伸拓展，成为具有国际水平的全过程工程咨询企业，实现企业的转型升级。

（二）“互联网 +”电子招标投标

根据《国务院关于积极推进“互联网 +”行动的指导意见》《国务院关于加快推进“互联网 + 政务服务”工作的指导意见》及《“互联网 +”招标采购行动方案（2017—2019 年）》文件精神，“互联网 +”电子招标投标已成为招标投标行业发展的必然。实现各类型电子招标投标系统平台互联互通，形成一个动态监督、协同共享的“互联网 +”公共资源交易平台，实现资源共享，最大程度保证项目的公开公平公正。截至 2018 年年末，天津市政务服务中心已经基本完成了我市公共资源交易平台的建设。同时，电子化中的 AI 智能辅助聚集“大数据、云服务、5G 网络”等“互联网 +”的核心技术，实现数据的高效采集、有效整合和充分运用，为把握市场动态、预测行业趋势和研究经济形势提供技术支撑，为制定完善相关法规制度和政策措施提供决策支持，为甄别、预警违法违规行为，实行科学、精准、高效的智能化监督提供重要依据。

（三）让诚信成为企业核心竞争力

2014 年 6 月，国务院制定并印发《社会信用体系建设规划纲要（2014—2020 年）》，国家各部委发布的管理办法、通知中把企业信用评价作为监督检查的有力依据，如财政部《关于印发〈政府采购代理机构管理暂行办法〉的通知》、住房城乡建设部《关于印发建筑市场信用管理暂行办法通知》，商务部《机电产品国际招标代理机构监督管理办法（试行）》等。同时，天津市住建委印发了《市建委关于对失信被执行人实施信用监督、警示和惩戒机制建设的工作方案》，再次强调信用体系在招标投标市场中的重要性。

目前，天津市建设工程造价和招标投标管理协会已经对天津市的招标造价咨询企业进行了信用评价；并配合中招协，组织了两次诚信考核，对考核结果进行了公布。天津市住建委已经组织了对招标代理机构的诚信考核，向社会公布了考核结果。

广泛建立市场信用机制，出台相关措施规范市场信用评价秩序，将会引导招标投标行业与市场信用机制协同发展、互相促进、良性互动，发挥平台型企业、供应链核心企业、专业信用服务机构和行业自律组织的作用，从而让诚信成为社会评价和选择代理机构的重要标准，让信用体系为项目保驾护航。

（天津市建设工程造价和招标投标管理协会、
天津市泛亚工程机电设备咨询有限公司、
天津广正建设项目咨询股份有限公司供稿）

第三章　河北省招标投标发展报告

2018 年，河北省招标投标业务量稳中有升，中标金额比上年有所增长；行业管理继续加强，相关部门各司其职；电子招标投标平台体系建设基本完成，河北省发展改革委对全面推行电子招标投标进行了部署；全面推行电子招标投标、京津冀协同发展将成为未来几年的招标投标事业发展亮点；推进招标投标行业诚信体系建设，招标代理机构向专业化、多元化方向发展。

一、行业发展现状

（一）河北省招标投标市场规模

1. 交易量、交易额及节约资金

2018 年 1 ～ 12 月，河北省工程建设招标总成交量为 38323 个，同比增长 16%。河北省招标项目数量 24979 个，标段数量 43521 个，累计交易金额 3171.15 亿元，同比增长 22.68%。全年共计节约金额 80.38 亿元（委托金额 – 中标金额），同比增长 21%。

2. 各市交易数量分布及中标金额

各市交易数量分布及中标金额见图 3–3–1，其中，中标金额分布前三位依次是：石家庄市 453.32 亿元，占 14.28%；唐山市 445.76 亿元，占 14.05%；张家口市 396.13 亿元，占 12.48%。

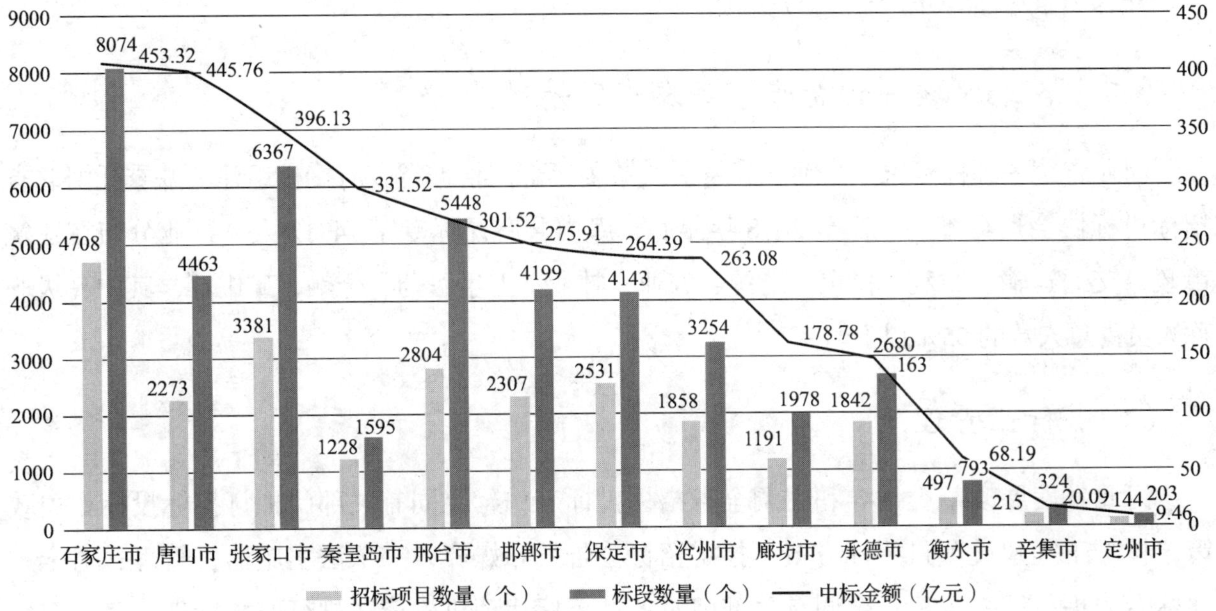

图 3–3–1　河北省各市交易数量分布及中标金额

3. 各行业交易数量分布及中标金额

各行业交易数量分布及中标金额见图 3-3-2，其中，中标金额分布依次是：房屋建筑类 1463.4 亿元，占 46.15%；交通仓储邮政类 436.84 亿元，占 13.78%；纺织轻工类 342.78 亿元，占 10.8%；水利水电类 249.29 亿元，占 7.86%；能源电力类 217.29 亿元，占 6.85%；农林牧渔类 185.89 亿元，占 5.86%；房地产类 156.01 亿元，占 4.92%；其他 119.65 亿元，占 3.77%。

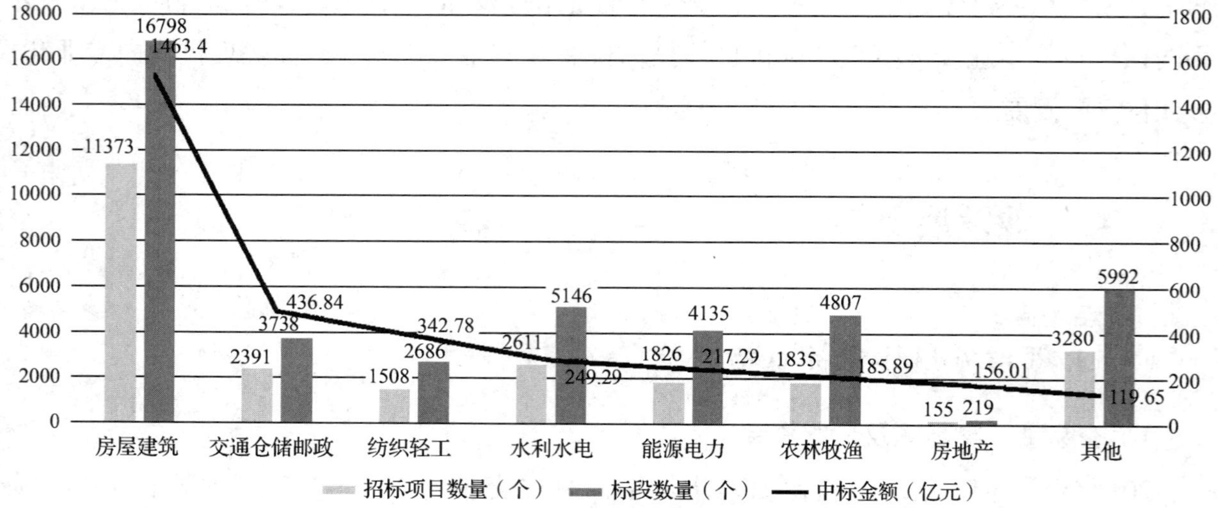

图 3-3-2　河北省各行业交易数量分布及中标金额

（二）河北省招标市场主体规模

统计数据显示，2018 年年底累计入库市场主体 36496 家，主体结构分布：招标人 1353 家，占比 3.71%，投标人 33910 家，占比 93.32%，招标代理机构 1233 家，占比 2.97%。

2018 年度新增入库主体 18716 家。

（三）河北省统一评标专家库及专家情况

河北省统一评标专家库由河北省发展改革委等部门根据省政府授权组建，并委托河北省招标投标协会运行维护。截至 2018 年年底，库内共有评标专家 14912 人，行业分布在建筑市政、交通运输、水利、供电、能源、农业、林业、卫生医药、金融、矿山等，其中高级职称人员占总人数的 55% 以上。

（四）行业管理

河北省发展改革委指导和协调全省招标投标工作，会同有关部门拟订招标投标相关政策；核准工程建设项目招标方案，指定招标公告发布媒介，并依法实施监督管理；对全省评标专家进行统一管理；会同有关部门对各类招标代理机构依法进行监督管理；负责全省招标投标信用评价体系的建设和管理；承担省招标投标管理领导小组办公室的日常工作。

河北省住建、交通、水利等行政主管部门，都设有专门机构负责本行业的招标投标监督管理日常工作。

（五）推进电子招标投标工作

2018 年，河北省电子招标投标平台体系建设已经基本完成，实现了公共服务平台、交易平台、监督平台以及其他信息平台的互联互通、资源共享和协同运行。

公共服务平台由省发展改革委委托省招标投标协会建设和运行维护。平台采取全省一体化模式，建立了包含 36 张数据表、969 个数据项的信息数据库，实现了与中国招标投标公共服务平台、省行政监督平台及各类交易平台对接，并与河北省政府采购网、河北省公共资源交易服务平台等省级平台完成互联互通，成为招标投标交易、监管、信息发布等全流程电子化的中枢。

行政监督平台由省发展改革委会同省住建、交通、水利等部门共同建设，委托省招标投标协会运行维护。平台突出三个特点：一是全省统一的一体化平台，监管事项、监管标准、工作流程全省统一；二是兼顾行业管理需求，根据行业特点采取个性化设计；三是实行行政监管实名制，分清和落实监管责任。移动客户端于 2018 年 5 月上线运行，开启了行政监管“不打烊”模式。

河北省统一的公共资源电子行政监督平台（河北省招标投标行政监督平台）的建设和运行实践，被国家发展改革委作为 2018 年全国创新成果，在全国公共资源交易平台创新成果培训交流会上做了成果介绍，并列入《公共资源交易平台创新成果汇编（2018）》。

截至 2018 年年底，河北省招标投标公共服务平台的注册用户已达 3.6 万个，日均访问量达到 7.2 万人次；行政监督平台为各级发展改革、住建、交通、水利等 516 个监管单位在网上开展监管工作提供保障；全省 13 个市级交易中心开发建设了电子交易系统，另有 9 家经过国家检测认证的第三方电子交易系统与省公共服务平台完成了对接。在全省范围内资源共享、权责明晰、多方协同、便捷高效的电子招标投标平台体系已经实现正常运行，并将不断优化结构，完善内容，创新提升，为全省招标投标行业向信息化、智能化转型提供有力支撑。

河北省发展改革委于 2018 年 10 月 18 日在衡水市组织召开了全省推进电子招标投标工作暨现场观摩会议，就贯彻落实国家和省委、省政府推进电子招标投标工作要求，总结和推广我省试点示范经验，结合招标投标专项清理整改“回头看”第四阶段工作，对全面推行电子招标投标进行了安排部署。

（六）京津冀协同发展持续推进

京津冀协同发展是努力打造现代化新型首都圈，加快形成京津冀目标同向、措施一体、优势互补、互利共赢的协同发展新格局，打造中国经济发展新的支撑带。

统计数据显示，2018 年京津冀协同发展项目数量 60 个（不含雄安新区项目），中标金额 426721.6 万元，形成了以三地交通、冬奥会和首都新机场等项目建设为主旋律的协同发展项目，并持续推进（见表 3–3–1）。

表 3–3–1　2018 年京津冀协同发展项目表

地　　区	数量（招标项目）（个）	中标金额（万元）
北京市 – 市辖区	5	54.21
天津市	5	680.34
张家口市	14	7784.40
廊坊市	36	418202.55

（七）雄安新区进入实质性建设阶段

统计数据显示，2018 年雄安新区建设项目数量 27 个，中标金额 163585.78 万元，其中农林牧渔项目 5 个，中标金额 154189.69 万元，重点是白洋淀生态治理、植树造林生态项目的建设（见图 3–3–3）。同时，雄安市民服务中心项目建成并投入使用，京雄城际铁路于 2018 年开工建设。

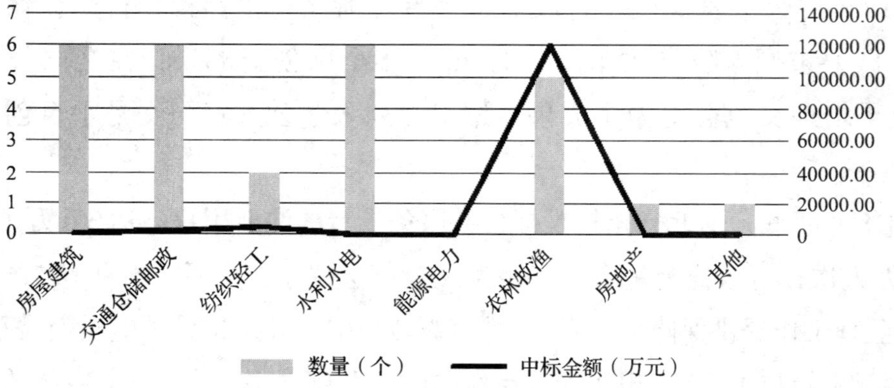

图 3–3–3　雄安新区招标项目统计

二、市场特征

（一）宏观经济

2018 年，河北省经济运行稳中向好，扭转回落态势，工业回升，投资趋稳，生产总值逐季提速，产业结构持续优化。但是，全省经济依然存在爬坡过坎、转型升级任务艰巨，内需增长缓慢、工业增长低速、投资后劲不足、消费势头减弱等突出问题，直接影响到招标行业整体市场景气度不高；招标代理机构大幅度增加，一些企业经营出现困难，招标代理市场规模和平均利润水平继续下行趋势。

（二）政策环境

在国家相继修改了《招标投标法》等法律法规后，河北省相应对《河北省实施〈中华人民共和国招标投标法〉办法》等一系列法规文件进行了修改并重新发布，其中对于招标的范围和规模执行国家统一标准，对于招标代理则不再以行政许可的方式设定准入门槛，而是强化事中事后管理措施。2018 年，在电子招标投标体系建设方面，河北省发展改革委等有关行政监督部门在招标公告和公示信息发布管理办法、2018 年推进电子招标投标工作等方面发出通知，要求在全省范围内加快实现电子招标投标全覆盖。

（三）监管体系

省、市、县各级发展改革、工业和信息化、住房城乡建设、交通运输、水利、商务等行政部门，按照规定的职责分工对有关招标投标活动实施监督。省财政部门依法对实行招标投标的政府采购工程建设项目的预算执行情况和政府采购政策执行情况实施监督。省监察机关依法对与招标投标活动有关的监察对象实施监察。

（四）市场主体

统计数据显示，参与招标投标活动市场主体中注册企业 36496 家，主要分布在河北省，共有 23808 家，其他省市前三位依次为：北京 1300 家、山东 503 家、江苏 463 家。

1. 市场主体注册资金规模

从注册资金规模来看，大部分企业分布于 0 ~ 2500 万元这个区间，合计占比达 73%。其中，注册资金在 0 ~ 500 万元的企业占绝大多数，共 4688 家，比例达 35%；500 万 ~ 1500 万元的企业共 3742 家，占比 28%；注册资金在 1500 万 ~ 2500 万元的企业共 1226 家，占比 9%。

2. 代理机构运营情况

2018 年河北省招标代理机构累计达到 1233 家，新增 543 家。2016 年至 2018 年中标金额由 2245.34 亿元增长至 3171.15 亿元，增长 925.81 亿元，年平均增长率 18.74%。

（五）行业自律

河北省招标投标协会是由河北省从事招标投标活动的企事业单位、社会组织组成的行业性、非营利性的社会组织。协会始终坚持"服务会员、服务行业、服务政府"的宗旨，受政府部门委托，协调招标投标工作，规范招标投标活动。

为通过行业自律促进电子招标投标平台健康发展，河北省招标投标协会成立了电子交易专业委员会，并推动成立了电子招标投标交易平台燕赵绿色联盟。E 招冀成、惠招标、招标通、易招标、招采云、冀招标、冀中能源、云采供、中招联合等 9 家电子交易平台共同签署了燕赵绿色联盟自律公约，河北省招标投标协会受邀作为自律公约的执行监督人。

三、发展趋势

（一）全省电子招标投标工作开始进入全面推行阶段

河北省已经探索出了一种符合国家要求、适合省情、满足社会需要的全流程电子化招标投标模式，建立起了公共服务平台和行政监督平台，形成全省统一、交易平台市场多元化供给和公平竞争，政府与社会协同合作的平台体系。按照部署，电子招标投标平台体系将在全省推行，招标投标交易、服务、监管全流程电子化将实现全省范围内全覆盖，大力促进市场化、专业化、集约化电子招标采购的广泛应用。

（二）京津冀协同发展将进入重要的关键时期

随着京津冀一体化建设速度加快，京津冀铁路、冬奥会、首都机场、雄安新区等项目进入实质性建设阶段，京津冀协同发展必将进入重要的关键时期，异地评标、专家共享、制度创新等本行业具有引领性发展的内容，与河北省电子招标投标一并成为河北省招标投标事业未来几年发展的亮点。

雄安新区将努力打造北京非首都功能疏解集中承载地，与北京城市副中心形成新“两翼”，打造国际一流创新型城市、全球领先的数字智能城市和新时代的生态文明典范城市。雄安新区的发展将是京津冀协同发展的重要内容，将为京津冀招标投标协同发展前景创造更加生动的画面，必将引领河北省招标投标事业向更高层次迈进，京津冀招标投标融合、高效将成为必然。

（三）推进招标投标行业诚信体系建设

“公开、公平、公正、诚实信用”是招标投标的基本原则。随着电子化招标采购平台体系的逐步完善，按照专业特长、能力水平、业绩和信誉等要素的诚信评价体系，逐步构建起招标投标各个主体的“诚实信用”信息档案，并运用到招标投标全行业夯实落地，使招标投标行业诚信体系的运用成为行业常态，使市场运营、行业监管、主体自律有机地结合在一起，促进行业健康、有序发展。

（四）招标代理机构向专业化、多元化方向发展

招标代理机构是招标采购专业服务机构，提高招标采购专业咨询能力与服务质量，提升服务水平，实现资源配置效益最大化和效率最优化是“核心目标”。以依法合规、专业服务、优质高效为发展基石，逐步拓展、延长服务领域与范围，探索招标采购全生命周期服务模式，向专业化、多元化方向发展，向重专业、重价值的高阶层次的技术咨询服务转变，进而实现可持续发展。

（河北省招标投标协会供稿）

第四章　山西省招标投标发展报告

山西省招标投标领域贯彻党的十九大关于“创新、协调、绿色、开放、共享”的新发展理念，坚持深化供给侧结构性改革与我省“转型综改”相结合，全面服务实体经济，持续推进资源型经济转型快速发展，在加强招标投标制度建设，大力发展全流程电子化招标采购，努力营造审批最少、流程最优、体制最顺、机制最活、效率最高、服务最好的“六最”营商环境等方面，取得了积极成效。据不完全统计，目前我省招标代理机构约 300 家，代理项目数量每年约 30000 个。截至 2018 年年底，省评标专家库在库专家已超万人。全省建设的市场主体信息库已注册市场主体 9000 余家，并对省内各级各类平台提供统一接口，保证“一地注册、多地使用、统一管理”。在开放数据接口、明确对接要求的基础上，省招标投标公共服务平台先后与 19 家（含 3 家政府机构建设的电子交易平台）电子招标投标交易平台开展了对接工作，9 家社会主体建设运营的交易平台对接成功。依照省发改委关于在全省范围内推行依法必须招标项目全流程电子化交易的工作安排，2018 年全年省公共服务平台共完成全流程电子化交易招标项目 1196 个，交易金额超过 285 亿元，节资率约 7%。

招标投标行业涉及经济发展方方面面，本文侧重以业内普遍关注的电子招标投标、招标代理服务收费及评标专家咨询服务费三方面热点和焦点问题为切入点，结合我省具体情况分别做详细论述，以达到窥一斑而知全貌的目的。

一、行业现状

（一）电子化招标投标推进方面

在推进公共资源交易平台工作中，我省贯彻落实政府职能转变和“放管服”改革要求，坚持问题导向抓改革，公共资源交易统一的制度规则逐步建立，共享的信息系统全面联通，规范透明的运行机制基本形成。

1. 整合各类资源

整合各类公共资源交易平台。主要对工程建设项目招标投标、土地使用权等平台进行整合，省级政府采购中心等 7 家交易单位进驻省公共资源交易中心。各市参照省级平台整合模式进行了相应的整合，实现全省范围内公共资源交易项目信息的统一归集和信息发布，政府采购、工程建设招标投标等项目交易过程信息、成交信息等信息公开共享，消除了信息孤岛。

2. 持续政策引导

为推进公共资源交易平台整合共享，我省先后出台了《山西省“互联网+”招标采购行动方案（2017—2019 年）》（晋发改法规发〔2017〕396 号）、《关于做好〈招标公告和公示信息发布管理办法〉贯彻落实工作的通知》（晋发改法规发〔2017〕986 号）、《山西省政府有关部门 2018 年推进电子招标投标工作要点》（晋发改法规发〔2018〕282 号）、《关于切实做好公共资源交易平台整合共享工作的通知》（晋发改法规发〔2018〕396 号）、《关于加强和规范公共资源交易监督管理工作的通知》（晋发改法规发〔2018〕595 号）等政策措施。同时清理制度障碍，全省共清理废止存在限制排斥潜在投标人、擅自设置审批事项等情形的各类规定 64 件。保留的 16 件列入《山西省招标投标规定目录》，并向社会公开。

3. 促进平台市场化竞争

在全省推进依法必须招标项目全流程电子化交易，逐步消除线上、线下交易“双轨制”。在山西省招标投标公共服务平台公布对接要求，通过国家检测认证的电子交易平台都可以进行对接，同时通过签订信用承诺书、加强事中事后监管等措施规范平台运营。

4. 完成体系搭建

按照国家统一标准和技术规范，我省建立了省、市两级互联的公共资源交易服务平台，与国家公共资源交易平台、中国招标投标公共服务平台、信用山西、电子交易平台、行政监督平台等平台对接，实现了互联互通。

（二）招标代理服务收费方面

据调研数据显示，招标代理服务费打折项目 2018 年年底已占到总量的 83.44%，且呈逐年递增趋势。招标代理服务费近三年下浮比例不断增大，尤其是收费比例在 60% 以下的情况增长趋势更为凸显，折扣率向 40% ~ 60% 发展。

（三）评标专家咨询服务费方面

从省内调研情况来看，近三年评标专家咨询服务费和相关人员的费用支出在招标代理机构经营费用中占比逐年增加。在非依法招标项目的评标过程中，评标专家咨询服务费发放标准不统一，或有指导性标准而不执行呈普遍现象。

二、存在问题

（一）电子化招标投标推进方面

有些交易市场不同程度存在乱收费现象，市场主体负担较重；有些交易市场职能定位不准，违法干预交易主体自主权；省内某些市级公共资源交易中心对对接第三方交易平台表现不积极，不利于电子交易平台开展市场化竞争，与努力营造“六最”营商环境不相符；保证金不及时退还，电子投标文件和纸质投标文件并存，增加了投标人成本等。截至发稿前，除大同市外，我省其余各地市依法必须招标项目全流程电子化工作还在努力推进中。

（二）招标代理服务收费方面

因招标代理资质的逐步弱化和代理服务费政府指导价的放开，招标代理机构数量规模在短期内急剧扩张。据统计，2016 年年末，全国工程招标代理机构是近三年招标代理机构增长率最高的一年（增长率分别为 3.82%、2.55%、6.44%），机电产品国际招标代理机构比 2013 年资格审批取消前增长了近 6 倍。我省与全国情况大体相同。代理机构数量的盲目增长，监管体制和监管部门的不健全和缺位，以及招标人的“重代理费，轻服务质量”，直接导致招标代理机构为了生存被迫压低代理服务收费标准，随着下浮比例越来越大，代理市场盲目恶意竞争日趋激烈。

（三）评标专家咨询服务费方面

目前评标专家咨询服务费发放乱象丛生。专家在评标过程中不严格按招标文件条件评审，不认真研究投标方案、设备配置、技术水平等招标人采购中关心的关键内容，主观判断、借故废标、以额外索要高额评审费的情况比较严重，损害了评标专家的整体声誉和专业形象，也对全行业公平竞争环境造成负面影响。非评标委员会成员的招标人代表、监管部门等参加开标仪式的人员也需支付专家费，增加了招标代理机构负担。而且，评标专家咨询服务费在个人所得税扣缴方面存在较大隐患。

三、成因及趋势分析

（一）电子化招标投标方面

1. 电子交易平台市场化将成为不可逆转的趋势并将发挥主导作用

2013 年以来，中央政府在公布的多个文件中多次反复强调，电子交易平台市场化已成为电子交易平台配置的重要趋势。2016 年开始，山西省就积极开展电子交易平台市场化的探索，在山西省《“互联网 +”招标采购行动方案（2017—2019 年）》中进一步把加快交易平台市场化发展作为主要任务之一，积极推进依法建设运营的电子招标投标交易平台与省招标投标公共服务平台对接，至 2018 年年底，山西省招标投标公共服务平台已经与 9 家第三方电子交易平台实现了对接，助力依法必须招标项目实现全流程电子化交易。同期，山西省各地市公共资源交易中心也在积极推进电子交易平台市场化，此举将与市场主体建设运营的电子招标投标交易平台互为补充、共同发展，最终将由市场化、专业化的交易平台发挥主导作用。

2. 依托“互联网 +”，招标采购将创新不断

互联网与招标采购不断深入融合，通过互联网、大数据、移动互联网、区块链等技术的运用，在招标投标领域将孕育大量创新。

3. 适时推行电子保函，切实降低投标人成本

山西将在全省范围内适时推行电子投标保函，依法必须招标项目鼓励投标人采用银行保函、保险公司保单等方式作为投标担保，招标人不得拒绝。电子投标保函可将申保、审核、支付、出保这一个完整的投保过程在线上运行，切实降低投标人的交易成本。

4. 招标投标信用体系将日趋完善，失信主体将受到联合惩戒

山西省《“互联网 +”招标采购行动方案（2017—2019 年）》强调发挥信用信息作用，鼓励各类电子招标投标交易平台建立招标投标信用数据库，为开展失信联合惩戒和守信联合激励提供支撑。省经信委同期搭建了山西省信用信息共享平台，该平台是山西省社会信用体系建设的重要组成部分，平台收录了各项企业信用红黑名单，由认定部门通过其门户网站、“信用山西”网站、“信用中国”网站向社会发布。

5. 监管部门利用大数据进行监管将成为常态

根据山西省《“互联网 +”招标采购行动方案（2017—2019 年）》的部署，山西省将依托已建立的电子招标投标系统三大平台加快建设完善监督平台，并与同级招标投标行政监督平台（公共资源交易监督平台）对接，推动动态监督和大数据监管，强化事中事后监管，改进和创新行政监督，推动“双随机、一公开”在招标投标领域的落地，倒逼招标投标监督环节和监督内容的依法统一。

6. 各级公共资源交易平台将面向民间资本建设的第三方电子交易平台开放对接

为打破公共资源交易中心电子交易系统和交易场所的垄断壁垒，大力推行电子交易平台和交易场所市场化，今后各级公共资源交易平台将向民间资本建设的第三方电子交易平台开放对接，并追究拒绝对接的法律责任。

（二）招标代理服务收费方面

随着我国全面深化改革的继续推进，电子招标投标的全面推行，招标投标站在了一个新的历史转折点上。招标代理机构如何摆脱困境，在业内立于不败之地，需要认真研究探索，仅靠压低代理服务费占市场，显然非可持续生存之道。招标代理机构不同于其他中介机构，在公共资源建设和国民经济中有相当影响力，所以在招标代理逐步市场化的同时，需有政府相应的指导性政策和行之有效的监管机制、诚信机制的引领和规范。

（三）评标专家咨询服务费方面

1. 评标专家不专的问题亟待解决

山西省评标专家库目前正在着手解决专家申报专业过多，入库审查不严，导致专家填报的工作专业和履历与实际能力不符的弊病。

2. 专家咨询作用亟待有效发挥

通过动态考核评价机制的建立和完善，可逐步解决评标专家个人专业素质差，在实际评标过程中无法提供业主专业化的咨询参考意见的问题。

3. 评标专家责权亟待匹配

完善现行法律法规，辅之以行业监管处罚力度的持续强化，尽快消除评标委员会在评标过程中滥用职权频出现象。

4. 招标从业者能力亟待提升

专业的招标人员可以引导评标专家多从经济、方案、技术等进行专业评审，从而避免投标文件响应中出现一些因招标文件造成的歧义和偏离，以及非实质性响应而做出否决投标的结论等情形。

5. 解决评标专家咨询服务费个税问题

这一问题亟待从顶层税法设计上解决。招标代理机构支付给评标专家的服务费通常是现金，评标专家获得咨询服务费后不可能出具税前扣除凭证，造成招标代理和专家个人均承担着巨大的税务风险隐患。

四、政策建议

（一）电子化招标投标推进方面

几年来，山西省按照《电子招标投标办法》（2013 年国家发展改革委等八部委令第 20 号）、《“互联网 +”招标采购行动方案（2017—2019 年）》（发改法规〔2017〕357 号）的要求和省政府的统一安排部署，在省直有关部门通力合作下，建成了以公共服务平台为枢纽、以电子交易平台为基础、以行政监督平台为保障的电子招标投标系统三大平台体系，为我省招标投标行业的长远健康有序发展奠定了坚实基础。在此基础上，电子化招标投标未来可积极推进如下几方面工作。

1. 进一步优化山西省招标投标公共服务平台，充分发挥其枢纽作用

按照提高服务质量效率和透明度，降低市场主体负担的原则，对信息发布操作流程进行优化调整和完善，以增强发布流程的统一性和适用性。同时，鼓励市级公共资源交易中心、省属国有企业的电子招标投标交易平台按照统一的数据接口与省公共服务平台连接并交互信息，目前，大同、阳泉、晋中等多个地市已完成对接，其他地市正在稳步推进中。

2. 尽快出台支持电子归档的制度或办法，全面实行全流程电子化交易

为真正实现全流程电子化的目标，山西省发改委将牵头协调各行业主管部门、档案管理部门落实国家对电子归档的要求，或出台山西省支持电子归档的相关制度或办法，早日实现招标投标全程无纸化的目标，切实降低市场主体参与电子招标投标活动的成本。

3. 电子交易平台市场化、专业化运营快速推进

2018 年，山西省积极推进依法建设运营的电子招标投标交易平台与省招标投标公共服务平台对接，极大提升了第三方交易平台的生存空间，得到了市场主体广泛好评。未来将继续完成对接工作，激发电子交易平台市场发展新动能，为市场主体打造一流的营商环境。

4. 创新保证金管理方式，免收保证金或降低缴纳比例（额度），为企业减负

2018 年 1 月 22 日，山西省经信委、省财政厅印发《关于公布山西省涉企保证金目录清单的通知》，明确要求山西省各地区和部门创新保证金管理方式，加强事中事后监管，加快推动企业诚信体系建设，对诚信记录好的企业免收保证金或降低缴纳比例（额度），适度扩大银行保函应用范围，减少企业资金占用。

5. 推广“不见面审批”的创新做法，大力推进施工许可电子化申报

2018 年 9 月 30 日，山西省住房和城乡建设厅发布《关于进一步优化建筑工程施工许可审批管理的通知》，要求各市住房城乡建设主管部门在原“施工场地具备施工条件”和“建设资金落实”采用承诺制的基础上，可取消施工合同备案事项，有效压缩办理时限。推广“不见面审批”的创新做法，大力推进施工许可电子化申报、审批和管理，公开网上办理流程和办理进度，确保施工许可核发高效、公开、公正。

（二）招标代理服务收费方面

（1）制定指导性政策、加强自律是大势所趋。为了营造良好的市场环境，使之有序良性发展，招标投标行业管理部门可制定行业指导性政策来规范市场的健康可持续发展。同时，行业协会可发挥导向作用，在制定行业行规的基础上，加强政策法规方面的宣传培训，培养代理机构遵守行规制度的自觉性。

（2）为招标代理机构竞选创造一个阳光、公平、公正的竞争环境。可考虑设置专门的招标代理机构比选的场所或平台，制定相对科学合理规范的比选方法，如四川省的招标代理机构通过比选来获得招标代理项目，比选在专门的网站进行，比选方法已基本固定，采用综合打分法，代理服务费不作为比选的重要评审因素且占比不超过 20%，招标代理机构都是通过自身的实力在竞争，成交的招标代理服务费折扣不会过多。

（3）建立健全监督监管机制。建立统一的监管平台，对招标代理机构进行动态监管、考核和处罚。建立行业信用评价体系，对招标代理机构的信用评价信息进行公开，以供招标人选择和社会监督。

（4）在激烈的竞争环境下，招标投标代理机构应探索多元化与专业化发展并重的发展道路。一方面，实现从单一的招标代理业务向一体化的全方位全过程项目管理咨询服务发展，向招标前后两头咨询和其他服务延伸。另一方面，同时以一流的服务能力创立自己的品牌，以科学的管理制度提升团队专业水平。

（5）抓住电子招标投标发展机遇，尽快实现战略转型。招标代理机构应将电子招标投标作为发展方向，大力推进信息技术与传统招标投标融合发展，进而实现自身的快速发展。

（三）评标专家咨询服务费方面

1. 从法律上对评标专家权力进行一定的限制或者明确

建议修法中考虑降低评标委员会作用，其意见可列为参考性意见，不作为定标的依据；明确评标专家的权力责任，并对评标专家的工作质量提出要求；赋予招标人更大话语权和定标权，如评标委员会中招标人代表占比提高等。

2. 发挥行业协会的作用，加强对评标专家和招标代理机构的管理工作

定期组织评标专家培训学习，提高专家入库门槛，加强对评标专家的动态监管和考核，统一评标专家咨询服务费标准和发放形式。

3. 充分利用电子平台的强大功能

借鉴省外由招标平台统一发放评标专家咨询服务费的经验，可考虑我省招标代理公司每月预存评标专家咨询服务费至平台指定账户，月底与招标代理公司结算一次，评标专家咨询服务费按月支付至评标专家个人银行卡中，同时依法对其劳务报酬费用总额超过缴纳个税标准情况进行代扣代缴。既能解决评标专家高额索要咨询服务费的问题，也能解决评标专家缴纳个人所得税代扣代缴的问题，还可避免招标代理机构因评标专家咨询服务费无发票而带来的税务风险。

（山西省招标投标协会供稿）

第五章　内蒙古自治区招标投标发展报告

2018 年以来，内蒙古自治区固定资产投资增速放缓，地方政府债务过高，投资拉动经济增长的贡献度降低，市场竞争更加激烈，市场规模和利润水平呈下行趋势。招标代理行业政策环境在不断变化，电子招标投标工作稳步开展，行业转型发展任务艰巨，全过程工程咨询试点工作在探索中前进，市场信用体系及行业自律建设仍然在路上。

一、行业现状

2018 年内蒙古自治区积极应对各种困难和挑战，初步核算，全自治区生产总值增长 5.3%，一般公共预算收入增长 9.1%。

2018 年，全自治区境内成交招标项目 7854 项，共计 11418 个标段，累计实现中标金额 591.17 亿元，覆盖自治区全部 12 个地级市，涉及 431 家招标代理机构。该数据统计来源于中国招标投标公共服务平台，不包含政府采购项目，可能与实际情形存在偏差。

二、市场特征

（一）各月交易规模

2018 年下半年成交招标项目数明显高于上半年，占全年成交招标项目数的 81.19%。

2018 年 7 月、8 月中标金额较高，主要受水利水电、房屋建筑行业中标金额较高的影响，其中作为国家“十三五”期间实施的节水供水重大水利工程之一的引绰济辽工程输水工程，累计完成中标金额 53.58 亿元，占 7 月、8 月总中标金额近 30%。

2018 年 10 月中标金额最高，主要受公路、市政、能源电力等行业中标金额较高的影响，其中各类国道、省道、市政道路相关建设项目累计中标金额超过 50.48 亿元，占 10 月总中标金额超过 40%；能源电力行业中风电项目、光热发电项目等清洁能源项目将成为当前及今后一段时间内自治区经济发展新的增长点。

2018 年 1 ～ 12 月成交项目数量及中标金额情况见图 3-5-1。

（二）各盟市交易规模

2018 年，中标金额排在前三位的地区为呼和浩特市、兴安盟、鄂尔多斯市，累计中标金额占比超过 62%；成交招标项目数排在前三位的地区为呼和浩特市、包头市、鄂尔多斯市，累计成交招标项目数占比近 70%，这三个市仍然是自治区经济发展的三大引擎。

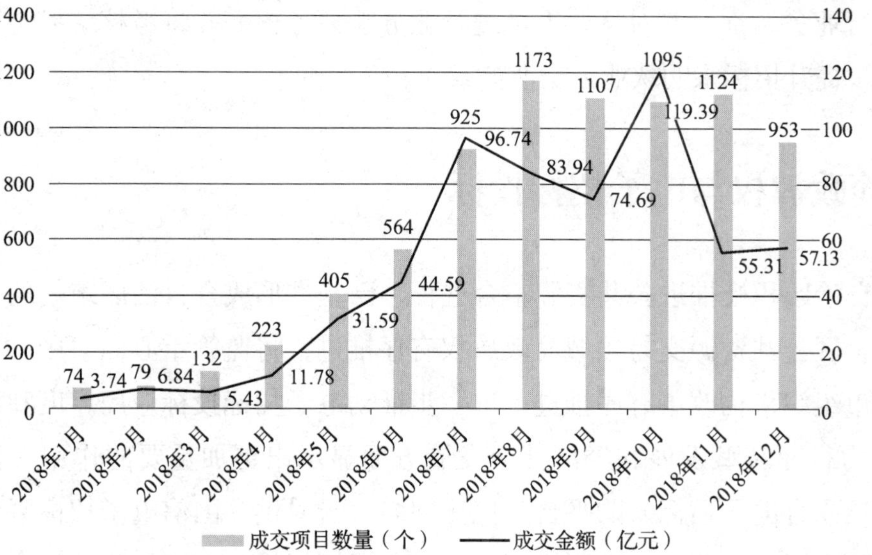

图 3–5–1　2018 年 1 ～ 12 月成交项目数量及中标金额

2018 年，不同地区招标项目的平均中标金额差异较大。其中，兴安盟的招标项目的平均中标金额最高，是由于引绰济辽工程输水工程和省道 308 线伊尔施至柴桥段公路工程施工相关项目中标金额较高，拉高了兴安盟的平均中标金额；包头市、乌海市的招标项目的平均中标金额较低。

（三）各行业交易规模

2018 年，中标金额排在前五位的行业是能源电力、房屋建筑、水利水电、公路、市政，累计占比近 80%。成交招标项目数排在前五位的行业是能源电力、房屋建筑、机械设备、市政、水利水电，累计占比超过 57%。招标项目的平均中标金额排在前五位的行业是铁路、公路、水利水电、矿产冶金、市政。

三、企业特征

据统计，2018 年全区招标代理机构前 50 强中，有约 30 家招标代理机构为本土企业，其余约 20 家为区外企业或区外企业在本区设立的分支机构。本土企业走出去参与市场竞争的步伐和动力不足。众多区外企业通过挂靠、出借资质等方式发展业务，招标投标市场营商环境有待优化。

四、从业人员

我区从事采购招标工作的从业人员约 5000 人，其中具备中高级技术职称的工作人员约 1800 人。采购招标从业人员整体素质较高，成为保证招标工作健康发展的坚强基石。自治区招标投标协会针对行业人员流动较大、新公司不断涌现的现状，分批组织招标采购从业人员进行业务培训，并对从业人员进行业务能力考核，并将考核结果与从业工作结合起来，进一步提升招标采购从业人员业务素质。

五、简政放权与电子招标投标

内蒙古自治区积极推进公共资源整合进程，已基本形成全自治区统一的公共资源交易网络架构。全区公共资源交易领域简政放权有序推进，将监管重心向事中、事后倾斜。自治区和各盟市组织机构改革有序推进。进一步推动电子招标投标应用广度和深度，电子招标投标在助力行业转型发展和经济社会发展方面显示出更加重要的作用。目前，江苏国泰新点、中招联合电子招标采购平台、比比网络、云采供、国信电子招标平台等多个电子交易平台入驻本区；行业协会也积极配合推进电子招标投标，牵头建设社会第三方电子交易平台；内蒙古电力集团、内蒙古能建集团、包头钢铁集团、呼和浩特铁路公司等各大企业也都相继建设了企业电子招标采购平台，为本区行业企业和招标人提供了更多选择自主权，进一步提升了市场交易效率。

六、行业自律及信用建设

在招标投标行业资质逐步放开、市场信用建设还不完善的环境下，市场失信信用时有发生，行业企业间恶意竞争现象较为普遍，市场挂靠、低价倾销等行为仍然存在，部分企业主体不注重提升品牌内涵价值和服务质量，把精力和重点放在了研究如何“对付”业主和监管机构上，真正在法律法规、技术创新和理论研究上下功夫的不多。简单代理和劳务代理成为行业发展的真实写照。

为规范行业行为，协调同行利益关系，维护行业间的公平竞争和正当利益，促进行业发展，内蒙古招标投标协会积极作为，多次组织会员单位就如何做好行业自律进行交流座谈，积极开展招标行业诚信典型选树工作，着手制定信用建设工作方案，为具备良好信用的行业自律单位撑腰，坚决遏制市场失信行为。

七、发展环境

随着国家放管服改革的推进，市场化带来了行业演变和行业洗牌。2018 年以来，全自治区固定资产投资增速不断放缓，投资拉动经济增长的贡献度在降低，市场竞争更加激烈，市场规模和利润水平呈下行趋势。地方政府债务过重，一定程度上制约了经济的发展。

招标代理资格认定取消以后，行业协会应发挥更大作用，更好地发挥服务与自律管理作用，应加强对代理机构的培训服务，建立代理机构诚信体系等。

八、发展趋势

全过程工程咨询是国家政策的导向，更是行业转型发展的方向。经过几十年的发展，工程建设项目生产力水平大幅跃升，新技术、新要求层出不穷，单纯的招标投标业务已经不能满足经济社会日益发展的要求，从招标投标向全过程咨询转型，招标代理企业应向投资决策、综合性咨询和工程建设全过程方向转型，将专业性的投资咨询、招标代理、勘察、设计、监理、造价、项目管理进行整合、联合，以适应市场需求，满足业主多样化需求的全过程工程咨询服务模式。

（内蒙古招标投标协会供稿）

第六章　黑龙江省招标投标发展报告

招标投标是市场竞争的一种重要方式，能体现“公开、公平、公正”的市场竞争原则，通过招标投标活动使市场主体在平等条件下公平竞争，优胜劣汰，以合理价格获得最优的货物、工程或服务，从而达到提高经济效益和社会效益、提高招标项目的质量、提高国有资金使用效率的目的，最终实现资源的优化配置。党的十九大以来，黑龙江省各部门进一步转变职能，简政放权，持续深化招标投标领域“放管服”改革，着力引导招标投标行业加快转型升级，促进招标投标市场规范有序发展。

一、招标投标行业发展概况

（一）招标代理行业发展现状

1. 招标代理机构的分布情况

黑龙江省共有招标代理机构 134 家，其中 80 家分布于哈尔滨地区，占全省招标代理机构总数的 59.7%；齐齐哈尔、大庆地区各有 11 家，占全省招标代理机构总数的 8.21%，三个地区比重合计为 76.12%，是黑龙江省招标代理机构的主要所在地（见图 3-6-1）。

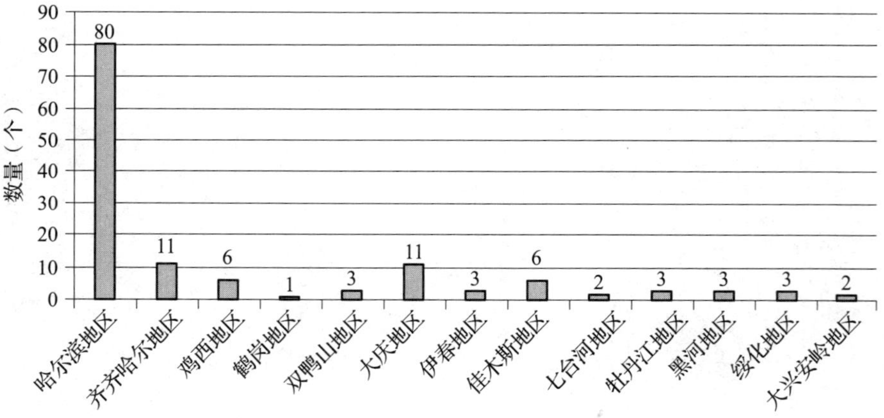

图 3-6-1　工程招标代理机构地区分布图

2. 招标代理机构的人员规模

全省共有招标代理机构从业人员 5825 人，其中正式聘用人员 5139 人，占 88%；临时工作人员 686 人，占 42%。

哈尔滨地区从业人数 3858 人，占全省从业人数的 66.23%；大庆地区从业人数 898 人，占全省从业人数的 15.42%。全省招标代理机构人员分布情况见图 3-6-2。

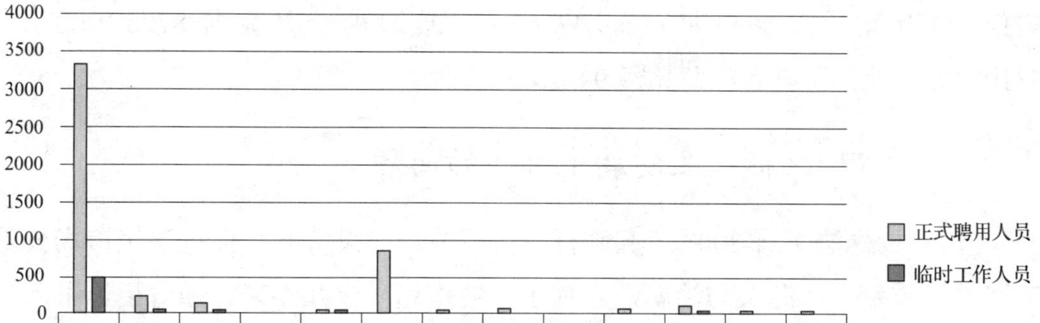

	哈尔滨地区	齐齐哈尔地区	鸡西地区	鹤岗地区	双鸭山地区	大庆地区	伊春地区	佳木斯地区	七台河地区	牡丹江地区	黑河地区	绥化地区	大兴安岭地区
正式聘用人员（人）	3354	253	138	12	52	858	47	95	31	80	120	50	49
临时工作人员（人）	504	16	16	1	26	40	6	4	7	0	54	2	10

图 3–6–2　工程招标代理机构人员规模分布

招标代理机构从业人员中 82% 为专业技术人员，其中高级职称 1408 人，占 30%；中级职称 2624 人，占 55%；初级职称 491 人，占 10%；其他人员 233 人，占 5%。

有注册证书人员 1436 人，其中注册造价工程师 786 人，占 54.74%；注册建造师 315 人，占 21.94%；注册监理工程师 309 人，占 21.52%；其他注册人员 26 人，占 1.8%。

3. 招标代理机构的业务情况

全省招标代理机构营业收入 87193.43 万元，其中哈尔滨地区收入 63745.54 万元，占全省收入的 73.11%；大庆地区收入 13716.31 万元，占全省收入的 15.73%；其他地区收入合计占全省收入的 11.16%（见图 3–6–3）。

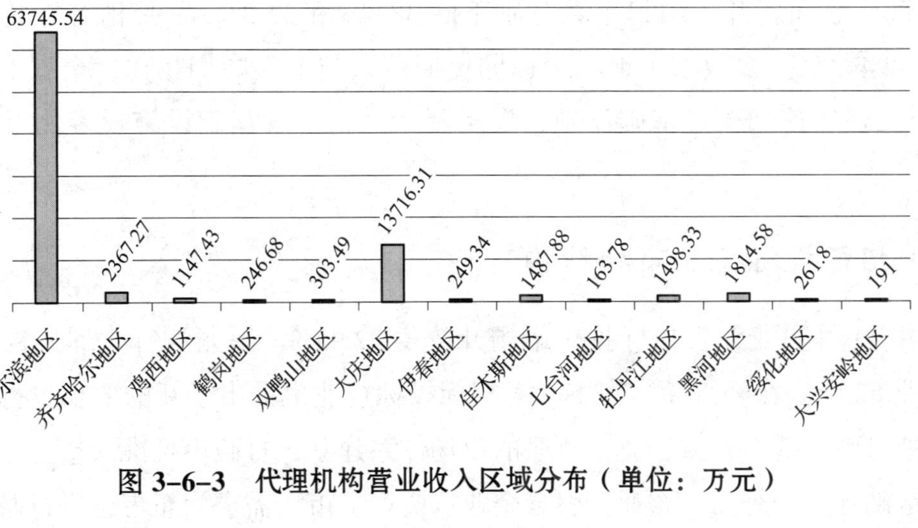

图 3–6–3　代理机构营业收入区域分布（单位：万元）

全省招标代理机构营业收入 87193.43 万元，其中 42105.54 万元来源于招标代理收入，占全部收入的 48.29%；工程监理收入 17259.01 万元，占 19.79%；工程造价咨询收入 14559.33 万元，占收入的 16.7%；其他收入 12244.52 万元，占 14.04%；工程项目管理与咨询服务收入 1025.02 万元，占 1.18%。

4. 招标代理机构的财务状况

截至 2018 年，全省招标代理机构拥有资产合计 153033.14 万元，取得营业收入

87193.43 万元，营业利润 11249.47 万元，缴纳税金及附加 8708.19 万元，期末负债 58109.98 万元，所有者权益总额 94923.16 万元。

（二）招标投标行业发展中存在的问题

《招标投标法》自 2000 年起施行，对于节约建设资金、促进建筑市场公平竞争、保证工程项目质量、从源头防治腐败发挥了重要作用。近几年来，随着招标采购方式的广泛应用，招标投标活动也出现了一些亟待解决的突出问题：一些依法必须招标的项目规避招标或者搞“明招暗定”的虚假招标，招标投标活动中搞权钱交易，使工程建设和其他公共采购领域成为腐败现象易发、多发的重灾区；一些招标投标活动当事人相互串通，围标串标，严重扰乱招标投标活动正常秩序，破坏公平竞争等。

二、招标投标行业市场特征

（一）招标投标行业市场规模

我省招标投标项目主要依赖于国家、省、市固定资产投资，随着近年来固定资产投资增速放缓，建筑业产值规模明显下降，特别是中央出台严控地方政府债务风险政策后，进一步影响了固定资产投资。前三季度，全省固定资产投资完成额比上年同期下降 3.7%，降幅比 1~8 月收窄 0.4 个百分点。2018 年以来，全省施工项目个数一直较大幅度下降，1~8 月施工项目个数和新开工项目个数分别下降 38.8% 和 55.2%，9 月稍有好转，但仍分别下降 33% 和 44.9%。多数市（地）增速同比回落，与上年同期相比，全省 13 个市（地）中有 10 个投资增速回落。基础设施投资下降较大，全省基础设施投资比上年同期下降 22.3%。

（二）招标投标行业市场结构

2018 年 11 月黑龙江省招标投标市场开放度 32.90%。黑龙江省代理机构同时具有他项资质企业 82 个。在经济新常态下，对招标投标行业也提出了新的要求，行政、条块分割的市场被打破，统一开放、竞争有序的市场体系建立，打破市场准入壁垒，优化产业结构，培育基础好、信誉高的企业，引导企业以资产、市场需求为纽带，进行联合重组，打造品牌、龙头企业，提升企业竞争力参与中高端业务市场，是新形势下市场对招标代理企业严格的考验。

（三）招标投标行业低端服务较为饱和

目前低端咨询市场可谓是“僧多粥少”，企业竞争比较激烈，随着招标代理机构资质取消准入，更多的初级参与者涌入市场，进一步加剧低端咨询服务市场的竞争，可反观能进入中高端咨询服务市场中的代理企业却是“凤毛麟角”，未来招标代理企业只有从自身出发，增强自身实力，开展深入的咨询服务，才能够在未来的市场竞争中有立足之地。

三、招标代理企业特征

（一）业务单一，业务扩展空间狭小

根据2018年全省代理机构报表，全省代理机构具备两项其他资质的企业只占总代理机构数量的30.6%。从招标代理机构财务分析表也能看出，我省代理机构主要还是以招标代理服务费为主要收入，随着低端招标代理业务下降，代理机构的收入也随之下降，这样更不利于我省代理机构转型升级。

（二）人员组成单一，复合型人才较少

根据2018年全省代理机构报表，我省招标代理从业人员多数仅仅具有工程注册相关证件，缺少外贸、经济、法律、财务等相关业务的专业人才，所以造成我省代理机构业务单一，不具备开展较为复杂的大型项目的专业咨询能力。

四、招标投标行业发展环境及发展趋势

2017年4月住建部印发建筑业发展“十三五”规划，提出提升工程咨询服务业发展质量的任务。改革工程咨询服务委托方式，研究制定咨询服务技术标准和合同范本，引导有能力的企业开展项目投资咨询、工程勘察设计、施工招标咨询、施工指导监督、工程竣工验收、项目运营管理等覆盖工程全生命周期的一体化项目管理咨询服务，培育一批具有国际水平的全过程工程咨询企业。提升建筑设计水平，健全适应建筑设计特点的招标投标制度。

招标投标管理是市场的一个重要环节，这项工作开展顺利与否，在很大程度上关系建筑市场能否有序发展。目前，招标投标已成为我国建设工程市场的一种主要交易方式，但我省招标代理企业还面临企业规模较小、业务人才储备不充分、不能很好地适应国家新政策要求的情况。

随着大数据和互联网技术对招标投标数据及其他关联数据进行的充分挖掘和逐步引入外部相关数据，大数据应用服务将为招标投标行业的管理和发展提供辅助决策支持，为工程交易各方主体提供专业创新服务。推动技术、管理和商业模式的创新，带动全行业的变革，推动招标投标企业升级转型、创新服务、多元化经营，促进行业规范化、健康有序发展，最终实现招标投标优化资源配置，提高经济效益和社会效益的目的。

在“互联网+”、大数据、云计算等科技不断发展的背景下，互联网思维越来越多地

应用于各个行业、各个领域，国家发展改革委 2016 年 6 月印发《关于深入开展 2016 年国家电子招标投标试点工作的通知》（发改办法规〔2016〕1392 号）提出了“深化 BIM 等技术应用，推进电子招标投标与相关技术融合创新发展”“建立建筑市场决策分析系统和工程造价指数分析系统，强化大数据应用”的试点要求。

随着国家相关文件的出台，我省政府办公厅也于 2018 年 10 月 22 日发布了《关于促进建筑业改革发展的实施意见》（黑政办规〔2018〕59 号），明确指出黑龙江省 2020 年为 BIM 技术使用元年。2018 年 12 月 5 日，在黑龙江省住建厅大力支持下，由黑龙江省建工集团发起的黑龙江省 BIM 联盟正式成立，黑龙江省建设工程招标投标协会结合省政府及住建厅文件精神，积极开展工作，2018 年 12 月 10 日发文开展 BIM 招标投标阶段应用的调研工作，为招标代理及咨询机构转型升级进行积极探索，帮助代理机构在新时期、新技术环境下不脱离主线，创造更多更广的发展空间。

2018 年，黑龙江省建设工程招标投标协会依法依规开展工作，听从业务主管部门的指导和建议，全面服务行业企业，为企业和政府搭设沟通桥梁，做好政府的助手和参谋，积极开展了以下工作：

（1）建立信用评价管理体系。协会通过信息化手段，建立了“黑龙江省招标代理机构信用评价系统”，该系统与省、地市招标投标监管机构相连通，实现了网上无纸化评价，为企业节省了资金，为省、地市招标投标监管部门提供了监管基础数据。

（2）加强日常检查。协会开展全省代理机构普查工作，建立了“黑龙江省建设工程招标投标协会会员管理系统”，为招标投标监管部门及协会日常检查、案件查处提供了数据支持。

（3）建立招标代理机构的行业自律机制。由协会组织代理机构签署招标代理行业自律承诺书，对签署自律承诺书的招标代理机构进行检查评比，树立招标代理机构自律诚信典型，组织代理机构相互学习和交流。

（4）加大从业人员的培训力度。协会多次开展全省招标代理从业人员岗前培训，加强基础从业人员的业务素质；与中国招标投标协会联合开展了《必须招标的工程项目规定》《标准设备采购招标文件》等五个标准招标文件和《政府采购质疑和投诉办法》解读及实务操作的培训，进一步提高招标代理管理人员的职业水平、道德素养和法律意识，使其熟悉掌握法律法规的实质性条款，正确把握法律法规的约束范围和对象，做到知法、守法、用法，形成依法实施招标代理的良好工作氛围。

（5）引入 BIM 等新知识、新技术。协会紧跟黑龙江省政府、黑龙江省住建厅文件精神，积极开展工作，让招标企业不掉队，跟上行业的新形势，于 2018 年 12 月 10 日发文开展 BIM 招标投标阶段应用的调研工作，为招标代理及咨询机构转型升级进行积极探索。

（黑龙江省建设工程招标投标协会供稿）

第七章 上海市招标投标发展报告

一、行业现状

随着建筑业行政审批制度改革，招标投标监管方式的改革也作为重要一环纳入建筑业的发展与改革目标之中，上海市住房和城乡建设管理委员会围绕建筑业发展和改革，积极部署，在建筑市场招标投标方面出台一系列改革举措。

（一）制定出台《上海市建设工程招标投标管理办法》

针对上海市招标投标环节中存在的招标范围过于宽泛、招标参与相关方责任不清晰、招标投标过程中存在违法违规行为以及相关监管力度不足、招标投标流程较长等问题，认真研究，结合上海的实际情况，制定出台了《上海市建设工程招标投标管理办法》（以下简称《管理办法》），于 2017 年 3 月 1 日正式实施，标志着上海市建设工程招标投标制度有了重大变革。同时，为确保《管理办法》贯彻和落实，随之出台了《上海市建设工程招标投标管理办法实施细则》。

（二）进一步完善了招标投标改革配套措施

为确保改革顺利实施，上海市住房和城乡建设管理委员会对全市监管信息平台进行了调整，搭建暂估价招标平台；制定《上海市建设工程招标投标重要环节监管要点》、启用《上海市建设工程招标投标重要环节要点 2017 版》，组织编制水利、公路、园林绿化等专业工程招标文件示范文本，完成了房建市政类勘察、设计、监理、施工招标文件示范文本、《招标投标办事指南》《招标投标业务手册》的修订工作；同时为进一步规范上海市总承包招标评标活动，制定了《上海市建设工程总承包评标办法》；完善并实施了《上海市建设工程招标代理行为记录办法》，以对招标项目负责人采取相应监管措施。另外，还发布了《关于精简建设工程投标文件的通知》，以进一步优化上海市营商环境，充分利用数据库信息，减轻投标企业负担，规范招标投标参与各方行为。

（三）加快推进电子化招标投标工作

为进一步推进并落实电子化招标投标工作，上海市招标投标管理部门发布了《上海市建设工程电子招标投标文件数据标准》（2017 版），“工程监理电子招标投标”也于 2018 年 5 月全面推行。同时，上海市建设工程交易服务中心、上海市建筑建材业市场管理总站组织编写了《上海市房屋建筑和市政工程施工电子招标资格预审文件应用文本》和《上海市房屋建筑和市政工程施工电子招标文件应用文本》，并将在两个应用文本的基础上编写《上海市房屋建筑和市政工程施工电子招标投标文件数据标准》，为全面推行施工电子招标投标做准备。

二、市场特征

（一）经济指标

有关数据显示，2018 年上海市建设工程招标代理机构实现营业收入 154.77 亿元，同比下降 19.21%。其中，工程招标代理收入 18.11 亿元，同比增长 7.99%（见表 3-7-1）。但是，工程招标代理收入仅为营业收入的 11.7%，由此可见，建设工程招标代理机构多为多业经营，工程招标代理业务仅占其业务的一部分。

表 3-7-1　2014—2018 年上海市建设工程招标代理机构营业收入分布表

单位：亿元

年份	营业收入合计	工程招标代理收入	工程监理收入	工程造价咨询收入	工程项目管理与咨询服务收入	其他收入
2018	154.77	18.11	43.26	41.62	11.46	40.31
2017	191.57	16.77	38.78	36.40	10.50	89.12
2016	121.47	13.07	41.16	31.72	7.92	27.60
2015	115.23	11.34	37.47	27.99	10.68	27.74
2014	149.96	10.27	34.60	25.38	46.95	32.76

有关数据显示，近些年来，上海市建设工程招标代理行业发展较为平稳，每年均略有小幅增长。2018 年是住房城乡建设部办公厅发布《关于取消工程建设项目招标代理机构资格认定加强事中事后监管的通知》的第一年，但从建设工程招标代理机构招标代理收入上看尚未受到影响，且工程招标代理收入仍有一定幅度的增长（见图 3-7-1）。

图 3-7-1　2014—2018 年上海市建设工程招标代理机构工程招标代理收入情况图（单位：亿元）

从 2018 年上海市工程招标代理收入分布情况表（表 3-7-2）显示，上海市建设工程招标代理机构中，2018 年工程招标代理收入在 5000 万元（含）以上的有 9 家（其中 1 家为 1 亿元以上），在 2000 万元（含）至 5000 万元的有 18 家，这 27 家机构工程招标代理收入合计为12.6亿元，占上海市工程招标代理收入的69.57%。工程招标代理收入100万元以下的建设工程招标代理机构为48家，收入仅为0.1亿元，其中有22家建设工程招标代理机构2018年招标代理业务为0元。由此看出，招标代理业务两极分化现象很明显，业务越来越集中在一部分建设工程招标代理机构中，而随着招标代理资质的取消，小企业生存将变得越来越困难。

表3–7–2 2018年上海市建设工程招标代理机构工程招标代理收入分布表

工程招标代理收入	数量（家）	工程招标代理收入（亿元）	招标代理收入行业占比（%）
1亿元以上	1	1.32	7.29
5000万元（含）至1亿元	8	5.68	31.36
2000万元（含）至5000万元	18	5.6	30.92
1000万元（含）至2000万元	24	3.35	18.50
500万元（含）至1000万元	17	1.19	6.57
100万元（含）至500万元	34	0.87	4.80
100万元以下	48	0.1	0.55
合　计	150	18.11	—

有关数据显示，2018年上海市建设工程招标代理机构承揽合同金额合计111.24亿元，同比增长8.77%。其中，工程招标代理合同金额16.97亿元，同比增长7.75%（见表3–7–3）。

表3–7–3 2014—2018年上海市建设工程招标代理机构承揽合同金额情况表

年份	合同金额合计（亿元）	同比（%）	其中：工程招标代理合同金额（亿元）	同比（%）
2018	111.24	8.77	16.97	7.75
2017	102.27	−2.92	15.75	27.43
2016	105.35	16.43	12.36	13.92
2015	90.48	8.75	10.85	18.84
2014	83.2	—	9.13	—

2018年，上海市建设工程招标代理机构工程招标代理中标金额合计为4735.95亿元，其中房屋建筑和市政基础设施工程招标代理中标金额为4334.80亿元，占比91.53%；政府和国有企事业单位的工程（含国有投资占主导地位的合资项目）招标代理业务中标金额为3820.32亿元，占比80.67%；其他单位的工程招标代理业务中标金额为915.63亿元，占比19.33%。

（二）企业分布

根据上海市建设市场管理信息平台数据显示，截至2017年12月28日招标代理资质审批制度取消，在上海市从事工程招标代理业务的建设工程招标代理机构合计 227 家，其中上海市企业 175 家，外省市进沪企业 52 家。上海市的 175 家建设工程招标代理机构中，甲级为 64 家，乙级为 11 家，暂定级为 100 家（见表 3-7-4）。

表 3-7-4 上海市及外省市进沪建设工程招标代理机构资质分布表

单位：家

甲级			乙级			暂定级		
合计	上海市	外省市	合计	上海市	外省市	合计	上海市	外省市
103	64	39	19	11	8	105	100	5

（三）人员分布

有关数据显示，2018 年上海市建设工程招标代理机构期末从业人员合计 33931 人，同比增长 8.59%，其中工程招标代理人员 2851 人，同比下降 3.26%（见表 3-7-5）。由此看出，上海市建设工程招标代理机构期末从业人员数量有所上升，工程招标代理人员数量却有下降趋势，但下降势头不明显。

表 3-7-5 2014—2018 年上海市建设工程招标代理机构期末从业人员分布表

单位：人

年份	合计	工程招标代理人员	工程造价咨询人员	工程监理人员	项目管理与咨询服务人员	其他人员
2018	33931	2851	5803	19190	2879	3208
2017	31247	2947	5294	16397	2989	3620
2016	29870	2726	4465	17190	2224	3265
2015	28698	2589	4161	16274	2333	3341
2014	27646	2361	3967	15819	2524	2975

2018 年上海市建设工程招标代理机构专业技术人员合计 21967 人，同比上升 1.68%。其中高级职称人员 3066 人，占比 13.96%；中级职称人员 9108 人，占比 41.46%；初级职称人员 5134 人，占比 23.37%；其他人员 4659 人，占比 21.21%（见表 3-7-6）。中级职称人员已成为上海市建设工程招标代理机构专业技术人员中最主要的组成部分。

表 3-7-6 2014—2018 年上海市建设工程招标代理机构专业技术人员分布表

单位：人

年份	合计	高级职称人员	中级职称人员	初级职称人员	其他人员
2018	21967	3066	9108	5134	4659
2017	21605	3190	8597	5603	4215
2016	21628	2758	8570	5818	4482
2015	21268	2674	8129	5296	5169
2014	20354	2930	8305	4975	4144

2018年上海市建设工程招标代理机构注册人员合计6693人，同比增长5.29%；其中注册造价工程师2932人，占比43.81%；注册建筑师14人，占比0.21%；注册工程师37人，占比0.53%；注册建造师976人，占比14.58%；注册监理工程师2635人，占比39.37%；其他注册执业人员99人，占比1.48%（见表3-7-7）。近几年上海市建设工程招标代理机构注册人员数量不断增长，注册造价工程师和注册监理工程师为注册人员中的主要组成部分。

表3-7-7 2014—2018年上海市建设工程招标代理机构注册人员分布表

单位：人

年份	合计	注册造价工程师	注册建筑师	注册工程师	注册建造师	注册监理工程师	其他注册执业人员
2018	6693	2932	14	37	976	2635	99
2017	6357	2875	18	36	964	2366	98
2016	5910	2722	13	32	854	2248	41
2015	5482	2396	8	3	763	2124	188
2014	4975	2288	7	52	533	1990	105

三、发展趋势

（一）继续深化招标投标制度改革

上海市政府办公厅于2017年9月30日发布了《关于促进本市建筑业持续健康发展的实施意见》，明确要求加大工程总承包推行力度，通过试点完善配套政策，建立与工程总承包方式相适应的招标投标、施工许可、分包管理、工程造价等制度。2018年12月17日上海市住房和城乡建设管理委员会正式印发《上海市工程总承包招标评标办法》，全面推行工程总承包招标评标办法。同时，2019年将继续推进上海市施工电子招标投标，在《上海市房屋建筑和市政工程施工电子招标资格预审文件应用文本》和《上海市房屋建筑和市政工程施工电子招标文件应用文本》基础上完成《上海市房屋建筑和市政工程施工电子招标投标文件数据标准》，并完善与之相适应的系统平台。

（二）进一步加强事中事后监管力度

2018年是国家住房和城乡建设部发布《关于取消工程建设项目招标代理机构资格认定加强事中事后监管的通知》第一年，招标代理资质申请受理和审批停止，加强对招标代理机构和专业从业人员的事中事后监管，已取得一定成效，2019年将继续加强事中事后监管，对事中监管中发现违法违规情况暂停招标投标活动，并进一步提升对重大工程监管服务力度；同时，对招标项目负责人严格执行《上海市建设工程招标代理行为记录办法》，对诚信扣分超出规定的招标项目负责人采取管理措施。

（三）加强行业自律并制定相关自律办法

行业协会将在政府有关部门行政监督和指导下，制定《上海市建设工程招标代理行业自律管理办法》，加强行业自律，建设工程招标代理机构会员自愿、自觉地接受行业协会的自律管理，履行行业自律规则，建立健全内部管理制度，完善招标代理工作质量责任制，客观、公正、科学地为委托方依法提供专业服务，并重视招标代理专业从业人员的综合素质和能力等建设。同时，也将建立招标代理专业从业人员登记制度，包括招标代理从业人员的认定、登记等；对招标项目负责人的不规范行为予以记录，并加强对这些人员的跟踪管理；定期对招标代理从业人员进行法律、法规以及职业道德等方面的培训教育。

（上海市建设工程咨询行业协会供稿）

第八章　江苏省（南京市）招标投标发展报告

2018年，我省招标投标行业以习近平新时代中国特色社会主义思想为指导，全面贯彻党的十九大精神，正在健康发展。在法治建设方面，制定了一部地方政府规章和一批规范性文件；依托省公共资源交易中心和省招标投标公共服务平台建设、推进电子招标投标，建成全省招标投标信息集中交换和公开共享的省级大数据枢纽；全省公共资源交易中心共完成全流程电子化交易招标项目93403个，交易金额超过10766.24亿元；全省招标投标参与主体达36215家；同时江苏省招标投标协会和南京招标投标协会在省和南京市主管部门和上级协会的指导下，依照协会章程积极开展活动。

一、法治建设

2018年在规范招标投标领域，江苏省制定了一部地方政府规章和一批规范性文件：

《江苏省国有资金投资工程建设项目招标投标管理办法》（江苏省人民政府令第120号）；

《关于推进公共资源配置领域政府信息公开的实施意见》（苏政办发〔2018〕50号）；

《江苏省“互联网+”公共资源交易实施方案（2017—2018年）》（苏政办发〔2017〕82号）；

《关于加快推进全省公共资源交易平台信息化智能化建设的实施意见》（苏政务办发〔2018〕28号）；

江苏省贯彻《招标公告和公示信息发布管理办法》的实施意见（苏发改法规发〔2018〕194号）；

关于印发《关于在公共资源交易领域的招标投标活动中建立对失信被执行人联合惩戒机制的实施意见》的通知（苏信用办〔2018〕23号）；

《江苏省政府采购信用管理暂行办法》（苏财规〔2018〕18号）；

《关于在招标文件中载明“项目负责人不得同时在两个或者两个以上单位受聘或者执业”具体情形的通知》（苏建招函〔2018〕2号）；

《江苏省房屋建筑和市政基础设施项目工程总承包招标投标导则》（苏建招办〔2018〕3号）；

《关于印发江苏省房屋建筑和市政基础设施项目工程总承包招标标准文件的通知》（苏建招办〔2018〕4号）；

《江苏省工程招标代理机构动态考评管理办法（试行）》（苏建招办〔2018〕9号）；

《关于明确招标投标监管有关问题的通知》（苏建招办〔2018〕10号）。

南京市和其他省辖市也相应出台了一系列相关文件，以规范招标投标领域工作。《关于修订印发南京市公共资源交易目录的通知》（宁政办发〔2018〕95 号）；《关于工程总承包招标投标和工程设计招标投标落实省有关文件精神的通知》；《关于印发〈南京市货物评标专家考核管理实施细则〉的通知》等。

二、交易主体信息

2018 年，我省参与招标投标交易活动的单位共 36215 家，其中，招标单位 4190 家，分别是招标人 1172 家，采购单位 235 家，出让人 2783 家；投标单位 30789 家，分别是投标人 21496 家，供应商 8059 家，受让人 414 家，竞得人 820 家；招标代理机构 1236 家，分别是招标代理 1172 家，采购代理 64 家。

三、交易活动信息

（一）跨省域远程异地评标试点成功

为积极探索跨区域合作，江苏省公共资源交易中心主动与安徽合肥等公共资源交易中心对接，开展跨省域远程异地评标试点工作。2018 年 4 月 11 日，苏皖两省首个跨区域远程异地评标项目——连云港市石化基地综合服务区二期工程施工监理项目顺利完成。

（二）交易数据

2018 年全省公共资源交易信息见表 3–8–1。

表 3–8–1　2018 年度全省公共资源交易信息

项　目	项目数量（个）	交易金额（亿元）	其中：南京市交易金额（亿元）
建设工程	36514	6746.63	1059.49
交通工程	3755	925.49	151.88
水利工程	4262	285.51	44.97
政府采购	43964	1870.06	328.88
国有产权	4892	228.37	47.00
矿业权交易	14	8.00	—
国土交易	4892	228.37	844.40
药品采购	2	702.17	—
货物设备	—	—	104.47
铁路工程	—	—	162.16

四、从业人员

（一）全省评标专家

全省评标专家情况见表 3-8-2。

表 3-8-2 全省评标专家一览表

地 区	专家数（人）	地 区	专家数（人）
全省合计	13934	连云港	797
南京	3066	淮安	787
无锡	1043	盐城	817
徐州	1029	扬州	884
常州	712	镇江	763
苏州	1767	泰州	709
南通	1080	宿迁	480

（二）全省招标代理机构

截至 2018 年年末，在我省建设行政主管部门备案的从事工程招标代理机构共 989 家。在南京市公共资源交易中心入库的招标代理机构 302 家，产权拍卖机构 19 家。

（三）招标代理机构从业人员情况

2018 年年末招标代理机构从业人员合计 23728 人。其中，高级职称人员 3449 人，中级职称 9891 人，初级职称 10388 人。取得相关注册执业人员合计 10528 人。其中，注册造价工程师 3105 人，注册建筑师 2236 人，注册建造师 2542 人，注册监理工程师 1213 人，其他类注册执业人员 1432 人。

（江苏省招标投标协会、南京招标投标协会供稿）

第九章　浙江省招标投标发展报告

2018 年，浙江省招标投标行业深刻领会习近平新时代中国特色社会主义思想，以党的十九大及省第十四次党代会精神为指引，高扬“简政放权、放管结合、优化服务”主旋律，牢记“国家规范与创新招标投标试点省”“国家首批电子招标投标试点省”使命，按照“干在实处、走在前列、勇立潮头”的要求，齐心协力推进全省公共资源交易事业的规范有序发展。

一、行业现状与交易情况

（一）全省公共资源交易基本情况

省本级及十一地市按照浙江省委省政府“政府引导市场，市场公开交易，交易规范运作，运作统一监管”的总体要求，以整合共享资源、统一制度规则、创新体制机制为重点，以信息化建设为支撑，加快构筑统一的公共资源交易平台体系。截至 2018 年年底，主体框架普遍确立，管理机制成熟运行，阳光指数持续升高，有责投诉明显下降，社会正效应不断增强。据浙江省公共资源交易服务平台统计显示：浙江省省、市、县（区）三级公共资源交易平台 2018 年交易总额达 19204.8 亿元。其中工程建设项目招标投标 8618.64 亿元，占 44.88%；政府采购 2640.41 亿元，占 13.75%；地矿招拍挂 6711.6 亿元，占 34.95%；国有产股权交易 358.72 亿元，占 1.87%；其他公共资源交易 875.44 亿元，占 4.56%（见表 3-9-1、图 3-9-1）。三级交易平台 2018 年总交易金额比 2017 年（2017 年交易总额为 15943.97 亿元）增长 20.45%，为全省实现“两个高水平”建设发挥了积极的助推作用。

表 3-9-1　2018 年浙江省公共资源交易数据统计表

交易额单位：万元，交易量单位：批次

类别	工程建设项目		政府采购		地矿使用权		国有产股权		其他		合计	
	交易额	交易量	交易额	交易量	交易额	交易量	交易额	交易量	交易额	交易量	交易额	交易量
省本级	16522948	1094	2737367	98283	10836788	742	702664	1431	0	0	30799767	101550
杭州	24705192	9144	4612839	52616	23737500	439	605266	1405	1372179	3668	55032976	67272
宁波	7824131	3811	1055479	10794	2270577	310	818042	1035	33520	1869	12001749	17819
温州	6584161	2455	6795763	3556	7193705	385	399637	1204	28060	275	21001326	7875
嘉兴	5551427	2655	370870	31879	6581356	614	93232	1212	7153710	804	19750595	37164
湖州	4902255	1873	1182332	1273	1629645	670	115489	68	208	39	7829929	3923

续表 3-9-1

类别	工程建设项目		政府采购		地矿使用权		国有产股权		其他		合计	
	交易额	交易量	交易额	交易量	交易额	交易量	交易额	交易量	交易额	交易量	交易额	交易量
绍兴	3510178	1727	925543	10513	4354443	364	285846	3168	404	22	9076414	15794
金华	5610180	4318	2739424	1417	3467496	455	239306	544	80295	81	12136701	6815
衢州	2673027	2519	407533	2977	1280172	279	25591	599	20854	414	4407177	6788
舟山	2148992	2322	44340	393	1009387	65	136812	386	0	0	3339531	3166
台州	3999952	2697	1603909	5698	4639590	405	114595	314	55448	398	10413494	9512
丽水	2153907	1511	3928653	1321	115367	20	50697	889	9731	1226	6258355	4967
合计	86186350	36126	26404052	220720	67116026	4748	3587177	12255	8754409	8796	192048014	282645

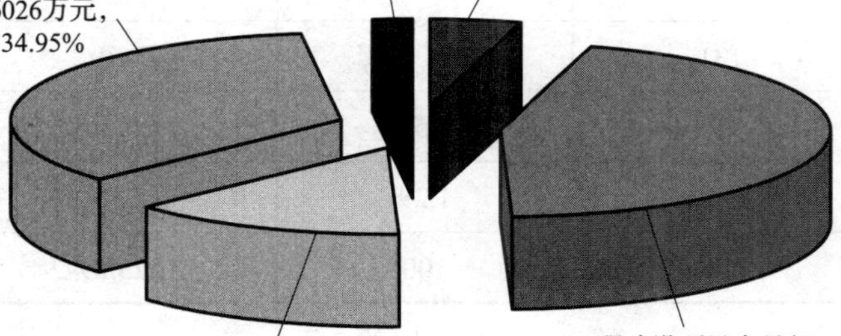

图 3-9-1 2018 年浙江省公共资源交易数据统计图

（交易额单位：万元）

注：以上公共资源交易数据来自浙江省公共资源交易服务平台。

（二）全省重点工程项目交易分析

2018 年，全省重点建设工程完成总投资额 4130 亿元，比 2017 年（2017 年完成总投资额 4948 亿元）下降 16.53%。全省重点工程建设项目累计完成招标标段 1564 个（其中省本级工程建设项目标段 1096 个、下放工程建设项目标段 468 个），同比下降 11.29%；完成中标金额 1925.29 亿元（其中省本级项目中标金额 1696.54 亿元、下放项目中标金额 228.75 亿元），同比增长 30.13%。按照项目属地分析：2018 年完成招标投标的全省重点工程建设项目，交易标段数居前三位的是杭州、宁波和台州，标段数分别为 580 个、138 个和 131 个；中标金额居前三位的是杭州、湖州和嘉兴，分别为 1236.12 亿元、142.2 亿元和 106.19 亿元（详见表 3-9-2）。2018 年，省本级重点工程建设项目有 1064 个标段采用委托招标形式，累计中标金额 1690.52 亿元，有 32 个标段由招标人自行组织招标，累计中标金额 6.02 亿元；有 1094 个标段实行公开招标，累计中标金额 1652.29 亿元，有 2 个标段采用邀请招标，累计中标金额 44.25 亿元。当年交易额较 2017 年有大幅增长，契合浙江“大抓项目、抓大项目”的工作导向，但工程建设项目招标投标整体速度有所放缓。

表 3-9-2 2018 年全省重点工程建设项目招标投标统计表

地　区	标段数（个）	占比（%）	中标金额（亿元）	占比（%）
杭州	580	37.08	1263.12	65.61
宁波	138	8.82	61.21	3.18
温州	125	7.99	55.54	2.88
湖州	99	6.33	142.2	7.39
嘉兴	93	5.94	106.19	5.52
绍兴	94	6.01	81.27	4.22
金华	103	6.59	53.32	2.77
衢州	43	2.75	39.92	2.07
舟山	67	4.28	36.01	1.87
台州	131	8.38	45.51	2.36
丽水	71	4.54	36.7	1.91
义乌	20	1.29	4.3	0.22
合计	1564	100	1925.29	100

二、平台建设与管理创新

（一）交易平台运行机制

各级各部门认真落实《关于印发浙江省整合建立统一的公共资源交易平台实施方案的通知》（浙政办发〔2016〕16 号）精神，以浙江政务服务网为依托，加快构筑规范的公共资源交易平台体系。2018 年 10 月 16 日，“浙江省公共资源（国有产权）交易中心”挂牌运行，至此，浙江省公共资源交易各大领域成功实现线上的全面整合，形成了省、市、县（区）、镇（乡）四级联动。综合起来：一是建立了领导机构、监管机构、服务机构三层面各司其职的管理机制，“一委一办（局）一中心”已成为平台管理与交易服务的基本特征；二是构建了交易管理、业务操作、行为规范多方面相互配套的制度体系，及时清理规范性文件，依法进行流程再造，办事“最多跑一次”已成为平台管理与交易服务的主要亮点；三是构建了来源可溯、去向可查、责任可究多功能信息共享的网络平台，电子招标采购已成为平台管理与交易服务的新型载体；四是畅通了集中监管、审计督查、网上跟踪多形式综合运用的监管路径，打好组合拳、全程抓监督已成为平台管理与交易服务的普遍做法。

（二）交易平台管理创新

积极打造公共资源交易管理“浙江模式”。一是省级招标采购电子交易平台先行建成。

2018 年 12 月，省公共资源交易电子招标投标交易平台正式通过中国网络安全审查技术与认证中心检测认证，并获得国家电子交易平台最高级别——三星级认证证书。政采云网上超市全省运行，杭州市 2018 年实现政采云交易额 92.9 亿元，位居全省各片区首位。二是全省统一的公共资源交易服务平台全面建成。公共服务信息查询平台建成后，累计发布工程建设项目招标投标信息 22.99 万条、政府采购信息 17.93 万条、地矿招拍挂信息 0.67 万条、产（股）权交易信息 2.87 万条、其他公共资源交易与相关主体信息 10.21 万条，实现全省 114 个交易平台交易信息一张网。三是工程建设项目招标投标委托集中监管模式多层探索。省本级平台先行落实到位，推行对重大工程建设项目招标投标的集中监管；宁波、湖州、衢州等地市积极跟进、大胆尝试、充分授权、效果明显。四是“评定分离”试点工作稳健推进。省本级平台（设计领域）和义乌市、海宁市、瑞安市、萧山区、衢州绿色产业集聚区等片区先后试点先行，2018 年，省本级交易平台设计领域共有 44 个标段实施评定分离，试点标段累计 96 个，为破解恶意竞争、围标串标、权责不一等突出问题做出了有效探索。

（三）交易平台政策保障

早在 2005 年 12 月，浙江省就颁布了《浙江省招标投标条例》，2018 年，又从多个层面给予政策法规支持。比如，为规范公共信用信息的归集、披露和使用，于 2018 年 1 月起全面施行了《浙江省公共信用信息管理条例》；为鼓励和引导不良信息主体主动改正违法失信行为，省发改委印发了《浙江省公共信用修复管理暂行办法》（浙发改财金〔2018〕671 号）；为进一步规范省重点建设项目招标投标活动，2017 年 10 月省发改委制定了《关于进一步加强浙江省重点建设项目招标投标监管的若干规定》（浙发改基综〔2017〕831 号）；为规范全省各级招标投标行为，省发改委、省法制办联合发布了《浙江省各市、县（市、区）现行有效的招标投标规章和规范性文件目录》（浙发改法规〔2017〕258 号），并于 2018 年 7 月做了动态调整；为进一步规范全省招标公告和公示信息发布活动，省发改委于 2018 年 5 月印发了《浙江省招标公告和公示信息发布管理办法实施细则》；为进一步降低和规范公共资源交易服务收费，省物价局发布了《关于降低和规范公共资源交易服务收费的通知》（浙价服〔2018〕68 号）。此外，有关部门还印发了《浙江省建设工程计价依据（2018 版）》《浙江省建设工程咨询服务合同示范文本（2018 版）》《浙江省公共资源交易中心电子招标投标服务指南（2018 版）》等。

三、招标代理与专家管理

（一）招标代理机构基本现状

截至 2018 年年底，在浙江省建筑市场监管与诚信信息发布平台依法登记并公布的工程建设项目招标代理机构 595 家，其中省外 84 家、省内 511 家，登记并公布省内外专业技术人员信息 1149717 条，其中注册人员信息 193535 条；浙江省政府采购服务平台依法登记并公布政府采购代理机构 503 家，其中省外 75 家、省内 428 家（见表 3–9–3、表 3–9–4）。省本级交易平台积极探索重点工程建设项目招标代理名录库工作，截至 2018 年底，省重点工程建设项目招标代理名录库在库单位达到 191 家（当年新入库 34 家），其中省内单位 131 家，占比 68.59%，省外单位 60 家，占比 31.41%。为健全招标投标行业诚信自律机制，促进招标投标企业自觉履行诚实守信的社会责任，自觉抵制失信、违规、违法行为，省招标投标协会要求全体会员单位认真履行《浙江省招标投标行业自律公约》。与此同时，认真贯彻《关于开展招标代理机构诚信创优活动的通知》（浙招标法规〔2013〕25 号），自 2013 年起，定期组织两年一届的招标代理机构诚信创优评比活动，截至 2018 年，累计评出诚信创优 5A、4A、3A 级单位约 90 家，鼓励招标代理机构为全省工程建设项目的高质量建成提供高质量服务。

表 3–9–3　浙江省工程建设项目招标代理机构登记数量表

片　　区	招标代理机构（个）	片　　区	招标代理机构（个）
杭州	128	衢州	19
宁波	85	舟山	14
温州	44	台州	34
嘉兴	39	丽水	15
湖州	17	省外	84
绍兴	65	共计	595
金华	51		

表 3–9–4　浙江省政府采购代理机构登记数量表

片　　区	代理机构（个）	片　　区	代理机构（个）
杭州	89	衢州	21
宁波	61	舟山	11
温州	53	台州	40
嘉兴	24	丽水	13
湖州	18	省外	75
绍兴	56	共计	503
金华	42		

（二）专家评委管理大体情况

认真贯彻《浙江省综合性评标专家库管理办法》（浙政令〔2010〕279 号）及《浙江省综合性评标专家库管理办法实施细则》（浙发改法规〔2014〕645 号）。加大专家培训与考核力度，健全专家进退机制。2018 年，组织电子评标系统专项培训，完成全省评标专家年度培训，省综合性评标专家库在库专家为18949人（见表3–9–5），省政府采购评审专家库在库专家为18359人。以浙江省综合性评标专家库为例，专家库按“行业–类别–专业–专业特长”划分，共分十六大行业400个评标专业（特长）。2018年，专家新入库1687人，出库832人（其中年满70周岁出库824人，主动退库4人，因受刑事处罚被除名4人），随机抽取专家10261批次，专家培训4178人次，有210人被记录不良行为，有10人被暂停专家资格。全省已开通88个评标专家抽取终端（见表3–9–6），截至2018年年底，已为全省39301个工程建设项目标段提供了近19万人次的评标专家，有力地促进了工程建设项目招标投标市场的健康发展。

表3–9–5　浙江省综合性评标专家库专家数量统计表

片　区	专家数（个）	片　区	专家数（个）
本级	3132	金华	1151
杭州	3518	衢州	717
宁波	2574	舟山	143
温州	2067	台州	1383
嘉兴	1739	丽水	955
湖州	871	共计	18949
绍兴	699		

表3–9–6　浙江省综合性评标专家库专家抽取终端设置情况表

片　区	专家抽取终端（个）	片　区	专家抽取终端（个）
省直（省交易中心、省公安厅）	2	金华	10
杭州	7	衢州	7
宁波	11	舟山	4
温州	12	台州	7
湖州	5	丽水	11
嘉兴	6	共计	88
绍兴	6		

四、调查研究与公共服务

（一）开展大学习、大调研

2018年，各级各部门积极推进“两学一做”。省招标投标管理中心组织了“加强评标专家管理和省综合性评标专家库建设”专题研究，对完善评标专家管理制度、升级省库信息系统、健全省市协作机制诸方面提出了改革建议；并先后形成了“PPP/EPC 模式监管举措研究”“浙江省招标投标条例立法修订思考”“标后合同履约工作探索”三个重点课题研究报告。与此同时，省招标投标管理中心牵头、省招标投标协会协同，坚持问题导向，完成了“招标投标不良行为界定及惩戒措施”重点课题，对招标投标市场主体不良行为界定及惩戒工作的现状与问题进行了归纳和剖析，提出了规范这项工作的对策；开展了对“招标投标‘评定分离’改革”的重点课题研究，解读产生背景，归纳试行情况，分析优势短板，并对浙江下一步稳健推进“评定分离”工作提出了建议。各地市也紧贴当地实际调查研究，形成了一批高质量的调研报告。此外，有关单位还举办了“2018 浙江·全过程工程咨询发展论坛”，组织了“招标投标最新法规解读及操作实务”“新形势下 PPP 操作指南应用及工程总承包（EPC）项目实战管理”等培训班。

（二）服务大战略、大市场

招标采购管理部门深化“放管服”。于第一时间指导招标人熟悉流程，主动上门指导，坚持超前服务；制定招标采购监管方案，实行“挂图作战”，做到精准服务；落实标后监督，保障项目落地，实施跟踪服务。为降低招标投标交易成本，促进投标企业诚实守信，经省发改委批复，省招标投标协会自 2011 年 8 月 1 日起在省重点建设项目中试行“投标保证金联保机制”，这也是浙江“规范创新招标投标试点省”的一项创新服务举措。截至 2018 年年底，省级平台共有 200 多家单位参加联保机制，联保资金达 2.19 亿元，开具联保证明书 2.9 万份，累计为企业减少资金占用 232.69 亿元；其中 2018 年开具联保证明 3993 份，为企业减少资金占用 24.83 亿元。为优化联保机制的管理，2017 年 2 月，省发改委对联保机制进行了阶段性评估，并给予了充分肯定。省协会根据评估意见，修订了联保机制管理制度，减少了联保保证金缴存档次，重核了联保保证金缴存标准，强化了风险防范，提高了服务水平；并通过公开招标方式确定了联保资金的存储银行，强化联保资金的第三方监管。目前，全省已有五个片区实施了类似的联保机制。

五、市场展望与发展趋势

（一）抓住机遇，促进行业发展

2019 年是新中国建立七十周年，也是完成“十三五”规划目标、高水平全面建成小康社会的关键之年。展望未来，全省“十四五”发展战略规划的最新思路正在酝酿，融入并牵引长三角区域一体化发展的战略鼓舞人心，实施大湾区建设的行动计划已成共识，加快大花园建设的运作方案已经启动，推进以大通道为引领综合交通建设规划持续推进，狠抓大都市区建设的号令已化为行动，实现建设海洋强省的目标离我们越来越近，“一带一路”枢纽行动计划引人注目，“五个千亿”产业竞争力提升工程正在实施，美丽乡村建设正在进一步深化，省重点工程建设项目2019年计划投资3800亿元以上。为此，招标投标行业相关主体要领会党中央国务院的指示，遵循省委省政府的部署，抓住机遇、振奋精神，转型升级、融合创新，着眼于提升高质量发展的服务能力和支撑后劲，推动满盘皆活，绘出满园春色。

（二）改革创新，优化市场管理

招标投标行业相关主体要突出“八八战略”再深化，改革开放再出发这个主题，补短板、强弱项、提质量。要针对体制机制还需理顺，运行制度还需完善，主体行为还需规范等现状，启动《浙江省招标投标条例》修订工作，进一步理顺全省公共资源交易管理体制；发挥公共资源交易统一平台的枢纽作用，进一步推进交易类别和交易规则的规范统一；狠抓社会诚信体系建设，全面实施不良行为联合惩戒制度；深入推进电子交易系统建设，全面实现公共资源交易管理数字化；狠抓各方主体的职业道德和行为规范建设，进一步增强法治意识、诚信意识、服务意识和廉洁意识；筑牢高质量发展的底线，努力打造公共资源交易管理“浙江样板”，为促进浙江省经济社会平稳健康可持续发展做出新贡献。

（浙江省招标投标协会供稿）

第十章 安徽省招标投标发展报告

2018 年伴随着国家“放管服”改革深入开展，招标投标供给侧改革稳步推进，行业发展的利好政策相继出台，市场环境总体稳中向好，代理机构的转型升级和行业队伍不断壮大优化，招标采购迎来了蓬勃发展的一年，安徽省招标投标行业在 2018 年交出一张漂亮的“成绩单”。虽然存在市场不规范、监管过宽泛、市场集中度差等问题，但瑕不掩瑜，未来安徽省招标投标行业一定会向着更为规范有序的方向稳步前进。

一、行业发展现状

（一）招标投标市场交易规模继续扩大

2018 年，在省委省政府领导下，面对错综复杂的国内外形势，各地各部门认真贯彻落实中央“六稳”要求，紧紧围绕坚持稳中求进工作总基调，对标高质量发展要求，扎实推进供给侧结构性改革，深入实施五大发展行动计划的总体要求，全力保障各类公共资源交易活动顺利开展，在全省统一的公共资源交易平台上，全年共计完成各级工程建设项目招标投标、政府采购、国有土地使用权和矿业权出让、国有产权交易、农村产权流转、PPP 项目招标等六大类交易项目 83525 个，成交 8329.69 亿元，节约 1353.19 亿元，增值 729.03 亿元，成交金额、节约资金同比分别增长 10.80%、14.63%，为助力五大发展行动计划做出了积极贡献。其中，工程建设项目招标投标 41945 个，成交 3911.55 亿元（约为 2018 年全省固定资产投资总额的 12%），节约 1252.85 亿元，同比分别增长 19.37%、31.09%、18.27%。政府采购 31870 个，成交 707.3 亿元，节约 100.34 亿元，同比分别增长 -24.59%、-21.71%、-18.96%。国有土地使用权和矿业权出让 3391 个，成交 2496.31 亿元，增值 661.16 亿元，同比分别增长 15.77%、1.25%、-35.40%。国有产权交易 5617 个，成交 284.99 亿元，增值 67.45 亿元，同比分别增长 97.99%、316.83%、646.95%。农村产权流转交易 576 个，成交 4.88 亿元，增值 0.41 亿元，同比分别增长 71.43%、121.82%、10.81%。PPP 项目招标 126 个，投资 924.66 亿元，同比分别增长 121.05%、-16.05%。另外，同步完成网上商城采购 199308 个，成交 34.97 亿元；完成公立医疗机构药品采购 267 亿元、高值医用耗材采购 68.9 亿元；完成非财政预算资金医用设备采购 34 个，成交 3.83 亿元。

（二）电子招标投标平台不断优化升级

2018 年，省发展改革委受邀在全国公共资源交易平台整合工作电视电话会议主会场做典型发言，决策执行监督三分离监管体制改革做法入选 2018 年全国创新成果，平台服务规范总则被作为国家标准的起草蓝本。致力于为交易主体提供精准服务。一是开放对接第三方。合肥市交易中心开展对接第三方市场主体依法建设的电子交易系统试点，目前已在该系统上完成交易项目 73 个，成交金额 60.82 亿元。二是升级平台系统。淮北等 15 市平台开展“三大系统”分离工作，完善电子服务系统功能，为开放对接第三方交易系统奠定了基础。三是提高数据推送质量。及时梳理分析汇集推送数据存在问题，围绕成交金额等 7 个方面存在不足制定解决方案，纠正错误数据，我省数据质量位居全国前列。四是推动交易全程电子化。为省综合评标评审专家库 2 万名专家免费配发数字证书，打通评标评审电子化堵点，全省工程建设项目招标投标全程电子化率平均达 80%，政府采购全程电子化率超过 85%，其他项目平均达到 75%。努力构建了一个高效、规范、开放的招标投标交易平台，进一步提升监管和服务水平。

（三）招标采购市场主体分布情况

1. 竞争主体数量

截至 2018 年 12 月 31 日，参与全省各类交易活动的市场主体 138456 家，其中投标人 51698 家，占 37.34%；供应商 51457 家，占 37.16%；其他市场主体 35301 家，占 25.5%。

2. 市场主体注册地分布

省内市场主体共 90687 家，占市场主体总量的 64.07%；省外来皖市场主体 50850 家，占市场主体总量的 35.93%，主要以江苏、北京、浙江、上海为主，其中江苏省 17049 家、北京市 7331 家、浙江省 6967 家、上海市 6063 家。

3. 代理机构数量迅速增长

随着招标代理行业资质放开、透明度提升、行业市场化水平加深及相关法律法规完善，激发了更多的机构和个人投身招标代理行业的热情，同时也进一步加剧了行业竞争。据不完全统计，目前，我省从事工程建设招标代理机构约 470 家（含省外约 80 家），政府采购代理机构 309 家。良好市场导向及协会对行业自律的规范制定，也使得安徽省招标投标行业的发展更加健康有序。然而，也正是由于行业准入门槛的降低，使得代理机构多数规模较小、行业集中度差；市场竞争激烈而监管过宽泛，使得行业中挂靠现象严重。对此，行业中已有一些先进企业提前布局，进行行业内与行业间的深耕外拓，将业务链延伸至项目全过程咨询、PPP 咨询、BIM 咨询等领域，实现战略转型，以适应招标投标市场深入度发展的需要。我省以安徽省招标集团股份有限公司等为代表的一批企业已经先行一步。

（四）评标评审专家库建设不断完善

2018 年，安徽省综合评标评审专家库入库专家 20196 名，专业涵盖 31 个大类、1267 个小类。全年共为 6.8 万个依法需要评标评审的交易项目抽取专家 26.1 万人次，同比分别增长 17.24%、11.54%。确保了项目招标投标的公开、公平、公正。

二、主要影响因素

（一）经济环境

自 2015 年以来，安徽省经济增速始终保持在 8% 以上。2018 年，全省生产总值达 30006.82 亿元，同比增长 8.02%。安徽省经济运行保持了总体平稳、稳中有进态势。由此可见，未来安徽省经济将继续保持良性增长，经济发展后劲十足，而这将继续为安徽省招标投标行业的发展带来利好。

全年固定资产投资按可比口径计算比上年增长 11.8%，增速居全国第 2 位，比上年前移 9 位。其中，基础设施投资增长 7%，民间投资增长 18.5%。全年共安排亿元以上重点项目 5962 个，当年完成投资 15316.2 亿元。工程类投资的增长，将对我省招标投标行业产生直接正面效应，带动我省招标投标行业发展。

（二）政策环境

2018 年安徽省出台多项政策，为行业发展保驾护航。

（1）《安徽省“互联网 +”招标采购行动实施方案（2017—2019 年）》出台。该方案对 2018 年的工作做出了明确要求，2018 年需实现：加强系统互联共享，促进信息全网有序流动，加强安全保障。该方案结合安徽省的实际情况，促进了招标采购与互联网深度融合，实现信息资源共享，降低交易成本，将大力加速电子招标投标的发展。

（2）安徽省发展改革委、安徽省政府法制办印发《关于公布安徽省公共资源交易规范性文件目录（第二批）及调整出安徽省公共资源交易规范性文件目录（第一批）有关文件清单的通知》。根据国家发展改革委等七部委《关于建立清理和规范招标投标有关规定长效机制的意见》（发改法规〔2015〕787 号）和《安徽省人民政府办公厅关于印发安徽省整合建立统一的公共资源交易平台实施方案的通知》（皖政办〔2015〕64 号）要求，省发展改革委、省政府法制办组织开展了全省第二批公共资源交易规范性文件清理工作，并对已公布的第一批规范性文件目录进行了调整。对目录公布后各地各有关部门新制定、修改或废止的规范性文件，以及列入目录但执行中仍发现存在问题的规范性文件，由省发展改革委会同省政府法制办按有关规定动态调整、更新目录。

（3）省财政厅为深化“放管服”改革，加强政府采购监管，制定印发一系列规范性文件。《安徽省财政厅关于进一步深化政府采购“放管服”改革的通知》《安徽省财政厅关于公布政府采购投诉受理有关信息的通知》《安徽省财政厅关于发布政府采购各类信息公告范本的通知》《安徽省财政厅转发财政部关于印发〈政务信息系统政府采购管理暂行办法〉的通知》《安徽省财政厅转发财政部办公厅〈关于进一步规范地方政府采购信息统计工作的通知〉》《安徽省财政厅关于明确政府采购工程项目实施公开招标采购数额标准的通知》等制度文件，政府采购制度建设不断完善和加强。相关制度建设被财政部中国政府采购报授予全国“年度创新奖”。

（4）《安徽省房屋建筑和市政基础设施工程招标投标监督管理办法（试行）》出台。该《办法》对招标投标活动监督管理的适用范围、对象、主体等进行了明确规定。同时，《办法》重点对安徽省建筑工程招标投标活动监督检查采取的形式、具体检查内容、如何检查等方面进行了细化；还对招标投标活动事后投诉处理、违法行为处理做了规定。未来，安徽省将采取电子化信息甄别、大数据分析等技术，“盯紧”招标投标市场各方主体，防范出现人为干预和暗箱操作。

（5）安徽省水利厅发布关于印发《安徽省水利水电工程施工招标文件示范文本（2018年版）》等8个示范文本的通知。为贯彻落实国家发改委等九部委印发的《标准设备采购招标文件》等5个标准招标文件和《安徽省人民政府办公厅关于推进工程建设管理改革促进建筑业持续健康发展的实施意见》（皖政办〔2017〕97号）精神，结合我省水利工程招标工作实际，根据《安徽省公共资源交易监督管理联席会议办公室关于印发2018年全省公共资源交易工作要点及任务分工的通知》（皖公管联办〔2018〕1号）工作安排，水利厅组织对2017年版招标文件示范文本进行了修订，形成了《安徽省水利水电工程施工招标文件示范文本（2018年版）》等8个示范文本。为了加强市场主体信用监管，推行信用监管制度，此次修订，在8个示范文本的评标办法中增加了信用等级分数项，推行水利建设市场信用管理全覆盖。其中施工、监理招标文件示范文本中，评分标准的信用等级分数项执行现有施工、监理信用评价体系的规定；其他示范文本中评分标准增加了信用等级分数项。

（三）制约环境

伴随行业的飞速发展，不可避免会出现一些不和谐之音。分析并解决这些问题，将会进一步提升行业发展的整体水平。

1. 招标人

目前，在实际业务中，存在招标人对招标代理机构的选择、资格审查方式的确定、投标保证金和履约保证金的设处、招标文件评审方法和标准的设置、合同条件的制定、参与评标、定标等权利等被限制或剥夺的现象。招标人权利缺失，因此也就未能在招标过程中起到应有作用。

2. 投标人

在现实业务中，以他人名义投标、围标串标、弄虚作假等问题仍旧没有得到完全解决。若在招标投标工作中出现如上问题，将会极大降低社会大众对招标投标工作的信任度，给行业带来较大伤害。

3. 评标专家

对于评标机制，评标专家方面容易出现专家不专的问题。专家评审制度本意是需要专家解决投标方案的技术经济评价问题，但评标过程中往往弱化了专家的技术经济评价要求和能力，而纠缠于资格、人员、业绩、响应等的简单对应。

（四）监管和自律环境

由于招标投标工作涉及领域众多，省发展改革委设立省公共资源交易监督管理办公室，综合指导和监管全省公共资源交易工作，省财政厅、省国土资源厅、省住房城乡建设厅、省交通运输厅、省水利厅、省教育厅、省卫生计生委、省国资委分别设立行业监督管理办公室，指导和监督全省有关行业公共资源交易工作。

此外，安徽省招标投标协会是跨部门、跨行业，由招标人、投标人、招标代理机构及其相关单位共同参加的招标投标自律组织。协会认真研究建立招标投标诚信体系，努力完善行业自律机制，研究制定了招标投标行规行约、职业道德准则等，组织签订《安徽省招标投标自律公约承诺书》，有效发挥了行业协会对于行业自律的引导作用。

三、行业发展趋势

（一）“互联网 +”电子招标投标战略加快推进

随着政府主管部门对电子招标投标管理办法以及与之相配套技术标准和实施规范的建立，招标投标活动的全流程电子化已经势在必行。安徽省在 2018 年密集出台电子招标投标相关政策文件，将招标采购与互联网的深度融合，提升交易服务质量和效率、夯实互联共享发展的基础，促进监管机制更加智能高效，推动“互联网 +”招标采购持续健康有序发展，也为将来的信用信息采集，行业信用信息共享和应用奠定了技术基础。

（二）专业化水平提升

招标代理机构应不断适应形势，成为提供优质高效、精细化、多维度服务的智力密集性企业，将招标代理业务做专、做深、做透，提供专业型、顾问式服务。

（三）全过程咨询机构的华丽变身

随着工程咨询行业的改革及全过程咨询新时代的到来，传统的招标代理机构必将进行转型升级，逐步向全流程、多元化方向发展。由传统单一的招标模式向提供全过程、多领域的服务方向发展，是招标投标行业发展的趋势。

招标代理机构要探索新的服务领域，围绕招标采购咨询节点，面向工程项目建设链，前向和后向全过程一体化发展投资咨询、设计咨询、BIM 咨询、造价咨询、工程监理、项目管理等上下游产业链，形成技术集约化，创造新的服务附加值。

（四）协会引领行业发展的职能进一步加强

“放管服”改革环境下，行业协会发展迎来新的机遇和挑战。安徽省招标投标协会坚持以立足服务会员、行业、政府为出发点和落脚点，在政策研究宣贯、推动信息化服务、拓展业务培训、引导行业规范、履行社会责任等方面扎实开展工作。2018 年：组织开展招标投标政策培训、评标评审业务多期培训班，助力提升行业从业人员综合素质；组建行业专家智囊团队，免费提供咨询服务，解答行业内问题质询，积极提供政策建议；升级完善“安徽省招标投标信息网”，并与国家平台完成对接，扩大招标信息发布范围，增加招标信息发布透明度；配合招标投标法修法调研工作，广泛征集意见建议，及时反馈相关单位。

（五）人工智能与网络协同对招标投标行业影响日益扩大

随着人工智能时代的到来，很多行业的发展都会受到重大影响，招标投标行业也不例外。技术进步是不可阻挡的时代潮流，人工智能将导致很多人力岗位将被人工智能取代。未来，无论是招标、投标还是评标环节的人工环节都可能会被人工智能所取代，这不但降低了人力成本，还将会使整个招标投标环节更透明、更高效。因此，招标投标行业的相关参与方都应该正视这种潜在的发展趋势，积极跟踪、学习，实现发展转型。

（安徽省招标投标协会、安徽省招标集团股份有限公司供稿）

第十一章　福建省招标投标发展报告

2018 年，福建省招标投标市场运行总体情况稳健。福建作为首批电子交易全国试点，依托“互联网 +”，强化三大平台建设，创新发展电子招标投标。目前房建、交通、水利、政府采购已实现招标投标全流程电子化，在省内公共资源交易中心的平台间实行远程异地评标，并率先实现全流程网上监督。福建还发挥地域优势，加强闽台建筑企业交流合作。2018 年福建采取了多项措施，制定相关的政策法规，规范招标投标市场，有力促进招标投标行业转型升级，高效健康发展。

一、2018 年发展情况

（一）完善相关规章制度

1. 完善公共资源交易相关配套制度

2018 年省发展改革委制定了《福建省公共资源交易管理工作联席会议关于印发福建省 2018 年公共资源交易管理工作要点的通知》（闽发改法规〔2018〕365 号）文件，提出了坚持问题导向和目标导向，持续推进工程领域招标投标网上公开工作，推动新规则下的全流程电子招标投标和电子采购。制定并印发了《福建省公共资源交易信用管理暂行办法》（闽发改法规〔2018〕104 号）、《福建省公共资源交易电子行政监督平台管理暂行办法》（闽发改法规〔2018〕105 号）、《福建省工程建设项目招标投标远程异地评标暂行办法》（闽发改法规〔2018〕154 号）、《福建省招标公告和公示信息发布管理办法》（闽发改法规〔2018〕444 号）等规范性文件，保障公共资源交易活动顺利开展；推动其他行业部门继续完善行业规范文件，今年省住房城乡建设厅出台并印发了《福建省住房和城乡建设厅关于启用省公共资源交易电子行政监督平台线上投诉功能的通知》（闽建筑〔2018〕20 号）、《关于施工招标项目电子投标文件雷同认定与处理的指导意见》（闽建筑〔2018〕29 号）、《福建省房屋建筑和市政基础设施工程勘察设计招标投标管理若干规定》（闽建〔2018〕3 号）等文件，规范行业招标投标活动。

2. 制定公共资源交易目录和信息公开目录

福建省公共资源交易中心于 2015 年制定更新了公共资源交易目录，各地市也根据地市情况制定了相应的公共资源交易目录。目前，省发展改革委根据国家要求正积极开展制定全省公共资源交易目录工作，将该任务纳入 2019 年公共资源交易工作要点之一。根据《国务院办公厅关于推进公共资源配置领域政府信息公开的意见》（国办发〔2017〕97 号）要求，省发展改革委代为起草了《福建省人民政府办公厅关于推进公共资源配置领域政府信息公开的实施意见》(闽政办〔2018〕26号)，同时根据《国家发展改革委办公厅关于进一步做好公共资源交易领域政府信息公开工作的通知》(发改办法规〔2018〕94号)要求，省发展改革委制定印发了《福建省发展和改革委员会关于推进公共资源配置领域政府信息公开工作方案》(闽发改法规〔2018〕428号)，提出推进公共资源配置决策、执行、管理、服务、结果公开的总体要求和重点任务，作为贯彻落实政府信息与政务公开的重要举措，坚持“谁批准、谁公开，谁实施、谁公开，谁制作、谁公开”，一般公开和重点公开相结合、公开为常态不公开为例外，以及依法、公平、公正、真实、便民、及时、准确的原则，扩大公众监督，增强公开实效，切实把公共资源交易领域政府信息公开工作抓紧、抓实、抓好，并印发了《福建省发展和改革委员会关于开展公共资源配置领域政府信息公开工作检查的通知》(闽发改办综〔2018〕59号)，于2018年11月中下旬开展公共资源配置领域政府信息公开检查监督工作，抓好信息公开落实到位。

3. 开展公共资源交易制度文件清理工作

今年，省发展改革委通过开展排除限制公平竞争政策措施和产权保护清规工作，按照“谁制定、谁清理，谁起草、谁清理”的原则，对包括有关公共资源交易的地方性法规、规章等规范性文件进行了清理，有助保障全省公共资源交易规则制度统一。

4. 规范工程建设各方主体的招标投标活动

出台《福建省房屋建筑和市政基础设施工程勘察设计招标投标管理若干规定》(闽建〔2018〕3号)、《福建省工程勘察设计企业信用评价管理办法》(闽建〔2018〕4号)、《关于施工招标项目电子投标文件雷同认定与处理的指导意见》(闽建筑〔2018〕29号)、《关于进一步明确装配式建筑评标办法有关事项的通知》(闽建筑〔2018〕27号)等文件。

(二)公共资源交易平台

自《国务院办公厅关于印发整合建立统一的公共资源交易平台工作方案的通知》(国办发〔2015〕63号)印发以来，省发展改革委近几年积极开展公共资源交易平台整合工作，拓展公共资源交易范围，按“4+N”模式拓展公共资源交易范围。目前省、市公共资源交易中心均已完成了工程建设项目招标投标、土地使用权和矿业权出让、国有产权交易、政府采购四类交易平台的整合，且逐步拓展平台交易范围，省级层面去年实现新建住宅小区供配电设施建设、疫苗采购的纳入，实现了碳排放权、林权、排污权等交易信息互联互通纳入统一平台。市级层面，各地根据实际情况将自然资源、环境权益、资产类等纳入交易平台。全省共建成公共资源交易平台11个。

(三)公共资源服务平台

采用PPP模式建设省公共资源交易电子公共服务平台，实现全省统一、终端覆盖市县的公共服务平台体系，完善公共资源交易领域电子公共服务，地市不再建设。平台具备公共资源交易信息发布、全省统一身份认证、信用信息共享、统一专家库管理、远程异地评标调度、数据交换共享分析等功能。

1. 加强数据信息汇集共享

2018 年省发展改革委制定了《福建省招标公告和公示信息发布管理办法》（闽发改法规〔2018〕444 号）文件，省电子公共服务平台成为我省招标公告和公示信息发布的唯一媒介。省电子公共服务平台利用云计算、大数据等技术，构建基于“互联网 +”的跨专业、跨部门、跨地域的全省电子招标投标公共服务平台，与中国招标投标公共服务平台对接，实现数据实时交互。以“互联网 + 公共资源交易”为实施路径，以信息化驱动平台深入整合为主线，推动国家、省、市三级电子招标投标交易平台系统互联互通，推动信息共享。其中电子招标投标公共服务平台在链接全省电子证照共享服务平台、公共信用信息平台等公开共享平台资源的基础上，进行与发展改革、财政、住房城乡建设、国土资源、交通运输、水利等部门之间的信息交换和资源整合。同时，公共服务平台具有信息公开服务功能，能响应和处理各类信息服务系统中的信息公开发布请求，实现各类信息的公开发布、共享、更新、统计、汇总、分析、查看浏览功能以及公布信息的下载功能，可为统计分析、宏观调控、监督管理提供综合信息服务。

2. 推进统一 CA 和电子签章兼容互认

在省公共资源交易电子公共服务平台建立统一 CA 兼容互认系统，已实现全省多家 CA 互认、初步实现电子签章、加解密兼容互调，2018 年 11 月已开始在全省电子交易系统开展统一 CA 交易主体试用，解决“一人多狗”问题，减轻企业负担，降低交易成本，提高招标投标效率，营造良好的营商环境，市场主体有了初步的获得感。市场主体反映单项招标项目平均成本从原来的约 2 万元下降到 2000 元左右。

3. 促进专家资源共享

九部委印发《公共资源交易评标专家专业分类标准》（发改法规〔2018〕316 号）后，福建省在 2018 年 9 月底前，已经完成专家库专业分类调整工作，有效地整合了专家资源。福建省在电子公共服务平台建立了远程异地评标调度系统，推进工程建设项目招标投标远程异地评标工作，实现专家资源共享，解决部分地区评标专家人数不足状况，减少专家路途往返奔波，提高评标工作效率，降低招标投标成本；同时，针对评标专家库系统存在的不足，制定了升级改造方案，开展升级改造工作。

（四）公共资源监督平台

建设省公共资源交易电子行政监督平台。通过平台实现项目在线报建、多级备案、全流程在线监督预警、预警短信提醒、开评标视频在线监督查看、监督大数据分析、在线投诉等功能。同时，制定了《福建省公共资源交易电子行政监督平台管理暂行办法》，为规范电子行政监督行为提供了政策依据，会同各行业厅局定期梳理招标投标全流程监督点，不断深化、细化、优化监督点，并加强与各交易系统对接，满足开展全流程电子监督、全行业监督、异地电子监督的要求，省内依法必须招标的工程建设项目招标投标活动由相关行业监管部门通过该平台在线全流程监督，推进“互联网+”监管，为行政监督部门和市场主体提供大数据服务，例如对计算机的网卡MAC地址、CPU序列号和硬盘序列号等硬件信息分析，增强行政监管的科学性、有效性和权威性，推动公共资源交易的规范化、透明化和健康化发展。

（五）招标投标代理机构

（1）分布情况。2018年底福建省工程招标代理机构共1021家，比上年增长4.71%。

（2）业务情况。2018年度工程招标代理机构工程招标代理中标金额3858.18亿元，比上年增长53.22%。其中，房屋建筑和市政基础设施工程招标代理中标金额2653.72亿元，占工程招标代理中标金额的68.69%。

（3）加强监管。住房城乡建设部《关于取消工程建设项目招标代理机构资格认定加强事中事后监管的通知》明确各级住房城乡建设部门不再受理招标代理机构资格认定申请，停止招标代理机构资格审批，加强投标活动监管力度，推进电子招标投标，严格依法查处招标代理机构违法违规行为。福建省住房城乡建设厅印发《福建省工程建设项目招标代理机构信用综合评价暂行办法》，推进工程建设项目招标代理行业信用体系建设，强化事中事后监管，构建“诚信激励、失信惩戒”机制，进一步规范招标代理市场秩序，构建“一处失信、处处受制”的市场环境。

二、特色、问题与措施、趋势

（一）福建特色

（1）服务两岸，加强闽台合作。允许台湾建筑企业参加福建招标投标项目，出台两岸建筑企业资质、职称互认有关办法。以平潭为例，省中心与平潭远程评标。

（2）房屋建筑施工项目评标分值加入企业信用分，保护诚实守信企业，规范了招标投标市场。

（3）较早开展电子化评标。福建省于2015年列为国家电子招标投标试点省份，目前已在试点的基础上率先投用电子招标投标的公共服务与行政监督平台，具有福建特色，得到国家发展改革委肯定。目前房建、交通、水利、政府采购已实现全流程电子化。开发了行政监督平台，率先实现行政部门可以全流程网上监督，开标网上直播，监督留痕，1+1+n全面实现。

（4）市场包容度高，交易壁垒少。体现在：全国各类型建筑企业参与我省招标投标活跃度高；开放CA市场，已完成CA互认工作；开放各类交易平台，服务招标投标。

（二）存在问题

（1）部分行业、地区规则不统一问题。

（2）串通投标问题。

（3）招标投标弄虚作假行为。

（4）电子招标投标带来的验真、保密、安全问题。

（5）招标投标合同履行不到位问题。

（6）行政监管分散、薄弱、不到位问题等。

（三）对策措施

1. 推动招标投标网上公开工作

进一步完善全省全行业领域招标投标统一规则，推进全流程电子化招标投标，健全全省公共资源电子行政监督平台和全省公共资源交易电子公共服务平台“两个平台”的功能，推动远程异地评标开展、招标投标交易主体信用库建设、招标投标大数据分析，加强招标投标违法行为的打击力度，进一步规范招标投标市场秩序。

2. 推动全流程电子招标投标

各级公共资源交易平台根据住建、交通、水利三个部门新的交易规则、电子示范文本及电子交易软件升级的功能要求，完成电子招标投标系统软件的改造升级，将制度创新成果固化到交易软件中，并在全省范围内实现住建、交通、水利等依法必须招标的项目全部电子化“线上”招标投标。通过全流程电子化交易，减少了人为操作空间，增加了“围标串标”的成本。推动全省各交易平台之间的 CA 互认，降低投标人使用交易平台的成本。统一建设省公共资源交易电子公共服务平台，链接各行业招标投标公开共享平台，进行纪检监察、发改、财政、规划、国土、住建、交通、水利、工商、社保、税务、银行等部门之间的信息交换和资源整合。统一建设省公共资源交易电子行政监督平台，建立“审批审核、资金管理、项目实施、合同管理”等联动机制，实现“项目报建、备案、投诉处理、招标投标情况书面报告、合同备案、履约信息公示”等全过程监督、预警、处理的功能。

3. 推进远程异地评标

以联席会议名义制定了《福建省工程建设项目招标投标远程异地评标暂行办法》，利用福建省公共资源交易电子公共服务平台的远程异地评标管理系统和各地公共资源交易中心的电子交易平台，依托专用网络，通过远程调度、专家身份认证、专家电子签字和统一 CA 电子签章、视频语音实时交互和在线监督等，在福建省内的公共资源交易中心的交易平台间实现远程异地评标。系统的启用，提高远程异地评标工作质量和效率，保证远程异地评标工作科学、规范、协调和统一。

4. 市场主体信息库建设

积极推进公共资源交易市场主体信息和信用信息库建设，以省电子公共服务平台为依托，实现为全省公共资源交易信用信息提供统一发布、共享和交换信息的功能，以及实现各级行政监督管理部门、公共资源交易中心及公共资源交易主体在公共资源交易事前、事中、事后全过程活动中应用省电子公共服务平台公开信用信息的目标。

5. 规范评标专家评标行为

制定《福建省综合性评标专家库管理办法实施细则》，对评标专家评标活动时的不良行为进行了明确，并规定各公共资源交易场所经省发展改革委同意作为抽取终端单位，负责对本场所内评标的评标专家不良行为和违法行为予以记录，并及时移送有关行政监督管理部门予以认定、处理。积极筹备《福建省综合性评标专家库不良行为规范和信用考核暂行办法》的制定，为实现专家库动态管理提供可操作的依据。

6. 加强对招标项目电子投标文件雷同的认定与处理

制定《关于施工招标项目电子投标文件雷同认定与处理的指导意见》，针对不同投标人的电子投标文件上传计算机的网卡 MAC 地址、CPU 序列号和硬盘序列号等硬件信息，进行自动排查及不同投标人的电子投标文件编制时的计算机硬件信息中存在的计算机网卡 MAC 地址、CPU 序列号和硬盘序列号相同的情况进行雷同认定，为招标投标环境的净化起到了更积极的作用。

（四）发展趋势

1. 转型升级

逐步向专业化、全流程、多元化方向发展，由传统单一的招标模式向提供全过程、多领域的服务方向发展，是招标投标行业发展的趋势。招标代理机构应逐步地由重程序轻专业的低层次的程序服务，向以依法合规为根基，重专业、重价值的高阶层次的技术咨询服务转变。以依法合规、专业服务、优质高效为发展基石，逐步延长服务链，探索招标采购全生命周期服务模式，向多元素、多方向的集团化招标代理机构发展。省里的招标龙头企业通过并购咨询、设计、勘察，施工企业已经打造出完整的全过程工程咨询产业链，为下一步开展全过程工程咨询工作打好基础。

2. 第三方平台快速成长

我省培育一批第三方交易平台在省内各地交易中心开展交易业务。其中泉州市交易平台在实际应用中创造了“全市场监管、全流程在线、全过程开放、全智能操作、全行业受益”的“五全”建设运营模式，得到了市场的检验和高度认可，既大量降低了企业投标成本、政府行政管理成本、社会综合成本，又有效遏制了挂靠、信息造假、投标人与专家串通等违规行为。目前这些第三方交易平台运行稳定可靠，交易数量多金额大，推动了交易市场的公平竞争。本省第三方交易平台积极走出去，“易交易”等第三方交易平台除了在省内推广应用外，还到湖南、河北、山东、四川、安徽等地的部分市县交易中心建设平台。未来，交易平台市场的争夺将更趋激烈。

3. 依托“互联网 +”创新发展电子招标投标

随着“互联网 +”发展战略的推进，创建分类清晰、功能互补的电子招标投标系统，实现招标投标活动的全流程电子化成为当今发展的主要趋势。随着全流程电子化的发展，各项服务也将更加丰富，我省首个全流程电子化投标保函系统已在马尾区公共资源交易服务中心启用，随着履约保函、质量保函、农民工工资保函的电子化，管理部门便能够在电子化工程担保保函的基础上构建起行业信用体系，并通过各环节的信息化大数据进一步积累成行业信用体系。

4. 充分发挥协会行业组织作用

2016 年 1 月 1 日，中国招标投标协会正式发布招标投标行业第一部自律性标准《招标采购代理规范》，它是招标投标行业组织自律实施、指导、评价和监督招标采购代理服务机构以及招标采购从业人员依法、诚信和规范提供招标采购服务的主要标准。我省协会目前正在积极推动《福建省综合性评标专家库不良行为规范和信用考核暂行办法》的制定，以及省内地铁行业的招标文件范本制定等工作，协会行业组织的作用将在整体“放管服”的大环境下起到越来越大的作用。

（福建省招标投标协会供稿）

第十二章 江西省招标投标发展报告

针对当前招标投标过程中存在的问题，我省从“放管服”和“五统一”双向发力，采取完善法规、明确职责、健全机构、强化过程监督等措施，进一步净化招标投标市场，促进全行业走向规范化、法制化轨道，不断提高招标投标工作的质量和水平。

一、江西省招标投标基本情况

（一）2018 年江西省招标投标基本概况

2018 年，江西省持续深化招标投标领域“放管服”改革，从源头上精简、从流程上优化、从监管上加强，在降低门槛、加强监管方面不断下功夫。

（1）修订出台了《江西省实施〈中华人民共和国招标投标法〉办法》和一批招标投标实施细则，进一步创建公开、公正、公平的良好市场环境。

（2）贯彻落实《必须招标的工程项目规定》（国家发展改革委第 16 号令）和《江西省人民政府关于废止赣府发〔2004〕10 号文件的通知》（赣府发〔2018〕17 号）文件工作，对与《必须招标的工程项目规定》不一致的地区、部门规定及时清理、修改或废止，扩大市场主体自主权，减轻企业负担，激发市场活力和创造力。

（3）指定江西省公共资源交易平台为全省依法必须进行招标的项目的招标公告和公示信息的网络媒介，废止《江西省发展改革委关于指定招标公告和资格预审公告发布媒介的通知》《江西省发展改革委关于贯彻落实〈招标公告和公示信息发布管理办法〉的通知》。

（4）深入推进公共资源交易平台改革工作，大力整合全省招投标资源，规范招标投标市场运作，推广电子化交易以及公共服务、大数据交易服务。

（5）全省建设工程招标实现“五统一”：统一评标办法，实行统一的勘察、设计、监理、施工、货物评标办法和示范文本；统一操作平台，将招标投标全过程纳入全省公共资源交易平台系统；统一业绩管理，依托交易平台业绩登录与查询功能，将近 10 年来的房建与市政各中标信息予以公布，供招标投标各方主体查验，并接受社会监督；统一投诉处理办法，修订出台全省房建与市政基础设施工程招标投标活动异议投诉处理意见；统一收费标准，所有招标项目尤其是采用电子化招标，不得收取报名费。

（二）江西省招标投标活动基本分析

1. 2018 年全省招标金额和数量

根据数据统计，截至 2018 年 11 月，江西省招标代理机构年度招标金额为 3356.88 亿元，其中江西省公共资源交易平台中标金额 3087.32 亿元，招标数量 39820 个。

2. 2018 年全省各地区招标金额和招标数量情况（见表 3–12–1）

表 3–12–1　2018 年全省各地区招标金额和招标数量

区　域	招标数量（个）	金额（亿元）
省本级	5926	97.76
南昌市	2612	497.17
景德镇市	896	154.47
萍乡市	1596	189.8
九江市	4942	351.52
新余市	748	59.9
鹰潭市	818	143.26
赣州市	10168	547.81
吉安市	1894	310.24
宜春市	3193	178.03
抚州市	2407	233.65
上饶市	4473	313.12
赣江新区	147	10.59

数据显示，全省以赣州市招标金额为最高，其次是南昌市，赣江新区最少。位于第二梯队的九江、吉安、上饶的招标金额则较为均衡，相差不大。招标数量仍以赣州市为最多。

3. 全省招标代理机构情况

省直招标代理机构 10 家、南昌市 228 家、景德镇市 21 家、萍乡市 31 家、九江市 73 家、新余市 40 家、鹰潭市 32 家、赣州市 143 家、吉安市 52 家、宜春市 83 家、抚州市 58 家、上饶市 105 家、省外 252 家（见图 3–12–1）。其中，建设工程代理机构为 899 家，政府采购代理机构为 947 家。全省从事招标从业人员共为 79458 人。全省以南昌市的招标代理机构数量为最多，地市则以赣州市招标机构数量为最多。

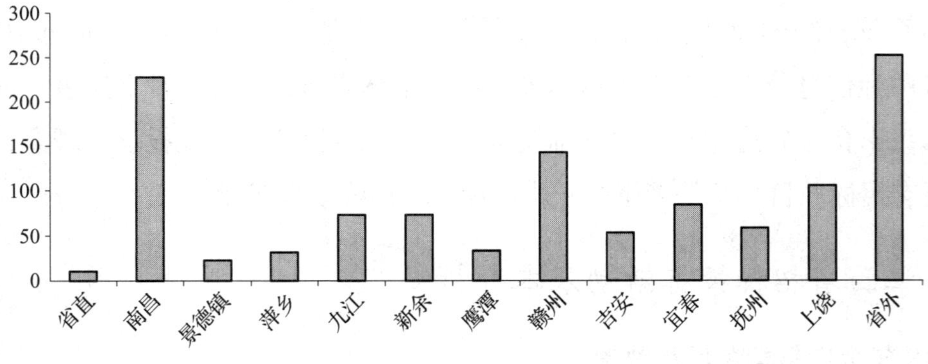

图 3–12–1　全省招标代理机构分布图

4. 省公共资源交易平台发展情况

经过一年时间的整合，省公共资源交易平台的房建市政工程的施工与监理、交通工程的施工、水利工程的施工与监理、重点工程的施工均采用了全流程电子化，设计等其他类型业务流程也实现了电子化招标，开评标采用纸质评标；政府采购公开招标方式采用全流程电子化，非公开招标采用纸质标书开评标；产权交易目前有网络竞价、拍卖方式、也均采用全流程电子化招标。

5. 2018 年全省各行业招标金额对比（见表 3–12–2）

表 3–12–2　2018 年全省各行业招标金额对比

行业类型	房建及市政	交通工程	水利工程	重点工程	政府采购	产权交易
金额（亿元）	542	141	62.39	18	2254.02	31

政府采购招标金额约占四分之三，成为绝对的主力军，其次是房建市政工程。

6. 2018 年全省招标单位发布招标项目数排序（前 10 位）

江西省公安厅、南昌市卫生和计划生育委员会、兴国县卫生和计划生育委员会、江西省商务厅、于都县卫生和计划生育委员会、石城县卫生和计划生育委员会、上犹县卫生和计划生育委员会、赣州市章贡区教育局、江西萍乡经济开发区公共政务管理局、赣州市城市管理局。

7. 2018 年中标单位中标项目排序（前 10 位）

江西华龙水利工程建设有限公司、婺源县水利水电建筑工程有限公司、江西太平洋宇洪建设有限公司、江西建工第二建筑有限责任公司、吉安市吉泰水利水电建设监理有限公司、江西新华发行集团有限公司、江西省城建建设集团有限公司、江西赣泰水利建筑工程有限公司、江西电信信息产业有限公司、江西盛昌建设工程有限公司。

从以上可看出，江西省的招标投标活动，主要通过公开招标方式进行，政府采购和房建市政是绝对的主体。其主要特点是：参与招标投标的投资主体结构以政府为主，企业为重要辅助，涉及国计民生的各个领域，但房屋建筑、市政、水利、公路等与群众利益直接相关的行业占到了绝大多数。

二、行业发展情况

在经济新常态下，党中央全面深化改革的重大战略部署为招标投标市场带来了全新的契机和动力，我省招标投标市场也呈现出新的格局。政府主管部门力推“放管服”改革，以完善法规政策为保障，以公共资源配置改革为突破，以推行电子化和标准化为路径抓手，以加强能力建设为支撑，全面推进行业领域的制度创新、机制创新和服务创新，为招标代理行业提供了更好的政策和市场环境。

（一）“放管服”改革持续深入推进

（1）我省招标投标主管部门强化招标投标领域全过程监管，加快社会信用体系建设，努力创造公开、公平、公正的市场竞争环境，切实维护招标投标各方主体的合法权益；加快清理各地区各部门产生的违法违规的制度规定，减少项目审批数量，通过网上在线审批平台降低项目审批的时间和成本，提高效率和公开度。

（2）在建设工程领域，江西省凡全部使用非国有资金投资的房建与市政项目可直接发包，建设单位仅需持本单位的营业执照等资料到项目所在地的招标投标监管部门进行备案即可，简化和优化了非国有资金项目招标的程序，大大加快了非国有资金项目招标的进程。我省规定凡全部使用国有资金、国有资金占控股或主导地位的项目全面实行资格后审。此外，将省管项目招标投标备案所需的受理条件、申请材料、办理流程等在网上予以公布，招标投标各方主体仅需按照公布的内容进行提交、在承诺备案办结时限后进行查询即可，实现了办事“一次不跑”的目标。

（3）对公共资源交易平台进行整合，我省公共资源正由分散交易向集中交易进行转变，先后完成了工程建设项目招标投标、国有土地使用权和矿业权出让、政府采购、国有产权交易等四大板块的整合，并将药品集中采购纳入交易范围。

（二）行业技术发展趋势

（1）当前，国家发展改革委等部门顺应信息技术革命的大趋势，出台《电子招标投标办法》，大力推进电子招标投标，已在招标代理行业中得到积极响应。电子化招标投标已成为我省招标投标领域发展的新趋势。我省以协同共享、动态监督和大数据监管为基础的公共服务体系和综合监督体系正在建设和完善中。其中，建设工程招标投标的设计、监理、施工均已全面采用电子化招标投标。

（2）电子招标投标工作的实施，对招标投标各项工作和流程提出了更新、更高的要求。我省招标代理机构正采取有效措施，积极顺应这一形势，推进企业规范化进程，全面加快信息化进程，提升信息化服务水平，实现业务电子化的转型，创新招标代理服务模式，大幅度提升招标代理信息化水平，积极培养和提高自身的综合服务能力。

（三）招标代理行业发展趋势

（1）随着招标代理市场开放、自由准入，招标代理服务收费遵循价值规律的改革举措逐项落地，从长远来看，这有利于激发市场活力、有利于市场充分竞争、有利于资源更加优化配置，但从短期看，作为存量的招标代理机构面临市场的重新洗牌，需要积极采取应对措施，以迎接严峻挑战。

目前，全省招标代理机构中已经开始出现了逐步分化的趋势。行业中的领先企业具有了越来越明显的主导地位和先发优势。一方面，通过政策、资金、人员、资质等各方面优势进行了一系列的外部兼并和内部扩张，并且在各地设立了数目众多的分支机构，市场竞争力极具优势。另一方面，由于招标代理行业的过度竞争，加上不断放缓的市场需求，导致一些弱势企业无法承受较大的竞争压力，最终面临退出该行业。

（2）招标代理业务的服务出现由过去单纯的程序性服务向专业型、顾问性服务过渡的趋势。即在完成程序性服务的基础上，为客户提供前期策划、潜在投标人分析、协助签订合同和后续跟踪等专业服务，能够做到对工程建设项目或企业采购业务所有相关服务提供全面化的整体性咨询服务，如项目代建、管理和决策咨询等。

（江西省招标投标协会、江西省咨询投资集团公司、江西省机电招标公司供稿）

第十三章　河南省招标投标发展报告

近年来，河南省招标投标工作取得长足发展，依法招标项目规模逐步扩大。2018 年，全省完成交易总额约 11200 亿元，增收节约总额约 500 亿元，较 2017 年同期分别增长 89.62%、79.67%，交易数量和效益保持了大幅度的增长。为了加强招标投标综合监管，河南省发展改革委牵头建立了省级招标投标协调机制，以加强部门间协调，加大招标投标行业监督力度。建立了覆盖省、市、县三级的公共资源交易平台体系，共整合保留交易平台 112 个（省级 1 个、市级 18 个、县级 93 个）。整合组建河南省综合评标专家库，现有专家 1.3 万余人，在全省 18 个省辖市、10 个省直管县、省直有关部门、第三方电子招标投标交易平台和部分招标代理机构设置抽取终端，满足全省招标投标活动对于专家抽取的需求。电子招标投标工作得到持续推进，形成了省市县交易中心和社会化电子交易平台的电子招标投标系统。2018 年，河南省发展改革委根据国家发展改革委《招标公告和公示信息管理办法》（10 号令）等有关规定，结合河南省实际情况出台了本省的规定文件。根据国家发展改革委启动的招标投标法修法工作、招标投标领域营商环境专项治理，河南省发展改革委及时启动了相关工作，为河南省招标采购行业健康持续发展提供了有力保证。

一、招标代理机构及从业人员

截至 2018 年 11 月底，在河南省住建厅监管平台登记注册的代理机构 295 家，已获得河南省住建有关部门培训的上岗从业人员 1.5 万余人；在河南省财政厅备案的代理机构近 700 家，从业人员 1 万余人。自 2009 年国家启动招标师职业水平考试以来，截至 2015 年，我省共有约 3000 人取得招标师职业资格。广大招标从业人员通过参与招标师培训、考试，提升了自身理论水平和职业技能。在招标工作实践中，招标师以身作则，在从事招标有关工作中起到了良好的示范带头作用，从整体上提升并重塑了招标从业人员的职业素质和职业地位，提升了招标代理行业的职业荣誉感。

二、招标投标行业现状、发展环境

自 1990 年河南省机械设备成套局实施河南省第一个招标项目中原制药厂主变压器招标采购近三十年来，尤其是《招标投标法》《政府采购法》颁布实施以后，全省招标代理行业得到了快速发展，已成为我省社会经济领域的重要咨询服务组织，为我省国民经济发展做出了重要贡献。党的十八大以来，我国社会经济发展已经步入新常态，河南省招标投标行业也发生了深刻变革，面临着新的发展机遇和挑战。

（一）招标代理资质取消，市场竞争加剧

从河南省有关省级招标投标监管部门备案信息来看，由于招标代理资质取消，从事招标代理的机构数量呈现大幅度增长，致使招标代理行业市场竞争加剧。市场竞争促进了行业的发展，但同时，招标代理行业门槛降低，大量机构和人员涌入招标代理行业，招标从业人员素质低下，招标服务能力水平堪忧。

（二）国家出台有关招标投标的法律法规，对行业产生深远影响

《必须招标的工程项目规定》（国家发展改革委 16 号令）、《必须招标的基础设施和公用事业项目范围规定》（发改法规〔2018〕843 号）颁布实施，使得依法必须招标的范围缩小、规模标准提高，非依法必须招标项目范围逐步增大。河南省经济正处于供给侧改革的关键阶段，经济运行主要矛盾仍然是供给侧结构性矛盾，实体经济处于升级换代阶段，淘汰落后产能、优化产业结构和投融资结构的改革正在深入进行，国家及省投资政策的导向作用越发明显，招标代理业务涉及的行业领域、范围也在不断发生新的变化。

（三）招标代理行业成本上升、收入下降，行业发展困境进一步凸显

（1）对于一些达不到招标规模标准的项目，项目单位为了规避风险仍采用招标方式，这部分项目数量多、金额小，增加了招标代理机构的管理成本；招标投标监督管理尚未形成综合监管的体制，"九龙治水"的局面加大了招标代理机构的运营成本；有些地方的招标投标监管部门、招标投标交易场所等其他非招标人机构采用比选、备案、摇号等方式确定代理机构，使得招标代理机构承揽业务不是凭借自身服务能力而是靠运气，这无形中也增加了招标代理机构的营商成本。

（2）市场竞争的加剧使招标代理机构的收入大幅下降。有的地方政府有关部门下发文件要求根据项目大小直接确定招标项目招标代理服务费的数额，直接影响到招标代理机构的收入。

（四）招标代理逐步向全过程工程咨询服务机构转型

随着国家有关部门大力推进全过程工程咨询服务，招标代理机构中只具有单一招标代理业务的企业生存压力逐渐增大，这些单位正全力谋求多元化发展。大部分招标代理机构包括单一招标代理机构和拥有多个咨询服务业务的机构，已经充分认识到招标代理行业经过前些年的高速发展，行业的黄金发展期已过，为了避免成为简单商务代理的尴尬，必须摒弃只提供低层次、程序化服务的思维，提升专业服务能力水平，在夯实现有业务版块的同时向原有业务的上游、下游进行延展，拓宽业务渠道，培养新的利润增长点，这已成为河南省全行业的共识，通过兼并重组或者横向联合构建包含工程咨询、工程造价、招标代理、工程监理、工程财务咨询、项目后评估等业务的全过程工程咨询综合性服务机构。

（五）招标代理机构愈发重视企业文化建设

招标代理行业市场竞争加剧，招标代理机构生存环境恶化，使得招标代理机构愈发重视企业文化建设，表现在以下几个方面。一是对员工加强社会主义核心价值观的培养和教育。省协会很多会员单位以成立党支部为统领，与时俱进，集中学习党和国家有关政策方针，并以实际行动践行社会主义核心价值观，使员工个人成长、企业发展和国家进步紧密联系起来，增强了员工的职业荣誉感、社会责任感。二是加强企业内控管理，更加注重控制企业面临的风险。尤其是总公司愈发重视对项目部、办事处的管理，逐步完善内部管理制度，加强对人员和业务流程的管理，通过对员工进行法律法规、实务操作的培训，提高从业人员的执业素质。三是深入贯彻执行国家有关部门推出的标准规范。不少会员单位根据公司业务的特点，并根据某些项目单位的个性化需求定制更富专业性、针对性的企业内部规范标准，使招标采购服务工作更加规范、专业，从而不断提升整体服务能力水平。

三、电子招标投标

自 2013 年《电子招标投标办法》实施、2017 年《“互联网 +”招标采购行动方案（2017—2019 年）》实施以来，河南省电子招标投标工作取得了长足发展。基本上形成了由省市县公共资源交易中心平台、省管企业招标投标交易平台、第三方市场主体招标投标交易平台三个部分组成的电子招标投标平台体系。省公共资源交易行政主管部门要求纳入公共资源交易平台的交易项目，应全部采取全程电子化方式进行交易。截至 2018 年年底，河南省省级公共资源交易中心和 18 个地市公共资源交易中心共计 19 个中心，已经实现工程项目全电子化招标投标的中心 12 个。为了更好地推进电子招标投标，河南省公共资源交易中心决定对进入省公共资源交易平台的招标采购项目采用全程不见面的方式进行交易。我省由省管企业投资兴建的电子招标投标交易平台，部分已经获得国家有关机构核发的检测认证，并已开始运营，部分企业正在建设电子交易平台。对于第三方市场主体投资兴建的电子交易平台，省政府有关部门拟将验收合格、符合入网要求的平台纳入全省电子招标投标交易平台体系。电子招标投标在我省的推行，为广大投标人及其他市场主体带来了诸多便利，但我们也注意到在这个过程中仍有许多不足，包括：①对于 CA 锁，各个电子交易平台尤其是各级公共资源交易中心不能统一通用，给市场主体造成很大的经济和管理负担；②电子招标投标交易平台不能满足项目个性化需求，没有体现出电子招标投标的便捷；③各平台间不能实现互联互通，与“互联网 +”招标采购行动方案规划的路线图目标相去甚远；④各交易平台标准要求不统一、系统不稳定、互相不兼容，平台技术力量薄弱且服务不到位，招标人及其他市场主体感受不到电子招标投标的便利，各市场主体对电子招标投标的获得感普遍不强。

四、行业自律建设

近年来，政府职能转变，招标行业资质取消，加之招标投标交易项目日益增多，新情况、新问题层出不穷，针对复杂的行业现状，仅依靠行政监管体制难以满足维护市场秩序的需要。所以，招标投标行业自律机制的建立及完善在规范招标投标市场秩序中显得尤为重要。自 2006 年 10 月成立至今河南省招标投标协会始终秉承服务政府、服务行业、服务会员的宗旨，通过加强培训交流，解决行业诉求，制定行业发展指导意见及规范，开展行业调研等形式，结合政府放管服总体要求，紧密契合行业发展特点和趋势，以河南省招标投标协会行业自律公约为基础，在会员单位中开展诚信自律建设评价活动，有力地促进了行业诚信自律建设，实施了针对性、主动性的行业自律措施，做了大量有益的工作，成为我省规范招标投标活动重要有益的补充。

（河南省招标投标协会供稿）

第十四章 湖北省招标投标发展报告

2018 年，在湖北省委、省政府和湖北省公共资源交易管理委员会、省公共资源交易监督管理局的领导下，全省招标投标行业以习近平新时代中国特色社会主义思想和党的十九大精神为指导，以加快推进“互联网 +”为着力点，促进市场发育，全省系统平台建设实现新突破。以“互联网 +”为抓手，着力推进市场统一化、交易电子化、管理规范化、信息透明化、服务标准化各项工作，取得了新进步。积极推行整合“大平台”、搭建“大网络”、汇集“大数据”工作目标，取得了显著成效。

一、平台整合全部到位

推行“省云平台 + 市县一体化平台”模式，将原有省、市、县三级平台体系整合为省、市两级平台体系，所有县级平台全部整合为市级平台分支机构。通过平台整合，我省公共资源交易平台数量由 200 多个减少至 20 个，其中省级 3 个、市级 17 个。此项改革极大减轻了基层政府在平台建设、市场监管、机构设置、人员编制等方面的行政负担。市、县两级通过此次改革，取消了一大批工程建设招标投标中心、政府采购中心、土地收储交易中心、农村产权交易中心、文化产权交易中心、罚没资产拍卖中心等类似机构，精简了机构，促进了改革。

二、交易范围全面拓展

凡属国家和政府投资或主要投资的水利、交通、能源、城建、铁路等工程建设项目，政府采购、产权交易、土地招拍挂、药械疫苗等项目，都已纳入各级公共资源交易平台集中交易。市、县两级还主动将与政府资源配置有关的交易项目全部纳入统一平台交易，如政府特许经营权出让、公共设施经营权出让、行政罚没资产处置、国有和集体产权出让、小水利水电项目开发经营权、客运出租经营权出让、住宅小区前期物业管理、农村综合产权等。2018 年各领域项目占比见图 3-14-1。

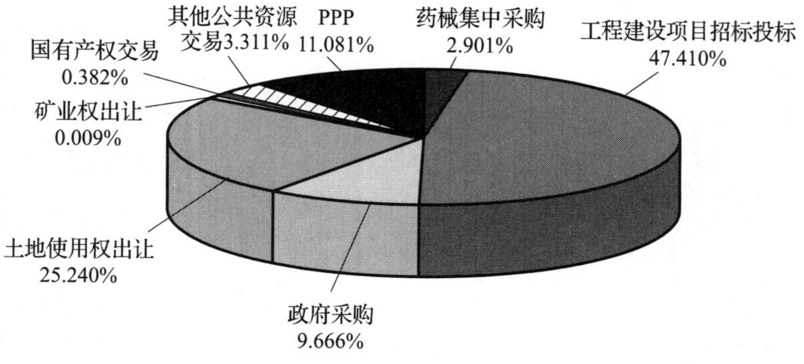

图 3-14-1 2018 年各领域项目占比

三、市场管理逐步统一

省级层面先后制定各类规范性文件30多个，废止各类行业和地方性文件352个，逐步建立健全了全省统一的公共资源交易制度体系。建立统一的制度体系对于促进政府转变职能、简政放权起到了关键性作用。相关行业部门不再设立单独的公共资源交易管理机构，而是将与公共资源交易有关的“事前”“事中”职能交由各级公共资源交易综合监管机构统一行使，把有限的行政资源用于加强“事后”监管上来。各级综合监管机构充分运用“专业人办专业事”的优势，把主要精力放在加快市场培育发展、提升资源配置效率效益、降低市场准入门槛、优高行政服务质量、推进平台体系建设等方面。

四、平台运行日趋规范

建立了全省集公共资源电子交易平台、公共服务平台和行政监督平台于一体的公共资源交易平台体系。其中，电子交易（云）平台由省综合监管机构开发建设，免费提供全省各地交易平台使用，有效地避免了重复建设和资源浪费；公共服务平台面向社会公开，提供在线注册、身份认证、专家抽取、远程会议、信息查询等服务，并实时发布全省各级各类公共资源交易信息；行政监督平台与相关行业部门对接，提供在线现场实时监控、交易数据提取、电子档案查询、数据统计分析等服务。

五、加大信息公开力度

全省贯彻实施《招标公告和公示信息发布管理办法》，规范招标公告和公示信息发布，进一步加大信息公开力度。制定了《公共资源交易目录》和《交易信息公开目录》，推动交易信息公开化、目录化、简约化。2018年我省已将涉及招标投标、政府采购、国有产权、土地矿产、医药器械、耕地占补、排污权交易七大类、163项交易信息，纳入了各级政府和相关部门的政务公开目录清单，在我省服务平台上进行强制公开，并将部门信息数据实时交互至中国招标投标公共服务平台发布，我省目前汇集各类公共资源交易信息280余万条，累计向中国招标投标公共服务平台推送交易信息数据256万余条。

六、市场监管得到加强

建立集远程监控、在线投诉于一体的省级行政监督平台，统一受理、登记、分办、交办各类投诉举报，全省受理各类投诉举报887件，交办614件，自办273件，投诉举报受理率、办结率均为100%。制定《“双随机，一公开”抽查管理办法》和《部门联动执法管理办法》，共计抽查项目 1278 个，发现各类问题 1723 个，落实整改 1618 个，整改率 94%。同时，全面参与巡视、巡察工作，共检查发现和调查处理各类问题 107 个。累积公布违法违规信息 2500 条、列入“黑名单”市场主体 355 个，提供社会查询 40000 余次，先后有 350 余家失信企业被禁止进入我省公共资源交易市场。

七、加大培训力度

为提高监管人员的管理水平，除各级综合监管机构按计划组织各类业务学习外，省公共资源交易监督管理局全年集中组织了全省监管人员系统培训 3 期，参加培训人员 700 多人。为规范招标投标从业人员的招标投标行为，省招标投标协会组织了全省行业从业人员培训 6 期，参加培训人员 2300 多人。为提升评标水平、提高评标质量，各级综合监管机构组织“评标专家行为规范及评标实务”培训近 20 期，培训评标专家近 6000 人。

八、招标代理机构发展概况

2018 年年底湖北省拥有招标代理机构 664 家，其中武汉市有 293 家。国有招标代理机构企业依然强劲，行业发展领军作用凸显。各类招标代理企业积极寻求转型升级，企业经营更加规范，服务质量不断提高，技术不断创新。

2018 年，我省公共资源交易综合监管体制进一步改革，初步建立规则统一、公开透明、服务高效、监督规范的公共资源交易平台体系，实现了公共资源交易平台从依托有形场所向以电子化平台为主的转变，全省公共资源交易形势整体呈稳中向好态势。全省公共资源交易项目 47721 个，交易额 9200.45 亿元，同比增长 5.4%，节资额 258.05 亿元。公共资源交易全过程电子化率和远程异地评标评审覆盖率均达到 80% 以上。至 2018 年止，我省连续三年开展了公共资源交易平台服务第三方评价，第三方评价促进了我省公共资源交易中心服务质量、服务方式、服务水平的大幅提升。

2018 年，湖北省公共资源交易监督管理局调整为省政府直属机构，全省将以此次机构改革为新的起点，在省委、省政府和省公共资源交易管理委员会的统一领导下，不断深化公共资源交易领域的“放管服”改革。

（1）围绕强化综合监管这个中心，深入推进我省公共资源交易综合监管体制改革，坚持管理与采购分离、采购与监管分离，将综合监管职责范围延伸至公共资源交易各领域。

（2）完善“三个体系”。健全完善全省统一的公共资源交易平台体系，按照“应进必进”原则，加快将各类公共资源交易全部纳入公共资源交易平台体系；健全完善法规制度体系，进一步完善相关规则和机制，切断行政权力插手公共资源交易的链条；健全完善信息公开体系，全面推进公共资源交易领域的信息公开。

（3）抓好“四个重点”。开展监督检查，加强事中事后监管；主动查办重大案件，集中整治全省公共资源交易领域存在的重点问题，严厉打击公共资源交易领域特别是招标投标行业的各类违法犯罪行为；全面推行信用管理，构建信息共享机制，让失信行为无处藏身；加强公共资源交易平台建设步伐，大力发展“互联网+招标采购”，逐步推行公共资源交易平台市场化。

（湖北省招标投标协会供稿）

第十五章　广东省招标投标发展报告

一、行业现状

在国家缩减法定招标范围，依法必须招标项目规模标准数额提高的环境下，2018 年广东省工程建设招标业务市场容量呈现小幅下降趋势，加上招标代理资质取消，招标代理机构数量增多，市场竞争愈加激烈。2018 年在广东省公共资源交易中心和广州市公共资源交易中心交易的工程建设项目共约 3.5 万个，较 2017 年下降 24% 左右，交易规模约 1.3 万亿元，较 2017 年下降 6% 左右。

据财政部公布的数据，2015—2017 年全国政府采购规模占全国 GDP 的比重分别为 3.1%、3.5% 和 3.9%，可见政府采购规模占 GDP 的比重逐年提高。广东省近三年 GDP 稳步增长，2018 年广东省政府采购规模将实现稳定增长，增速将高于广东省 2018 年 GDP 增速。按照 2017 年全国政府采购规模占全国 GDP 的比重 3.9% 测算，2018 年广东省政府采购规模可能超过 3800 亿元。

在依法必须招标项目方面，据中国招标投标公共服务平台的数据显示，广东省 2018 年招标项目 24766 个，中标金额累计 4730.4 亿元，其中，房屋建筑、市政、公路、能源电力、铁路为中标金额较多的行业，而广州、深圳、佛山是招标活动较活跃的地区（见表 3-15-1、表 3-15-2）。

表 3-15-1　广东省 2018 年各行业依法必招项目统计表

序号	行　　业	招标项目数量（个）	中标金额（亿元）
1	房屋建筑	6763	2066.13
2	市政	2839	840.17
3	公路	1313	498.77
4	能源电力	4157	352.84
5	铁路	223	202.92
6	其他	2242	189.88
7	生态环保	644	117.07
8	民航	377	71.13
9	水利水电	524	62.47
10	农林牧渔	231	46.31
11	生物医药	628	34.95
12	石油石化	392	34.76
13	园林绿化	176	29.63
14	机械设备	2055	28.32

续表 3-15-1

序号	行　业	招标项目数量（个）	中标金额（亿元）
15	科教文卫	502	28.20
16	港口航道	28	25.18
17	信息电子	496	19.35
18	广电通信	326	19.34
19	保险金融	109	18.52
20	矿产冶金	56	15.07
21	水运	101	9.97
22	商业服务	275	6.71
23	地球科学	99	5.66
24	化学工业	82	4.16
25	纺织轻工	122	2.72
26	航空航天	6	0.17
合　计		24766	4730.40

表 3-15-2　广东省 2018 年各地区依法必招项目统计表

序号	地　区	招标项目数量（个）	中标金额（亿元）
1	广州市	14859	2716.69
2	深圳市	6049	1720.74
3	佛山市	735	85.08
4	东莞市	278	49.97
5	肇庆市	250	25.10
6	韶关市	342	24.35
7	茂名市	177	12.92
8	惠州市	268	12.32
9	湛江市	280	12.28
10	潮州市	48	12.24
11	汕头市	174	11.98
12	中山市	323	9.13
13	清远市	198	7.21
14	梅州市	139	6.53

续表 3-15-2

序号	地　　区	招标项目数量（个）	中标金额（亿元）
15	揭阳市	107	5.80
16	珠海市	192	5.58
17	阳江市	85	5.48
18	云浮市	98	2.62
19	汕尾市	57	1.87
20	江门市	84	1.73
21	河源市	23	0.77
合　　计		24766	4730.40

在招标投标效益方面，招标投标活动在保障工程建设质量，节省项目资金等方面继续发挥积极作用。如 2018 年在广州市公共资源交易中心交易的工程建设项目，通过招标投标活动节约投资约 140 亿元，节资率 3% 左右，提高了投资质量和效益。

在评标评审专家库方面，新修订的《广东省实施〈中华人民共和国招标投标法〉办法》明确组建广东省综合评标评审专家库，有关项目的评标专家应当从其中抽取。2018 年广东省综合评标专家库在库专家约为 2 万名，目前每年都有新增专家入库。

二、政策及发展环境

2018 年，我国发展面临多年少有的国内外复杂严峻形势，经济出现新的下行压力，但在改革开放方面仍取得新的突破，简政放权、放管结合、优化服务改革力度加大，营商环境国际排名大幅上升。政府在招标投标活动的监管理念方面不断创新，历经注重事前审批、限制招标人权利、有形市场集中现场招标投标，到如今强化事中事后管理、加强信用监管、依法保障招标人权利、推行电子招标投标等。招标投标制度的改革有利于市场更好发挥其在资源配置中的决定性作用，促进扩大有效投资，释放国内市场内需潜力。

2017 年年底，全国人民代表大会常务委员会修订了《中华人民共和国招标投标法》，2018 年 3 月，国务院修订了《中华人民共和国招标投标法实施条例》，取消了招标代理机构资格认定、招标代理机构需具备专家库和具备招标职业资格专业人员等内容。2018 年 6 月，《必须招标的工程项目规定》《必须招标的基础设施和公用事业项目范围规定》实施，缩小了必须招标的工程项目范围，大幅提高了必须招标项目的规模标准，明确了全国执行统一的规模标准。

广东省顺应国家招标投标改革趋势，于 2018 年 5 月印发了《广东省发展改革委等单位关于评标方法的使用导则》（简称《导则》），明确了经评审的最低投标价法和综合评估法的适用范围、程序要求等内容，并列举了示例，《导则》进一步规范了广东省招标投标活动，合理使用法律法规允许的评标方法；2018 年 11 月修订通过《广东省实施〈中华人民共和国招标投标法〉办法》，自 2019 年 3 月 1 日起施行，《办法》强调严格依法行政，注重简政放权，推动规范管理，促进改革创新，体现了国务院深化“放管服”改革、“推动高质量发展”的要求，对于规范和促进招标投标行业发展，更好地服务广东省社会经济建设具有重要的意义。

三、行业发展动态

（一）招标代理资质被取消，招标全过程监管得到强化

招标代理机构资格认定取消后，行业竞争更加激烈，加强信用管理的同时，行业监管进一步加强。2018 年，信用广东网开展“企业守信承诺”活动，广东省有 92 家招标代理机构申报审核，且在信用广东网公示，加强了信用信息公开和共享，构建守信联合激励和失信联合惩戒制度。广东省发展改革委对省招标公告发布指定媒介“广东省招标投标监管网”进行全面改版升级，加强了广东省招标投标活动的监督管理。广东省发展改革委、经济和信息化委、住房城乡建设厅、交通运输厅、水利厅、商务厅联合制定了《广东省工程建设项目招标投标信息公开目录》，促进了工程建设项目招标投标信息全面、公开、透明，进一步强化招标投标活动全过程监督管理。广东省招标投标协会积极发挥行业服务作用，按照《广东省招标投标行业信用评价管理办法（试行）》，审核通过了 46 家广东省招标投标行业信用评价单位，向业主和社会推荐。

（二）电子招标投标全面推行，专业服务水平不断提高

按照《广东省“互联网 +”招标采购工作方案（2017—2019 年）》的工作要求，大力发展电子招标投标，促进招标采购与互联网深度整合，助力供给侧结构性改革。目前，广东省招标投标活动逐步走向全流程电子化，正积极推进广东省电子招标投标交易平台建设和使用。修订通过的《广东省实施〈中华人民共和国招标投标法〉办法》，规定依法必须进行招标的项目应当优先采用电子招标投标方式开展招标投标，适应了信息化发展的新要求，实现了招标投标从依托有形场所向以电子化平台转变，促进了专业服务水平的提高。广东省招标投标协会及时发挥桥梁纽带作用，组织做好政策宣传、业务培训，开展电子招标投标平台座谈，促进行业内合作交流、经验推广，及时收集电子招标投标平台实施情况及市场主体意见建议。

截至 2018 年 12 月 31 日，中国招标投标公共服务平台统计数据中，广州公共资源交易中心位居全国数据报送第一，中国南方电网、广东省公共资源交易中心也位列全国数据报送前十。与中国招标投标公共服务平台完成数据对接的省（自治区）级平台数量排名，广东省共有 23 家，位列全国第四。其中，交易中心平台 4 家、第三方平台 13 家、国企平台 6 家。第三方平台对接机构数量仅次于北京。

（三）全过程工程咨询进一步拓展，行业面临转型升级

全过程工程咨询是招标代理机构转型升级的机遇。目前，广东省的招标代理机构都积极开展与招标相关的复合型业务，如招标与造价的业务组合、招标与监理的业务组合；一些中小型的招标代理机构探索向招标采购项目管理转型发展；一些具有多元业务咨询条件的大型招标代理机构向业主提供工程咨询、招标采购咨询、造价咨询、工程监理、项目管理等一体化、全过程的工程咨询服务。

（四）落实国家招标投标法，规范行业发展

针对目前招标投标行业普遍存的问题，如资格预审条件存在倾向性或排斥性、存在串通招标投标现象、招标代理机构行为不规范、评标和定标制度中缺少对评标专家必要的监督措施等。新修订的《广东省实施〈中华人民共和国招标投标法〉办法》对招标投标市场和行业活动作出进一步规范，包括：招标投标原则新增了择优原则，限制最低价中标、禁止抽签确定中标人，鼓励招标人“择优”选择中标人；增加了串通投标、证书挂靠等违法行为的认定查处依据；增加了“信用监管”的内容，强化招标投标活动的信用监管和社会监督。这些措施规范了招标投标活动各方当事人的行为，创新了招标投标监管理念，对解决招标投标行业现存问题将产生实质性作用。

四、建议措施

（一）坚持全流程、专业化的多元发展方向

在国家倡导全过程工程咨询，相关政策不断出台的大背景下，建议强化行业统筹引领，鼓励招标代理机构调整战略方向，运用联合经营、并购重组等方式提升业务水平，推进转型升级，向全流程多元化发展。招标代理机构可结合现有业务范围和服务内容，进一步明确未来服务产品定位，通过组合分散的既有业务板块，适当增加补充新的业务链条，优化业务模式，逐步实现业务点到业务链再到全过程咨询的专业化提升。

（二）推动实现权责统一机制

落实招标人自主权，不断强化招标人承担招标活动效率和效益的责任。增强投标人合同履约责任，公开合同履行情况，行政监督部门加强对合同履约情况进行监督，强化中标人责任。评标委员会专家的评标工作实施终身责任制。

（三）积极推进电子招标投标

推进电子招标投标交易服务模式创新和技术创新，满足市场主体多元化服务需求，吸

引非依法必须招标项目自愿运用电子化招标采购。建立电子招标投标全流程交易的实时记录、一体互联、动态交互、永久追溯、公开共享的市场信息服务体系，提升企业供应链全过程和产品全生命周期的采购价值水平。健全事中事后依法规范市场交易秩序的监督体系，有效防范违法腐败和违约失信交易行为，维护市场主体依法自主交易权利。

（四）建设招标投标信用监管体系

招标代理机构资质管理已经取消，招标投标领域机构和从业人员的信息将逐渐被公开，除涉密之外的招标投标过程信息将逐渐走向强制性公开，行业透明度将不断加强。违法行为的记录将会强制性公告，信用记录将会被广泛记录和使用，联合惩戒的力度将会不断加强。招标投标领域的信用管理和信用评价，将成为政府部门的工作重点。

（五）发挥协会行业的规范管理作用

广东省招标投标协会应整合行业资源，提供正面、持续、专业、优质、长效的精准服务，推动我省招标投标改革，助力行业优化升级，加强与国家、外省多层次交流与合作，注重总结、转化、推广行业优秀经验和成果。发挥协会省级行业自律与信用体系建设示范创建单位作用，倡导诚信自律，促进公平竞争，开展招标代理机构资信评价和从业人员培训，加强对招标代理机构和从业人员行为的约束和管理。

（广东省招标投标协会供稿）

第十六章　重庆市招标投标发展报告

2018 年，是贯彻落实党的十九大精神的开局之年，也是改革开放 40 周年。重庆的招标投标行业取得长足发展，在加强行业自律和规范管理方面又向前迈进了一大步。重庆市推进招标投标体制机制改革，整合分散在建设、交通、水利等部门的招标投标监管职能，成立重庆市公共资源交易监督管理局，作为市发展和改革委的部门管理机构，对工程建设招标投标实行集中统一监管，以前“九龙治水”带来的监管缺位越位、制度“牛栏关猫”等问题将得到根本解决；加快转型升级步伐，培育和引导企业积极发展全过程工程咨询服务，推进项目管理服务集成化发展。重庆市全年完成公共资源交易项目 2 万余个，交易额超 2700 亿元。其中：国有产权交易、工程招标投标、政府采购交易额分别达到 280 亿元、1376 亿元和 71 亿元，同比分别增长 20%、33% 和 37%，均创历史新高。

一、行业现状

重庆市的招标投标事业在循序渐进和逐步完善的过程中取得了不错的成绩。随着“十三五”规划的实施以及党的十九大胜利召开，顺应新形势下继续深化“简政放权、放管结合、优化服务”和转变政府职能，推动供给侧结构性改革，重庆市的招标投标活动不断规范，在保护国家利益、社会公共利益和招标投标活动当事人的合法权益，提高经济效益，保证项目质量等方面也发挥了应有的作用；招标投标行业在转型升级中得到不断提升，促进了重庆的经济和社会发展。

（一）政府监管

为全面贯彻中央深化机构改革决策部署，改善营商环境，加快政府职能划转、转隶等工作，推进政府职能融合、队伍融合，按照《重庆市机构改革方案》，将市发展改革委的指导协调和综合监督招标投标工作职责，原市城乡建委、市交委、市水利局、市经济信息委、市农委、市商务委、市国土房管局、市城管委、市林业局、市移民局等部门的工程建设项目招标投标监督、管理、执法职责等整合，组建市公共资源交易监督管理局，作为市发展改革委的部门管理机构。2018 年 11 月 5 日，重庆市公共资源交易监督管理局挂牌。

（二）交易平台

经重庆市委、市政府批准，依托重庆联合产权交易所集团，剥离市土地和矿业权交易中心、市工程建设招标投标交易中心的交易服务职能，与市国有资产产权交易中心、市政府采购交易中心、市机电设备招标投标交易中心业务整合，组建成立公共资源专业化市场化配置平台——重庆市公共资源交易中心。中心实行“一个机构、两块牌子”，职能职责由重庆联合产权交易所集团承担，定位公共服务职能，实行企业化管理。主要负责市级公共资源交易平台的建设和运行管理，为公共资源交易活动提供场所、设施和服务，指导区县（自治县）公共资源交易平台工作；实施统一的制度规则、共享的信息系统、规范透明的运行机制，为市场主体进场交易提供规范、标准的服务，为行政监督部门行使监督职能提供必要条件；为各市场主体提供工程建设项目及机电设备招标投标、土地使用权和矿业权出让、政府采购、国有产权转让等领域的信息、咨询、交易、结算、鉴证、融资等专业化服务。

（三）招标代理机构

据统计，通过重庆市及区县工商注册的可从事招标代理业务的单位有 907 家（其中在本市注册的外地单位有 106 家），截至取消招标师职业资格前全市共有 895 名招标师在协会进行登记。从目前行业分布情况统计，招标人、投标人、代理机构等从业人员大约为 5 万人（含全市综合评标专家 1.2 万余人）。

（四）交易大数据

据重庆市公共资源大数据 2018 年度 1 ~ 12 月统计（市级）：

1. 工程招标投标与政府采购

（1）成交项目数量：工程招标投标项目数量 4579 个，同比上升 16.54%；政府采购项目数量 3082 个，同比上升 13.10%。

（2）中标金额：工程招标投标 1372.87 亿元，同比上升 31.13%；政府采购 67.81 亿元，同比上升 24.10%。

（3）类型占比（项目数量占比）。

1）工程招标投标：工程类 1871 个，占 44.34%；货物类 1407 个，占 33.34%；服务类 942 个，占 22.32%。

2）政府采购：工程类 195 个，占 5.08%；货物类 2266 个，占 59.04%；服务类 1377 个，占 35.88%。

（4）类型占比（项目金额占比）。

1）工程招标投标：工程类 1021.19 亿元，占 81.47%；货物类 72.07 亿元，占 5.75%；服务类 160.26 亿元，占 12.78%。

2）政府采购：工程类 1.97 亿元，占 2.96%；货物类 37.37 亿元，占 56.18%；服务类 27.18 亿元，占 40.86%。

2. 工程招标投标招标方式占比（项目数量及项目金额）

（1）项目数量占比：公开招标 3937 个，占 85.98%；邀请招标 188 个，占 4.11%；其他方式 454 个，占 9.91%。

（2）项目金额占比：公开招标 1147.59 亿元，占 83.59%；邀请招标 104.78 亿元，占 7.63%；其他方式 120.50 亿元，占 8.78%。

3. 工程招标投标招标组织形式

自行招标 1670 个，委托招标 3916 个。

4. 政府采购采购方式占比（项目数量）

公开招标 1843 个，占 58.45%；邀请招标 18 个，占 0.57%；竞争性谈判 1050 个，占 33.3%；询价采购 74 个，占 2.35%；单一来源采购 168 个，占 5.33%。

5. 政府采购采购方式占比（项目金额）

公开招标 48.75 亿元，占 80.67%；邀请招标 1.34 亿元，占 2.22%；竞争性谈判 6.38 亿元，占 10.56%；询价采购 0.3 亿元，占 0.49%；单一来源采购 3.66 亿元，占 6.06%。

（五）行业自律及规范管理面临挑战

（1）招标代理机构资质取消后，大量以前未从事过招标代理业务的新公司干起了招标代理，这些新代理机构行业规范和自律性不强，恶性竞争、扰乱行业市场的行为时有发生，比如在代理业务竞争过程中多次出现零代理费或远低于代理成本的报价。

（2）招标师职业资格取消后，招标从业人员整体素质有所下降，需要进一步提升。存在部分新入职的招标从业人员不具备相应的招标投标理论知识和工作能力，专业知识严重不足，缺乏职业道德素养，有的还存在弄虚作假帮助招标人、投标人围标串标的情况。

（六）部分招标投标活动中诚信缺失

存在部分投标人诚信缺失，投标文件中业绩造假，中标后履约跟不上；投标人的这种违法成本明显太低，在做到文本及程序合法时往往容易出现围标、串标等违规违法行为。

二、发展趋势

（一）国家新的投资政策和必须招标规模标准对行业产生深远影响

目前重庆市经济运行的主要矛盾仍然是供给侧结构性矛盾，实体经济处于升级换代阶段，淘汰落后产能、优化产业结构和投融资结构的改革正在深入进行，国家及重庆市的投资政策导向作用越发明显，招标代理业务涉及的行业领域、范围也在发生新的变化。国家《必须招标的工程项目规定》（国家发展改革委令 2018 年第 16 号）和《必须招标的基础设施和公用事业项目范围规定》（发改法规〔2018〕843 号）颁布实施后，依法必须招标项目的范围大幅缩小、规模标准大幅提高，非必须招标项目范围进一步扩大，招标代理业务受到较大冲击。

（二）企业适应转型升级需要，逐步向专业化、全流程、多元化方向发展

随着国家有关部门大力推进全过程工程咨询服务，招标代理机构由传统单一的招标模式逐渐向提供全过程、多领域服务方向转变。以前具有单一招标代理业务的代理机构在行业竞争中的劣势越来越明显，为在转型升级中提高竞争力，这些企业将通过横向或纵向方式寻求重组、合作，逐步向专业化、全流程、多元化发展，以适应全过程工程咨询服务需要。2018 年 8 月，重庆市住房和城乡建设委员会印发《关于印发重庆市全过程工程咨询第一批试点企业名单的通知》（渝建〔2018〕600 号），旨在有效延伸企业服务内容，提高全过程工程咨询服务能力水平，积累服务经验，打造优质高效的服务团队，增强企业核心竞争力，我市有 39 家符合条件涉及工程咨询的企业列入了第一批试点名单。

（三）公共资源服务进一步提升，企业获得感明显增强

2018 年，市公共资源交易中心取得的成绩：一是大幅度降低公共资源交易服务收费，国有产权交易服务收费模式全面调整优化，降费红利持续释放；二是进一步完善交易服务规范，实现“一个市场、一套体系、一条底线、一个标准”，并开展“窗口改革”，实行“一窗受理，内部流转”，服务质量进一步提升；三是推动混合所有制改革，帮助国企引进战略投资，激发发展活力，帮助 18 户央企和市属国企集中退出非主业的房地产领域，处置僵尸、空壳、亏损、高风险企业股权债权项目 89 个，收回国有投资 78.5 亿元；四是高质高效完成重点营运车辆联网联控、前沿科技城智能制造基地投融资、沪蓉高速、六纵线道路工程、疫苗供应商入围采购等重大基础设施、民生项目招标采购工作，助推城市高质量发展。运营排污权、碳排放权、加工贸易废料交易平台，助力山清水秀美丽之地建设。

（四）依托“互联网 +”，创新发展电子招标投标系统的应用，电子信息技术作为技术手段必将在招标采购全行业推广

自《电子招标投标法》和《“互联网 +”招标采购行动方案（2017—2019 年）》实施以来，我市按照“四库一平台”建设要求，利用“互联网 +”，建立分类清晰、功能互补、覆盖全市的全流程电子招标投标系统，目前已上线运行，顺利完成区县全流程电子招标投标交易项目和全流程电子化公开招标投标交易项目开评标。智能化标准化交易服务场地如期建成投用，结束了公共资源各类业务板块分散服务的历史。截至 2018 年年底，7 个区县开展了全流程电子招标投标试运行，公共资源云平台二期、三期扩容项目顺利实施，全市主体信息库实现统一，CA 数字证书实现“一处注册、全市通用”，减轻了负担；重庆公共资源交易大数据分析应用平台（一期）上线运行；统一的电子招标投标系统向区县覆盖工作取得阶段性进展；重庆市公共资源交易网浏览量突破 2000 万人次。

三、充分发挥协会行业组织的规范管理

随着政府“放管服”改革的深入，政府职能也发生了转变。随着招标师及招标代理机构资质的相继取消，以及国家招标投标行业相关政策的出台，招标投标行业的新情况、新问题不断出现，针对复杂的行业现状，仅依靠行政监管体制难以满足维护市场秩序的需要。所以，招标投标行业自律机制的建立、完善以及在招标投标市场中如何发挥行业协会的作用和管理就显得非常重要。2018 年，协会组织培训招标投标从业人员 2600 人次（涉及招标投标法律法规、BIM 技术应用、“三个文本”、电子招标投标操作系统应用等），市内综合评标专家 2000 余人次，从一定程度上提升从业人员的理论水平和综合素质，在引领行业规范操作和自律方面起到了好的作用。

中国招标投标协会正式发布招标投标行业第一部自律性标准《招标采购代理规范》，重庆市也发布了《重庆招标代理服务规范》，它们是招标投标行业组织自律实施、指导、评价和监督招标采购代理服务机构以及招标采购从业人员依法、诚信和规范提供招标采购服务的主要标准。但行业协会如何真正发挥好作用，如何促使代理机构自觉遵守和规范执行还需要进一步努力。

（重庆市招标投标协会供稿）

第十七章　贵州省招标投标发展报告

一、行业现状

贵州省地处中国西南腹地，省会贵阳。全省面积17.62万平方公里。省统计局数据显示，2018年贵州经济运行总体平稳、稳中有进，延续了高于全国、高于西部增长水平的良好发展态势。分产业看，第一产业增加值2159.54亿元，比上年增长6.9%；第二产业增加值5755.54亿元，增长9.5%；第三产业增加值6891.37亿元，增长9.5%（见图3–17–1）。同期，2018年贵州固定资产投资比上年增长15.8%，实现持续快速增长，且投资结构继续优化。

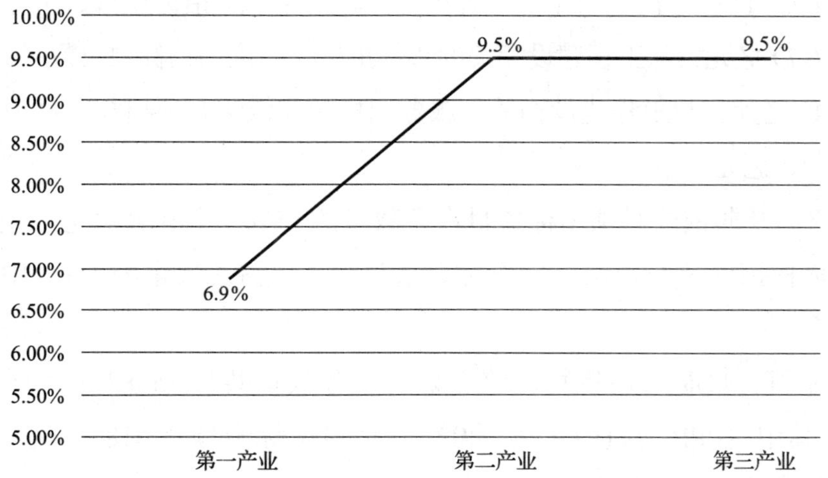

图3–17–1　2018年度贵州产业增长态势（同期增长率：%）

随着贵州近年来GDP的快速增长，招标投标行业也相应地呈现出蓬勃发展的态势。目前，根据行政区划，贵州省共设有贵州省、贵阳市、遵义市、六盘水市、安顺市、毕节市、铜仁市，黔东南自治州、黔南自治州、黔西南自治州以及贵安新区（国家级新区）共11个公共资源交易中心。

本文统计数据主要是基于2018年1月1日至2018年12月31日全年贵州省11家公共资源交易中心的原始数据及贵州省招标投标公共服务平台、贵州省政府采购网数据。主要项目类型六类：房屋建筑与市政基础设施建设项目、公路、水利工程建设项目、政府采购项目，不包括未进入公共资源交易中心的能源类项目、通信类项目，这些类型项目已由各行业统一统计。

经统计，贵州省2018年依法必须招标与非依法必须招标项目数量为26220个，项目中标金额达7828.21亿元。其中，工程建设类项目数量为11137个，项目中标金额达2438.37亿元；政府采购类项目数量为15083个，项目中标金额达5389.84亿元（见表3–17–1）。

表 3–17–1　招标及非依法必须招标项目数量及项目中标金额

序　　号	项目类型及项目	招标项目数量（个）	项目中标金额（亿元）
1	工程建设类项目	11137	2438.37
1.1	建设工程项目	7266	2116.79
1.2	与工程建设相关的货物	140	12.40
1.3	与工程建设相关的服务	3731	309.18
2	政府采购类项目	15083	5389.84
2.1	政府采购工程	—	—
2.2	政府采购货物	—	—
2.3	政府采购服务	—	—

在工程建设类 11137 个的项目中，工程招标及非依法必须招标项目数量为 7266 个，项目中标金额达 2116.79 亿元；与工程建设相关的货物招标及非依法招标项目数量为 140 个，项目中标金额达 12.40 亿元；与工程建设相关的服务招标及非依法必须招标数量为 3731 个，项目中标金额达 309.18 亿元。

工程建设招标及非依法必须招标项目占总数量的 65%，中标金额达总金额的 87%。工程建设相关的货物招标及非依法必须招标数量最少，仅占总数量的 1%，中标金额仅占中标总金额的 1%。

政府采购工程、政府采购货物、政府采购服务数量共计 15083 个，项目中标金额达 5389.84 亿元。其中，PPP 项目数量为 140 个，项目中标金额达 518.83 亿元，PPP 项目无论在数量还是规模上，远小于其余类别的项目。

贵州省招标投标公共服务平台的注册数据显示，截至 2018 年 12 月 31 日，在贵州省内开展经营活动的招标代理机构共计有 578 家，其中贵州本省注册的招标代理机构共计 332 家，省外入黔的招标代理机构共计 246 家。

二、发展环境

贵州省招标投标行业经过多年的实践，培养了一批成熟的招标投标代理机构和从业人员，基本形成了较为完善的招标投标管理体系和实施细则，管理日趋规范、有序。在推行电子招标投标方面，取得了初步成效。但在招标投标行业的发展过程中，仍然存在以下问题。

1. 各市（州）招标投标流程不统一，信息共享体系不畅

贵州省九个地市、省本级、国家级新区贵安新区均搭建了公共资源交易中心，却并未形成统一的电子招标投标流程及系统，构建信息共享体系。这间接导致了信息不畅、管理效率低等问题。

2. 招标代理机构良莠不齐，行业无序竞争

在贵州省开展招标投标业务的招标代理机构共有578家，招标代理机构数量增长过快，但大部分的招标代理机构并不能提供高效、专业、廉洁的服务，仅靠低价竞争、程序化招标等方式扰乱招标投标市场，导致规模大、实力强的招标代理机构优势作用得不到充分发挥和体现。

3. 从业人员素质有待提高

随着《全国人民代表大会常务委员会关于修改〈中华人民共和国招标投标法〉、〈中华人民共和国计量法〉的决定》（中华人民共和国主席令2017年第86号）正式施行，招标投标行业彻底进入无企业资质要求、无人员资质要求的“双无”新时代。尽管从业人员的专业水平相比过去总体上已有了很大的提高，但与当前招标投标行业发展的速度相比，仍不能适应新形势的需求。从业人员的业务素质和专业能力亟待提高。

三、市场特征

招标投标行业的产业链构成为：业主（招标）单位→招标代理机构→公共资源交易中心→投标企业→行政主管部门→招标投标协会。

招标代理机构作为招标投标活动的主要承载人和实施人，无疑是招标投标行业最活跃的部分，也是链接整个招标投标产业链的纽带。根据贵州省招标投标公共服务平台登记的数据显示，目前在该平台在册的招标代理机构共有578家。其中，2018年代理的招标项目数量超过1000个的有3家，代理的招标项目数量在100～1000个之间的约80家，其他400余家代理的招标项目数量不足100个。

由于贵州的招标投标市场巨大，吸引了很多外省招标代理机构以各种形式来参与市场竞争。但从统计数据看，贵州本省企业仍占据了市场主体。

四、发展趋势

近年来，贵州的GDP增速在全国名列前茅，伴随着全省经济的蓬勃发展，招标投标行业也做出新的调整，以适应新形势和经济态势的要求。从各级行政主管部门到各级交易中心，各个招标代理机构，以及各个行业协会，都在招标投标工作中向全国先进的运行方式看齐和努力。具体表现在：

（一）招标投标法规执行更加规范化

招标投标法规执行的规范化是健全招标投标体制、规范招标投标活动、加强招标投标监管的关键。贵州省根据《中华人民共和国招标投标法》及有关法律、法规的规定，结合本省实际情况，制订了《贵州省招标投标条例》，同时对政府采购等相关工作出台了详细的规范性文件，但招标代理机构及从业人员对国家相关招标及采购法规、省内规范性文件的学习和运用上还有很大欠缺，从 2018 年贵州省招标投标协会组织的多批次的招标采购专职从业人员培训学习及考试中可看出：通过培训学习后专职从业人员的考试通过率仍然不理想，对专业知识的理解掌握不足。2019 年仍需继续加强招标投标行业各市场主体从业人员的业务素质及专业能力，使整个行业进入规范性、严谨性、有序性的正确轨道。

（二）大力发展电子招标投标

2018 年贵州省招标投标行业全面推动电子招标投标，保障招标投标业务的电子化、透明化、规范化，提升招标投标行业的监管水平。依托“互联网 +”发展战略的推进，创建分类清晰、功能互补的电子招标投标系统，实现招标投标活动的全流程电子化，这也将是 2019 年招标投标行业发展的主要趋势。贵州省各行政区域内的工程建设类、政府采购类等项目正逐步实现全流程电子招标投标，贵州省招标投标协会牵头并联合贵州省省内 17 家具有良好口碑及雄厚实力的招标代理机构共同成立了贵州省兴业利达电子招标投标服务有限责任公司，将从非依法必须招标项目开始，逐步推动贵州省招标投标行业电子化发展，为 2019 年大力发展电子招标投标奠定坚实的基础。贵州省内能源行业、通信行业招标项目已实现其行业内全流程电子招标投标系统的应用。

从发展趋势来看，2019 年会是招标投标行业的规范发展关键年、可持续发展关键年，将在 2018 年推动电子招标投标的基础上，进一步细化完善电子招标投标的规范要求，加强市场监管。

（三）健全招标投标信用体系建设

各级政府非常重视诚信体系的建设，并依靠行业协会等社会力量，以开展信用评价为手段，在招标投标中引入企业信用评价结果作为评分条件等方式，引导各企业积极重视自身的诚信建设和诚信行为。在诚信数据建立方面，以水利行业为例，省建管总站与中国水利工程协会建立了密切的联系，实现数据共享。省招标投标协会、造价协会等，也开展了行业信用体系建设工作。

加强行业诚信建设，是招标投标行业发展的保障。招标投标活动在公平、公正、公开、透明方面有着严格的要求，招标活动的有效、公平与否，与企业及从业人员在执业过程中体现出的诚信状况密切相关。2019 年，招标投标行业将会继续升级和完善招标投标信用体系建设，以诚信建设为主线，引领招标代理行业营造公平竞争、诚信开放、共同发展的良好市场环境，塑造行业诚信品牌。

（四）大数据在招标投标领域中的充分应用

贵州于 2016 年 12 月成功地运行了全国首个公共资源交易大数据应用服务平台，至此，全省公共资源交易平台系统数据通道宣布打通。围绕数据理政、数据监管、数据服务三个主题开展公共资源交易领域大数据开发利用。形成“用数据说话、用数据决策、用数据管理、用数据创新”的贵州公共资源交易工作机制。在2017年全国公共资源交易平台数据上传质量评价考核排名中我省位居全国第一。

在贵州省招标投标公共服务平台上，可实时查询到关于招标投标项目的关键数据及分类数据。由贵阳市招标投标协会与贵州光奕科科技有限公司联合开发的“贵州省招标投标行业基础数据聚汇平台”也充分体现出“数据聚合、精准推送、深度分析”的特点。

（五）转变政府职能，优化资源配置

党的十六届六中全会、十七大、十八大及十九大都明确提出要建设“服务型政府”，各级政府及交易中心不断进行市场化改革，让市场在公共资源配置中拥有更多的“话语权”，把政府从“万事包办”的角色中解脱出来，跳出纷繁复杂的事务性工作，把更多的精力转到对市场的组织、规范、管理、监督和公共服务中来，向监督者、管理者和服务者的角色转变；从而使政府更多地在调节经济、监督市场、开展管理和提供服务等方面充分发挥职能作用，进而解决政府在履行职责中所出现的相互推诿扯皮、各自为政、各行其是、互不通气、配合不力、资源浪费等方面的问题，提高政府的行政效能和服务水平，塑造法治型、责任型、廉洁型和服务型政府。

行政主管部门通过定期开展业务培训、业务交流会等形式，不断更新工作人员的法律意识、专业知识，提高工作人员的业务能力和综合素质。各级政府及交易中心不断创新工作方法，加强人员服务意识，将服务好服务对象作为根本职责，牢固树立群众利益无小事的观念。各级交易中心持续推行“一次性告知制”“首问责任制”“限时办结制”“服务承诺制”等服务办法，以便利服务对象为目标，切实提升服务对象的获得感和满意度。

（六）行业评价逐步替代行政许可

招标师职业资格和招标代理机构资质的相继取消，是转变政府职能的必然要求，招标投标活动监管职能将逐渐向行业协会转移。2019年，由行业协会牵头制定的行业规范将逐步替代行政指令，成为权威的行业标准。行业协会将充分发挥优势，指导招标投标行业组织自律、服务和监督招标代理机构以及招标投标从业人员依法、诚信和规范地开展招标投标经营活动。

（贵州省招标投标协会供稿）

第十八章　云南省招标投标发展报告

一、全省建设工程招标投标行业现状

（一）招标代理机构发展情况

截至 2018 年 12 月 31 日，全省有招标代理机构 375 家，其中甲级 77 家，乙级 95 家；即原住建部认定的甲级招标代理机构占全部代理机构数量的 20%，省级建设行政主管部门认定的乙级和暂定级招标代理机构占全部代理机构数量的 50%。取消工程建设项目招标代理机构资格认定后，代理机构的数量从 2017 年年底的 203 家，急剧上升为 375 家，从事工程建设项目招标代理工作的企业数量呈井喷式爆发。

昆明市招标代理机构数量占全省总数的 60%，玉溪市、大理州、文山州、楚雄州、曲靖市、红河州机构数量在 14 ～ 20 个，合计占全省总数的 27%，其余州市均是个位数，个别州市甚至没有（见表 3–18–1）。

表 3–18–1　全省各州市招标代理机构数量分布表

州市名称	企业个数	州市名称	企业个数	州市名称	企业个数
昆明市	231	丽江市	5	文山州	18
曲靖市	14	普洱市	8	西双版纳	6
玉溪市	20	临沧市	5	大理州	20
保山市	6	楚雄州	15	德宏州	5
昭通市	5	红河州	14	迪庆州	3
怒江州	0	—	—	—	—

（二）从业人员素质状况

通过统计，已经登记备案的工程类从业人员 11671 人，比上年增长 5%。其中具有高级职称的专职人员共 1059 人，占从业人员的 9%；具有中级职称的专职人员共 2608 人，占从业人员的 22%；具有工程建设类注册执业资格人员 1748 人，占从业人员的 15%。在具有工程建设类注册执业资格人员中具有注册造价师执业资格人员 986 人，占从业人员的 8%；具有注册建造师执业资格人员 362 人，占从业人员的 3%；具有注册监理师执业资格人员 375 人，占从业人员的 3%。

（三）招标代理机构代理业务情况

根据全省 16 个州市上报数据统计，2018 年度内新开工建设的工程项目共 4450 个，中标金额共 7202.8 亿元。其中：实行招标代理项目共 4045 个，占总新开工工程项目的 90%，显示新开工程中实行招标代理的比例较高，招标代理制度得到市场的普遍认可；进入有形建筑市场交易的项目 3759 个，占实行招标代理项目的 92%，实行招标代理的项目中，进入有形建筑市场交易比例较高；房屋和市政工程占全部实行招标代理工程项目的 80%，是所有行业中实行招标代理比例最高的。

二、云南省招标代理行业当前形势分析

（一）招标代理机构收费情况

2018 年度内，云南省建设工程类招标代理机构营业收入合计 2150.63 亿元，收取招标代理服务费 1179.54 亿元。2015 年至 2018 年，招标代理机构实际收取招标代理服务费占应收招标代理服务费的比例呈逐年下降的趋势，压价现象日趋明显。招标代理机构中标金额合计 10844.82 亿元，其中招标人为政府和国有企事业单位的项目中标金额合计 8651.48 亿元，占 80%，招标人为其他单位的项目中标金额合计 2193.33 亿元，占 20%。

（二）工程招标代理机构的工程招标代理收入情况

2018 年度全省工程招标代理收入前 10 排名：云南招标股份有限公司 11746.76 万元，中技国际招标公司云南分公司 3000 万元，昆明华辰招标代理有限公司 2136.68 万元，云南盛发工程建设招标造价咨询有限公司 1949.78 万元，红河州建设工程招标有限公司 1786.06 万元，云南晨晟招标咨询有限公司 1587.65 万元，云南鑫德招标咨询有限公司 1465.78 万元，昆明市同力建设工程咨询有限公司 1344.29 万元，云南润滇工程技术咨询有限公司 1294 万元，云南鸿立招标代理有限公司 1260 万元。

（三）工程招标代理机构营业收入情况

在工程招标代理机构业务收入的比重中，工程招标代理最多，占比 40%；其次为工程监理代理，占比 37%；其他依次为工程造价咨询、项目管理与服务咨询和其他业务咨询，占比分别为 12%、8% 和 3%。

（四）我省招标代理行业面临的困境

随着招标代理资质取消和“放管服”改革的推进，加之国家对房地产业和楼堂馆所建设的调控政策，建设项目锐减，招标代理行业凸显“僧多粥少”，竞争呈白热化。

（1）招标代理资格取消，招标代理服务门槛降低，招标代理机构数量增加，市场竞争更加剧烈。从业人员素质参差不齐，“一元代理”“零元代理”的现象时有发生，对行业产生负面影响。

（2）我省各地“中介超市”延伸招标范畴，采用“摸球”“摇号”“最低报价”等博彩方式选择招标代理机构，给招标代理行业的正常经营带来了意外的冲击。按各地规定，招标人委托招标代理，必须进入“中介超市”选择；招标代理机构承揽项目，只能去“中介超市”不顾合理成本的“撞大运”。

由于“中介超市”报名方式相对简单，选择手段比较随意，于是招标代理行业技术服务性呈弱化趋势。不少在“中介超市”中标的招标代理机构中标后，由于自身能力的局限，不能依法实施有效代理；有的则是连起码的招标备案等相关流程都不了解，不得不将到手的招标代理进行转包。

尽管形势变化，但对代理机构而言，是挑战也是机遇，在市场经济环境下，通过充分的竞争，专业能力强、服务水平优的招标代理机构必将继续发展壮大，而专业能力弱、服务水平差的招标代理机构，在优胜劣汰中或将逐步退出市场。

（五）提升招标代理机构综合素质，逐步实现转型升级

当前的市场环境有利于招标代理机构转型升级，有助于招标代理机构提升单一的程序型服务水平，并向高效专业的全过程咨询型服务转变。

（1）以程序化服务为基础，持续推进代理与咨询并举，严格坚守法律底线，着力加强内功建设，充分发挥自己的优势，使招标代理服务更加专业化、精细化、系统化、规范化和标准化。反之，如果招标代理只局限于提供缺少技术含量的流程服务，发展之路将越走越窄，招标代理机构的地位及独立性就难以保证。

（2）当前，分类清晰、功能互补、互联互通、覆盖全国的电子招标投标系统已基本形成，从招标公告发布到投标、开标、评标、定标及标后合同管理等招标投标全部流程，以及相关的监督管理，均可依托电子招标投标系统在线开展，招标代理行业进入了电子化发展的新时期。这是不可逆转的趋势，招标代理机构必须奋力前行，抢占先机。

（3）随着招标投标程序化、招标文件格式化、评标办法电子化的运行，传统的技术支持服务面临严峻的挑战。然而，程序化、格式化、电子化只是简化了招标投标过程，并不取代招标代理的深邃内涵。因为工程建设项目不是标准化产品，其差异性、特殊性和经济性千差万别，对招标代理机构的技术服务性要求，不仅不会弱化，只会随着“互联网+”的创新开发而不断提升。

三、招标代理行业前景及趋势预测

（一）行业前景

我国招标投标事业的不断发展，各项制度也将不断完善，服务于建设市场的各种技术咨询服务机构，也必将迅速发展，其中招标代理行业在工程招标、工程专业技术咨询、规

范招标行为、提高招标质量等方面，都起着积极的作用。它以严格的管理、超前的意识、科学的运作、规范的服务，赢得了良好的社会信誉。招标代理机构将由其所负使命和业绩而在招标投标领域产生重要影响，并有力推动我国招标投标事业的健康发展。所以，随着我国社会主义市场经济体系的逐步确立，招标代理机构还是有着广阔的发展前景的。

（二）转型发展思考

（1）科学制定企业愿景和战略目标，分步骤推进实施。全面分析企业优势劣势，准确把握定位，科学确定企业的前进方向和远期目标；立足当前乃至今后一定时期，认真谋划好企业未来5年战略目标和重要举措。将企业战略目标进行广泛宣传，使之成为企业全体员工的行动指南，形成合力。

（2）创新转型，延伸企业的主业链条。招标代理是计划经济向市场经济转变的产物，行业20年来的发展实践告诉我们，如果死守单一型的招标代理，坚持低层次、程序化的服务，企业不可能走得很远。只有走知识密集型、业务多元化的发展道路，积极研发大土木工程可行性论证、全过程工程造价咨询、设备材料货物采购等全程服务，才能在市场竞争中掌握主动权。

（3）加强法律法规和职业道德教育，敬畏法律，守住底线。工程建设项目招标代理，是一个涉及国家法律法规和各级政府规范性文件较为广泛的行业，每个规定的“禁止”或“不得”条款，对招标代理机构从业都作出了非常严格的界定。对于这些强制性的规定，招标代理机构及其从业人员必须时刻铭记、认真履行。

（4）适应形势，让诚实信用、规范操作成为招标代理机构的标志。目前，各地招标投标市场的变化不尽相同，但事中事后监管更严将是大势所趋。招标代理机构既要积极顺应市场变化，又要清醒地认识到随着法治的健全，主要是靠依法依规、诚实信用、规范操作去占领一席之地，懂得今天的诚信就是明天的市场。

（5）利用信息技术，做区域性招标代理机构领跑者。招标代理企业未来的发展方向应是高端咨询、综合服务型企业。这就决定了企业必须全面提升信息化水平，不断强化技术和保障部门对主业的支撑和服务，积极探索和运用信息手段，实现自身服务层级的提升。同时，应当突破传统思维、改变传统习惯，加强内部业务流程的细化和优化，在市场竞争中获取领先优势，努力争做区域性招标代理行业的领跑者。

四、云南省招标投标行业发展建议

国务院办公厅《关于促进建筑业持续健康发展的意见》和住房城乡建设部《建筑业“十三五”规划》的文件精神，招标代理行业发展目标和总体战略已经基本明朗。在建筑业“十三五”规划时期内，行业发展必须符合以下目标：一是行业诚信度和公信力明显提升，二是行业结构优化取得明显提升，三是人才培养满足行业发展要求，四是行业信息化程度显著提高，五是招标代理企业做大做强取得重大进展，六是招标代理企业管理制度更加科学。同时，应积极实施国际化发展战略，鼓励多元化发展，努力实现规模化发展的行业目标。

（一）补充完善法规制度，建立行业标准

加强研究行业规范和引领的多形式监管方式，研究市场不良行为的管理模式，加强信用管理和行业自律，建立完善行业诚信制度。建立行业考评制度和企业行为的评价标准，通过加强行业培训和诚信文化建设，充分发挥行业协会引领作用，完善行业自律管理体系。

（二）因地制宜建立科学的社团标准

根据住房城乡建设部《关于深化工程建设标准化工作改革的意见》（建标〔2016〕166号）精神，改变标准由政府单一供给模式，按照政府制定强制性标准、行业协会制定自愿采用性标准的目标，对团体标准不设置行政审批，鼓励行业协会主动承接政府转移的标准，制定市场缺失的标准，供市场自律自愿选用。充分发挥行业协会在订立行业规范及从业人员行为准则、规范行业秩序、促进企业诚信经营、履行社会责任等方面的自律作用。提高行业协会在促进行业技术进步、提升行业管理水平、反映企业诉求、反馈政策落实情况、提出政策建议等方面的服务能力。

（三）协助主管部门改进评标办法

评标办法是招标工作的核心内容之一，是招标投标各方关注的焦点，其设置是否科学、合理，直接影响了招标工作的质量，并直接关系到能否实现招标目的。云南省现行的评标办法是2004年云南省建设厅发布的《云南省房屋建筑和基础设施工程施工招标预算综合报价评标（暂行）办法》（云建建〔2004〕395号）、《云南省房屋建筑和基础设施工程施工招标工程量清单评标（暂行）办法》（云建建〔2004〕396号），以及前述两个文件的《补充规定》（省建设厅令第3号）。距今已有15年的历史，已不适应行业发展的需求，需尽快出台新的更科学合理的评标办法。

（四）协助主管部门强化优化EPC、BOT、PPP类项目招标投标管理

改进招标监管方式，研究制定管理制度，明确对该类项目招标机构的实力要求、专业配置要求和信用评级等，促进培育全过程工程咨询企业。

（云南省建设工程招标投标行业协会供稿）

第十九章　陕西省招标投标发展报告

一、行业发展现状

（一）工程招标项目

2018年陕西省工程建设招标项目总数为8596个，中标金额1037.26亿元。按行业分：房屋建筑2307个，占比26.84%；市政1262个，占比14.68%；基础设施574个，占比6.68%；工业1297个，占比15.09%；电子通信211个，占比2.46%；农林水利871个，占比10.13%；科教文卫99个，占比1.15%；商业金融132个，占比1.53%；其他1843个，占比21.44%（2018年4月23日之前各类招标项目未统计在内）。

（二）招标代理机构

2018年陕西省招标代理机构605家，其中工程类442家，政府采购类163家。经典型调查统计，招标代理机构中经营超过10年的企业约占65%，企业规模百人以内约占83%，企业建立党组织开展党建工作的约占30%，企业高级职称人员约占43%，本科学历以上约占48%，有3年以上工作经验人员约占65%。

（三）招标服务体系

（1）陕西省级和十一个市区都组建了公共资源交易中心，本着能进则进的原则，工程招标、政府采购、产权交易、土地、矿产资源、林权和药品采购全部进场交易。

（2）2018年陕西省综合评标评审专家库（以下简称专家库）共有入库专家9851人，其中工程类专家8016人，货物类专家1153人，服务类专家682人。2018年陕西省招标投标协会对专家库抽取系统进行升级改造，升级后的专家抽取系统嵌入“全国招标公告公示标准发布工具（陕西版）”中，项目公告信息和抽取信息相对应，实现了项目抽取信息远程提交申请，在开标截止时间24小时内自动抽取，到达评标时间后自动解锁查看，申请单位可自行打印。新系统于去年10月19日起上线运行，系统覆盖全省，大大提高了工作效率。

（3）“陕西采购与招标网”具备电子招标投标公共服务平台功能，统一使用“全国招标公告公示标准发布工具（陕西版）”进行招标公告和公示信息制作与发布，于2018年4月22日上线，发布工具使用良好，符合规范标准要求。“陕西采购与招标网”注册用户总数为1168家单位，共发布招标项目公告80190条，其中：招标公告、资格预审公告、更正公告共计39832条，中标候选人公示和中标结果公示共计40358条。

（4）电子招标投标交易平台。陕西省招标代理机构中，共建共享招标投标交易平台 35 家，单独建设招标投标交易平台 5 家，上线项目标段 12349 个（包括电子招标投标全流程和半流程），上线招标金额 321 亿元。“中招联合招标采购平台”“陕西地方电力电子招标投标交易平台”已与“陕西采购与招标网”进行了数据对接工作。

陕西省招标投标行业发展的特点和问题是：①全社会固定资产投资规模放缓，市场规模总量下降，但因门槛降低，新注册成立的招标代理机构仍有所增加。②招标代理行业相关政策环境发生一定变化，在市场激烈竞争中，行业新业态导致行业结构洗牌，行业兼营趋势明显，集中度提高，部分企业对项目实施全过程服务进行了有益探索，但应变能力不够的企业服务报酬下滑，服务成本上升，企业利润下降，经营比较困难。③随着统一的公共资源交易场所建立，招标投标程序化、招标文件格式化、评标办法机械化日益普及，再加上电子化招标的推行和实践，传统的技术支持服务呈弱化趋势。④市场化的电子招标投标交易平台建设数量少，监督部门的电子招标投标监督平台还未建立。

二、影响行业发展环境因素

（一）宏观经济

2018 年，陕西省固定资产投资比上年增长 10.2%（不含农户），在固定资产投资（不含农户）中，第一产业投资比上年增长 45.2%；第二产业投资增长 5.5%，其中工业投资增长 5.3%；第三产业投资增长 9.8%。全年民间固定资产投资比上年增长 22.3%，基础设施投资增长 3.5%，高技术产业投资增长 18.2%，文化产业投资增长 29.7%。全年房地产开发投资 3534.67 亿元，比上年增长 13.9%。房地产开发企业房屋施工面积 24618.05 万平方米，增长 4.2%。商品房销售面积 4118.56 万平方米，增长 5.9%。年末商品房待售面积 726.95 万平方米，比上年末下降 22.4%。

投资运行呈现出民间投资快速增长、制造业投资增速加快、第一产业投资高速增长、房地产开发投资增速回落、民生与环保等短板领域投资力度不减等主要特点。但是投资运行也存在不利因素，主要表现在新开工项目不足，基础设施投资增速放缓。地方宏观经济发展总体上为招标代理企业的经营创造了有利条件，但是也对行业依存度强、业务类型单一的企业造成了冲击。

（二）政策环境

依据国家修改后的《中华人民共和国招标投标法》和《中华人民共和国招标投标法实施条例》，陕西省对有关招标投标的地方性法规和规范文件进行了修改和废止，《陕西省实施〈中华人民共和国招标投标法〉办法》的修改工作正在进行中。

2018年6月《必须招标的工程项目规定》提高了依法必须招标项目的限额标准，招标项目数量有所下降。同时，随着政府“放管服改革”的深入，招标代理行业各类资质逐步取消，行业进入门槛降低，招标代理市场供求关系急剧变化，竞争日益激烈。招标代理服务价格的放开，招标代理服务收费遵循价值规律和市场规律，服务价格不可避免出现降低。上述因素一方面导致企业经营遇到困难，行业的基本收益下滑，另一方面也促进招标代理机构提供优质优价的中介服务，促进企业加强内部管理，降低经营成本。

（三）监管体系

陕西省各相关政府职能部门均建立了信息公开的监管平台，明确了招标投标监管流程，从招标实施方案核准，招标前备案、现场监督、招标后备案等方面对招标活动进行全方位监管，形成了“责任明确，流程公开，上下联动，齐抓共管”的良好格局，努力做到科学监管、规范监管、依法监管。陕西省住建厅要求代理机构应在陕西省建筑市场监管诚信一体化平台招标投标代理企业库真实准确报送企业、人员、业绩等信息，代理合同中明确招标代理项目负责人，办理工程建设项目招标代理业务应当实行实名制。

（四）行业自律

为规范招标采购行业服务行为，2018年7月，陕西省招标投标协会和中招协在西安联合举办关于《非招标方式采购代理服务规范》解读及实务操作培训，有效引导代理企业围绕采购服务规范化、专业化、精细化有序公平竞争。招标活动监管的常态化、规范化，提升了企业合法、合规执业意识，注重招标代理执业的规范化、标准化、公开化，健全招标活动运行机制，加强过程管理。很多企业建立了以业务操作规程、执业质量控制制度、客户回访制度、人员学习培训制度、档案管理制度等为核心的全面质量控制体系。很多企业还通过加强“党建”活动提升员工廉洁从业意识，例如陕西秦源招标有限责任公司党支部结合招标投标行业的敏感性，创新性地提出了“岗位风险防控七步法”，建立了“三级预警系统”。

三、发展趋势

（一）市场发展预测

随着供给侧改革的深入，固定资产投资增速降低，投资方向进一步优化，“三农”问题、脱贫攻坚成为工作重点。城市地下综合管廊、海绵城市建设、装配式建筑、社区养老服务设施、城镇保障性住房以及农村基础设施建设投资加大，将对行业的市场空间和服务规模产生影响，有利于增加业务种类及数量。另外，陕西作为“一带一路”倡议的桥头堡，为招标代理行业走出国门，融入国际建设体系创造了有利条件。

（二）管理体制变化趋势

完善行业监管，加大行政监管力度。针对行业监管中存在的不同政府部门之间数据信息传递不畅，监管不统一等问题，持续进行监管创新，加快事中事后监管体系构建，实现不同部门之间的数据信息的传递与共享，提高监管效率。

加强诚信体系建设。“放管服”改革的大背景下，推行信用评价制度，构建信息化、动态化、统一化的招标代理企业信用评价体系，将评价结果纳入政府信用平台，推进企业信用信息公示工作，完善行业黑名单、市场退出机制等。

健全行业自律体系，发挥行业协会的主导作用，与诚信体系建设相结合，建立行业自律的宣传和监督机制，建设企业文化，强化从业人员的职业道德观念。

（三）技术发展推动行业变革

企业应顺应“互联网 +”的渗透融合、电子招标投标、BIM 技术和大数据推广应用的趋势，注重提升信息化水平，积极构建企业数据库系统，依托相关软件提高数据存储、成果分析的管理水平，提高服务效率和服务精确性。

（四）代理机构转型升级

面对运营成本加大、服务费用降低、效益下滑等问题，企业应加速转型升级的步伐，制定企业规模化发展策略，完善企业组织管理框架，重视复合型人才培养，不断提升自身技术、业务水平，积极延伸服务链，努力提供差异化服务，提升企业营销能力，积极谋求企业合作；促进党建和文化建设，实现党建工作与企业发展的良性互动，增强员工归属感、幸福感和获得感，保持人才队伍稳定，推动企业持续发展。

（陕西省招标投标协会、陕西省采购招标有限责任公司、
华春建设工程项目管理有限责任公司供稿）

第二十章　宁夏回族自治区招标投标发展报告

一、行业发展现状

（一）招标投标交易市场规模

1. 招标投标交易完成情况

2018年1～10月，宁夏回族自治区累计完成交易12409个，同比下降7.61%；交易总金额653.76亿元，同比下降36.63%。自治区本级累计完成交易4602个，同比下降0.99%；交易金额205.22亿元，同比下降40.43%。其中：建设工程交易项目944个，交易金额113.40亿元。政府采购及“网上超市”项目3188个，交易金额25.91亿元，节资2.49亿元；全区高值医用耗材采购确定30家生产企业，2286个产品，84家配送企业；药品采购确定47家生产企业，56个品种规格。自治区国有产权交易项目96个，成交金额0.44亿元，实现溢价0.0217亿元。自治区国有建设用地和矿业权交易374个，成交金额65.47亿元，实现溢价9.81亿元。

2. 招标投标市场发展情况

按照中共中央办公厅、国务院办公厅印发《关于党政机关停止新建楼堂馆所和清理办公用房的通知》，自治区政府逐年清理党政机关办公用房，除公共服务的项目外，2018年全面大幅度压缩公共设施建设项目投资，涉及交易金额超过上年交易额的30%。

2018年实行的《必须招标的工程项目规定》对必须招标的资金性质与限额给出了明确定义。民营投资项目与未达到限额的项目减少，与上年度总体交易额相比较占比约在15%。

社会服务项目大幅度增加，其中城市环境与道路改造、农民基本饮水及农业基础设施提升、城市生活用水水源地改造、城市供热节能项目等累计增加交易100亿元。

3. 交易情况分析

2018年政府公共设施建设项目投资大幅度压缩，招标投标交易额呈现一定的下降趋势，但交易结构更为合理，对市场宏观经济的促进作为更为明显。

招标投标交易额度是地方经济活跃的晴雨表，各地市的经济发展可以通过交易额度予以反映（见图3-20-1、图3-20-2）。

（二）行业管理

自治区发展改革委指导和协调全区招标投标工作，负责全区招标投标信用评价体系的建设和管理；对全区评标专家进行统一管理；指定招标公告发布媒介；会同住建厅、财政厅、公共资源交易管理局等部门制定完善招标投标相关政策；同时将招标代理机构交由住建厅、财政厅、公共资源交易管理局依法进行监督管理。

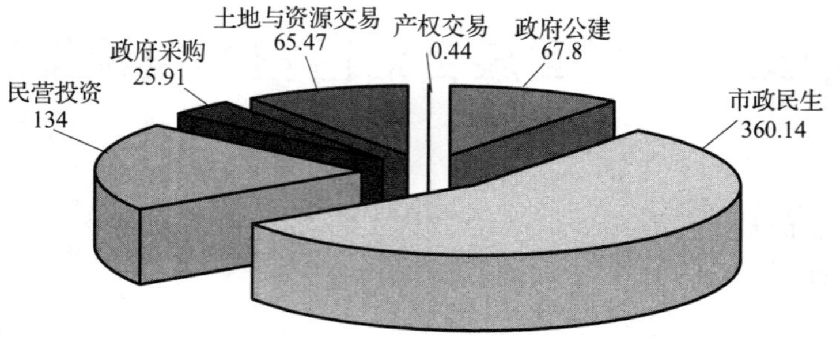

图 3-20-1 招标交易分类（单位：亿元）

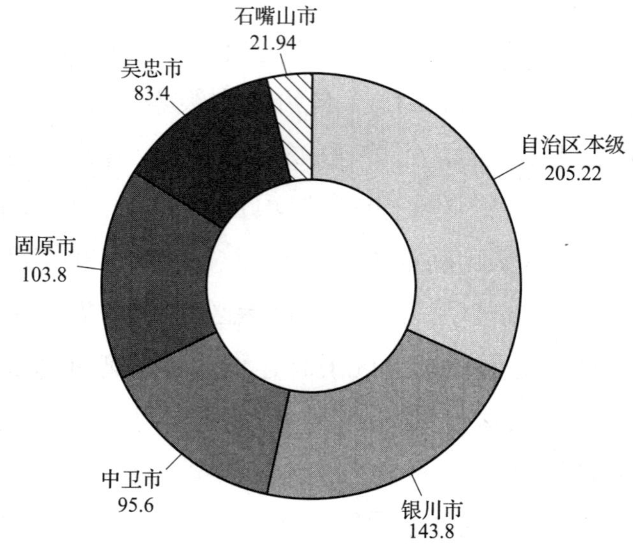

图 3-20-2 各地市交易分布（单位：亿元）

按照中央精神，放开市场，废除了招标市场地方准入的各种壁垒，充分提供市场竞争的空间。宁夏招标代理机构数量大幅度增加（见图 3-20-3）。

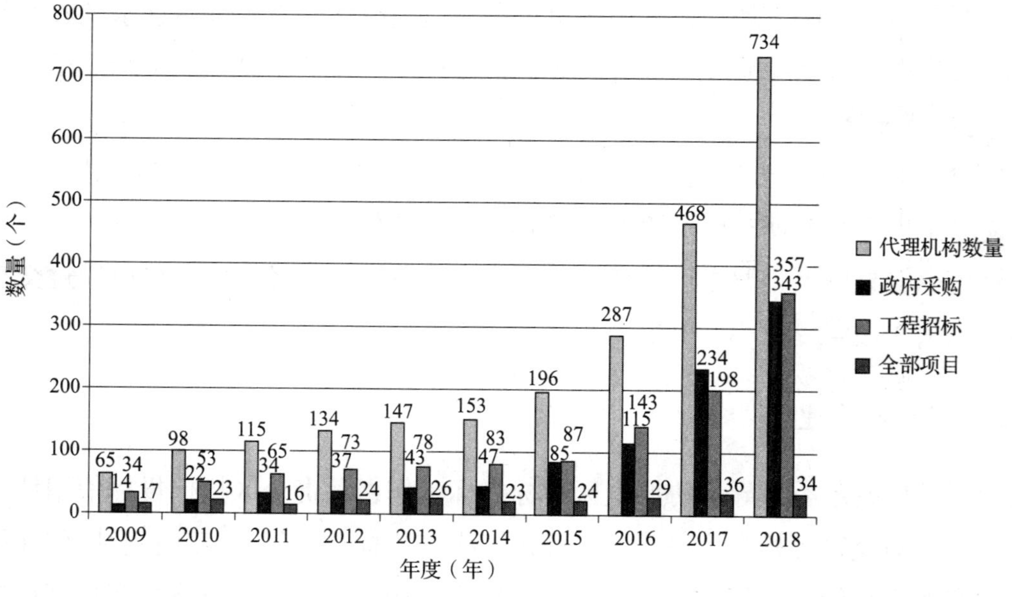

图 3-20-3 代理机构增长趋势

分析10年来宁夏代理机构呈现大幅度增长的原因：

（1）宁夏地处西北，经济规模和人口基数较小，招标代理市场起步较晚，发展不足，近些年应市场需求才开始有所发展。

（2）过去由于市场准入壁垒的限制，外地企业进入宁夏市场的难度较大，成本较高。随着“放管服”等改革举措的贯彻落实，市场准入壁垒逐步取消，降低了外地进宁企业的成本，外地企业大量涌入。

（3）2017年12月《招标投标法》修订，取消了招标代理机构资质审批，相关行业企业纷纷进入招标代理市场。

宁夏地区招标代理机构数量呈现井喷的发展态势。至2017年外地进宁企业数量已经超过本地代理机构，加剧了本地区招标代理市场的竞争。特别是《关于进一步放开建设项目专业服务价格的通知》（发改价格〔2015〕299号），取消了招标代理取费政府指导定价，进一步加大了招标代理市场竞争，据不完全统计，宁夏地区招标代理服务收费下降30%～45%。

（三）行业现状

在国家对招标代理市场逐步放开的政策驱动下，招标投标市场的活跃程度急速加大，但由于社会信用体系仍不完善，行业自律、执业能力评价缺失，致使代理企业短期行为十分明显。

（1）行业乱象比较严重。具体表现为：不计成本，恶意低价竞争；挂靠外地企业，做完就走，换个“马甲”再来；人员流动性很大，专业能力低下，只注重流程盖章，甚至招标文件都要由招标采购人编制；部分传统代理机构退市，出售企业等。

（2）政企不分，行政干预现象似乎依然存在。招标投标本来是一种商业交易行为，但在实际操作中却往往带有过多的行政干预色彩。

（3）没有建立起一套科学的评标办法，地区间或行业存在着较大差异。以至于有些单位单纯看报价高低，评分方法侧重于定性评分，轻定量评分，专家评标水平和职业素质有待于提高。

（4）缺少相应的市场监督机制，对代理行为、从业人员能力、专家评审能力等缺少事中、事后及招标采购结果的考核与评价。没有建立对招标投标争议、规避招标、质疑投诉处理信息公开的机制与手段，对虚假招标、串通投标、围标等违法行为和失信行为缺少监管与信息公开披露的机制。

（四）统一评标专家库及评标专家情况

自治区发改委统一全区综合评标专家库，并交由公共资源交易管理局运行维护。截至2018年底，库内共有评标专家5860人，行业分布在建筑市政、交通运输、水利、供电、能源、农业、林业、卫生医药、金融、矿山等。发改委正在组织修订《自治区工程建设项目综合评标专家库及专家管理办法》，进一步加强专家日常管理，规范专家评标行为，同时对库内专家进行培训并建立长效的评价考核体系。

（五）全面推行工程建设项目电子招标投标

依托自治区公共资源交易平台，协调自治区公共资源交易管理、住建、交通、水利等部门推行全流程电子招标投标，探索推进远程异地评标，通过“互联网＋招标投标”，减少招标投标活动中的人为因素，最大限度地限制自由裁量权。目前，工程建设项目电子开评标系统和行政监督系统已上线试运行，实现了项目在线备案审核、发布招标文件、招标公告、中标公示及电子压证等功能。

（六）深化“放管服”改革，推进第三方电子交易市场

为深化“放管服”的改革，形成统一开放、井然有序的招标投标交易市场新格局。自治区发展改革委会同公共资源交易管理局、宁夏招标投标协会召开三方工作联席会，研究讨论推进第三方交易平台的工作，并召集多部门组成考察团赴第三方交易平台发展较快的省市考察学习。

在各部门的支持下，宁夏招标投标协会牵头指导会员单位成立线下易能智招交易中心，线上易能智招电子交易平台，现已通过电子交易平台三星级检测认证，正在与公共资源交易管理局对接专家库、服务平台，不断发展宁夏地区的第三方交易市场。

二、市场特征

（一）宏观经济

全年实现全区生产总值 3705.2 亿元，增长 7%。地方一般公共预算收入 444.5 亿元，同口径增长 8.2%。全体居民人均可支配收入 22400 元、增长 8.9%，其中城镇和农村居民人均可支配收入分别为 31895 元和 11708 元、增长 8.2% 和 9.0%。深化供给侧结构性改革，加快新旧动能转换。淘汰化解落后过剩产能 318 万吨，商品房待售面积同比下降 9.4%。工业技改投资增长 15.6%，装备制造、信息技术等新兴产业增速超过 10%，清洁能源装机占比达 42.9%。粮食生产“十五连丰”，总产达 393 万吨，创历史新高。特色优势产业产值占农业总产值的 86.7%。

（二）政策环境

在国家相继修改了《招标投标法》等法律法规后，自治区相应对《宁夏招标投标办法》等一系列法规文件进行了修改，并向全区公开征集修改意见。发展改革委对贯彻落实国家《必须招标的工程项目规定》作出安排部署，同时自治区财政厅发布《关于进一步规范政府采购工作有关问题的通知》，相应调整必须招标项目的限额。

（三）监管体系

自治区按照规定的职责分工对有关招标投标活动实施监督。自治区建设厅对建设工程项目的招标投标项目进行监督管理、财政厅依法对政府采购项目的招标投标工作实施监督管理。监督部门依法对与招标投标活动有关的监察对象实施监察。同时监管中央驻宁企业和自治区属大中型企业的社会资源招标投标交易项目。

（四）行业自律

宁夏招标投标协会是自治区唯一的省级招标投标行业社团组织，由宁夏的企业家发起成立，协会负责人均由企业董事长、总经理担任，协会的宗旨“为会员服务，为行业服务，为政府服务”。为规范招标投标行业，促进招标投标工作健康发展，在自治区发改委指导下建立协会代理机构行业自律机制，签订行业自律公约书。

（五）服务保障体系

目前，我区公共资源交易电子化进程发展不均衡，虽已建成了“一网三平台”（公共资源交易网、公共资源交易公共服务平台、公共资源交易平台、公共资源交易行政监督平台），但只有药品采购、土地和矿业权交易全部实现了全流程电子化交易，部分建设工程招标投标和政府采购项目以及五个地级市交易中心还没有完全实现全流程电子化交易。各交易主体信用信息系统和大数据分析系统的建设亟待提档加速。同时，全区各市交易中心基础设施和计算机硬件性能老化，效率低下，严重影响全流程电子化、远程异地评标常态化进程。

三、发展趋势

（一）推进招标投标行业诚信体系建设

长久以来，在招标投标过程中，招标人占市场主动地位，市场信用的担保均由投标人向招标人提供，但是招标人不履约的现象也很严重。因此，必须逐步构建起招标投标各个主体的“诚实信用”信息档案，建立信用信息管理系统，加强信用监管，引导各方主体“以诚信立业，靠质量取胜”，切实履行诚信承诺，形成人人参与信用建设，促进行业健康、有序发展。

（二）完善行业监管，加大行政监管力度

针对我区行业监管中存在的监管部门与交易管理部门之间的数据信息传递不畅，监管不统一等问题，加快行政监督平台与交易平台数据的整合与统一，实现不同部门之间的数据信息的传递与共享，提高监管效率。

（三）推动行业的技术发展

招标投标传统行业应顺应时代的发展，与“互联网 +”不断融合、电子招标投标平台运营不断地向结合 VR 技术、区块链技术、BIM 技术和大数据应用的智慧交易模式发展，提高信息整合水平，依托高科技数据分析技术，更精准地为企业进行全流程服务。

（四）招标代理机构的发展

在国家不断取消代理机构资质要求的背景下，代理企业应加速转型升级的步伐，不断提高招标采购专业咨询能力与服务质量，提升服务水平，运营互联网等前沿科技技术探索全流程招标投标服务模式，作为企业发展的竞争优势，进而实现可持续发展。

（宁夏招标投标协会供稿）